한국어로 내려온
New Bible

새로운
성 경

제19권

2부 | 총10부

하얀마음

하나님 말씀 중에서

1. 사랑의 하나님

- 세상을 창조하신 하나님은 모두를 사랑하신다. 인간만 특별히 더 사랑하지 않고, 우주 만물을 다 똑같이 사랑하신다. 그러니 하나님이 창조하신 천지 만물과 화친하고, 미물까지도 소중히 대하라.

- 하나님은 특정 종파나 민족만을 더 사랑하지 않으신다. 자기 자신만 구원받겠다는 욕심을 버리고, 자기 종파만 구원받는다는 편협한 교리에서 벗어나야 한다. 종파를 초월해서, 모두를 사랑하라.

- 원수까지 사랑하라 했으니, 이 세상에 사랑하지 못할 자가 누가 있겠는가? 종파가 다르다고 해서 부모 형제와 원수처럼 지내는 자는 인간의 근본을 모르는 자다. 가장 가까운 가족부터 사랑할 때 남도 진심으로 사랑할 수 있다.

- 한 사람을 원수같이 생각하던 마음에서 사랑하는 마음으로 돌리면, 자기 자신의 마음이 가장 기쁘고 행복하다. 하나님께서는 인간의 마음속에 무거움이 없이 기쁘고 행복한 삶을 살기를 바라신다.

- 이웃을 "내 몸처럼" 사랑하라 했으니, 마지막 한 장 남은 천국의 티켓도 이웃에게 양보하라. 자기 중심적인 신앙에서 벗어나서 남을 위해 살아야 한다.

- 독초도, 약초도, 이단도 사탄도 천사도 다 필요하기에 존재한다. 독초일지라도 극소량을 사용해서 생명을 살릴 수 있고, 약초라 하더라도 남용하면 생명을 잃을 수 있다.

- 세상 모든 것을 명약으로 활용하는 것은 인간의 지혜에 달렸다. 어떤 것이든 어떤 사람이든 적재적소에 꼭 필요한 명약으로 승화시키라.

- 사탄도 이단도 천사도 모두 하나님의 주관하에 존재한다. 진정한 하나님의 백성은 사탄과 마귀까지도 감화시켜서 천사로 거듭나게 한다.

2. 기도

- 하나님은 인간의 생각까지 모두를 다 알고 계신다. 우리의 소원도 이미 알고 계시기에, 소원의 기도를 할 필요가 없다. 우리가 받을 자격이 되면 내려 주신다.

- 죄를 짓고 아무리 회개를 해도 용서받지 못한다. 도둑질한 자는 용서해 달라고 기도하고, 도둑맞은 자는 도둑을 잡게 해 달라고 기도하면, 공의의 하나님은 누구의 편에 서시겠는가?

- 자기가 잘못한 것은 그 사람에게 직접 갚고 용서를 구하라. 그가 용서하면 하나님도 용서하신다. 땅에서 매면 하늘에서도 매이고, 땅에서 풀리면 하늘에서도 풀리는 이치다.

- "회당에서 기도하지 말고 골방에서 기도하라" 했다. 눈에 보이는 골방이 아니라, 골방과 같이 고요한 마음이다. 잡념을 버리고 하나님을 향해 마음을 집중하며, 사랑하고 용서하는 아름다운 생각만 나오도록 하라.

- "두드리면 열릴 것이다." 하는 것은 육의 소원을 위해 두드리라는 것이 아니라, 진리의 깨달음을 얻기 위해 두드리라는 것이다.

- 기도하는 방법: 생활 속에서 수시로 기도하는 삶을 살아야 한다.

- "저의 죄를 용서하여 주옵소서." 하는 회개의 기도를 하라.
- 범사에 "하나님! 감사합니다." 하라. 현재 가진 것에 감사하며, 과욕하지 말라. 자기 노력 이상의 것을 더 갖고자 기도하는 것은 도둑놈심보다. 공의의 하나님은 각자 노력한 만큼 주신다.
- "하나님 뜻대로 살아가겠나이다." 하며 마음의 각오를 다지라.

- 기도는 하나님의 말씀을 받아서 "행하는 것"이다. 하나님이 계심을 굳건히 믿고, 하늘을 향하여 한 점 부끄럼 없이 사는 삶 자체가 가장 위대한 기도이며, 삶이 곧 예배다.

3. 지도자

- 똑같이 사랑한다는 말을 해도, 순수하게 하는 말은 천사의 말이지만, 사기 쳐서 재산을 가로채려고 하는 말은 사탄의 말이다.

- 종교 지도자가 아무리 훌륭한 설교를 해도, 신도의 재물을 거둬서 더 큰 교회를 짓고 자기의 부귀영화를 바라며 설교하면 사탄의 가르침이 된다.

- "저희 교회는 만원사례요, 믿음은 다 같으니 이웃의 개척 교회에 가서 예배를 드리시오." 하며, 이웃 교회의 부흥을 먼저 생각하여 제 신도를 보내는 종교 지도자가 있다면 그를 따르라. 그가 하나님의 사랑을 실천하는 자다.

- "부자가 천국에 들어가는 것은 낙타가 바늘구멍을 통과하는 것보다 더 힘들다" 하였거늘, 지금의 교회에서는 부자가 되기만을 기도하고 소원하니, 이는 곧 천국을 포기하고 지옥 행 열차의 티켓을 사는 것과 같다.

- 예수는 빈손이었다. 종교 지도자가 예수보다 더 호화롭고 편안하게 살아간다면 잘못된 것이다. 부귀영화와 명예를 바라는 자는 절대로 갈 수 없는 좁고 협착한 길이 종교 지도자의 길이다.

- 종교 지도자는 유리로 비춰 봐 한 점의 부끄러움이 없이 살아야 한다. 의식주도 직접 일해서 해결하고, 예수의 가르침과 행함을 그대로 따라야 한다.

- 종말은 없다. 지금의 잘못 가는 종교 집단에게만 종말이 있다. 보이지 않는 하나님은 보이는 육의 종말은 관여하지 않으신다. 환경 파괴로 인간이 스스로 멸망을 자초하는 것이다. 종파끼리 싸우기 전에, 무너진 인성을 바로잡고 지구의 몸살을 해결하는 데 뜻을 모으는 게 급선무다.

4. 성전이란

- 이 세상 자체가 하나님께서 만드신 성전이다. 자연보다 더 아름다운 성전이 있는가? 보이는 건물이 성전이 아니라, 성스러운 마음가짐이 성전이다.

- 반석 위에 교회를 지으라 했다. 지상의 단단한 돌은 인간이 쪼갤 수 있으나, 마음속의 굳은 결의는 세상 무엇으로도 쪼갤 수 없다. 바르고 굳건한 믿음으로 성경의 가르침을 실천하는 것이 마음의 반석 위에 교회를 짓는 것이다.

- 손으로 지은 건물의 교회에 모여서 복음을 전하는 것이 아니라, 교회를 개인과 가정에 심어 주어야 한다. 무너지고 부서지는 건물을 짓지 말고, 마음속에 영원히 불변하는 참진리의 교회를 지으라.

5. 십계명

- 십계명은 인간이 죽어서 반드시 통과해야만 하는 열 개의 관문이다.

- 부모를 공경하지 아니한 자는 "네 부모를 공경하라." 하는 제5계명의 관문이 열리지 않으니 구원받을 수 없다.
- 살인, 간음, 거짓, 우상 등의 나머지 계명도 마찬가지다.

- 십계명은 하나님의 친필이다. 모기소리만 한 하나님의 음성이라도 들어 보겠다고 여기저기 찾아 헤매지 말고, 십계명부터 암송하고 지키라.

- 십계명은 영혼을 구원하는 양식이며, 십계명을 지키는 것이 구원을 받는 길이다. 인간이기에 지키고자 노력하고 또 노력한다면 지킬 수 있다.

- 십계명을 지키고 천사처럼 아름답게 살아가는 그 마음 하나면 세상에 이루어지지 않는 것이 없다.

6. 보물

- 하나님은 재물이 아니라 우리의 마음을 받으신다. 사랑을 실천하며 천사처럼 변하는 마음이 하나님께 바치는 보물이다.

- 보이지 않는 하나님께 재물을 바치려 하지 말고, 너희를 길러 준 부모에게 용돈 드리고, 찾아뵙고, 효성을 다하라. 그것이 하나님께 효도하는 것이다.

- 하늘에는 선과 악의 창고가 있다. 자기 창고에 선이 많으면 천국으로 구원을 받고, 악이 많으면 심판받아 지옥으로 간다. 그것이 바로 "선한 일을 행한 자는 생명의 부활로, 악한 일을 행한 자는 심판의 부활로" 나오는 것이다.

- "선악과를 따먹지 말라"는 것은 양심을 지키라는 것이다. 선과 악을 구분할 수 있는 양심을 최초에 인간에게 주셨다. 선한 열매는 취하고, 악한 열매는 버리며, 양심에 비추어 부끄럼 없는 삶을 살아가라.

- 가장 작은 거짓말을 하지 않고, 가장 작은 죄를 짓지 않으며, 가장 작은 선행을 하고, 가장 작은 악행을 멀리하는 것이 율법의 일점 일획도 빠뜨리지 말고 다 지키는 삶을 사는 것이다.

7. 우상

▪ 박물관에 있는 불상은 하나의 예술품이다. 그 조각품에 대고 제 소원을 빌 때 우상숭배가 된다. 십자가라 하여도 그 앞에서 소원을 빈다면 우상숭배하는 것이며, 하나님께 소원을 빈다면 하나님을 우상으로 전락시키는 것이다.

▪ 지금 기복신앙에 젖어 있는 모든 사람이 우상 앞에 절을 하고 있다. 조각품을 우상이라며 파괴하지 말고, 네 마음속에 있는 욕심의 우상을 무너트리라.

▪ 생수를 약초가 먹으면 약을 만들고 독사가 먹으면 독을 만든다. 같은 성경을 봐도 선한 지도자는 신도를 천사로 만드는 데 활용한다. 그러나 욕심이 가득한 지도자는 재물을 거두어들여 제가 부귀영화를 누리는 데 악용한다. 그가 바로 성경을 우상숭배의 도구로 전락시키는 거짓 선지자다.

▪ 성경을 한 획도 빼거나 더하지 말라는 것은, 그 가르침을 빠트리지 말고 온전히 지키라는 것이다. 성경 속에서 자기에게 유리한 구절만 보는 것은, 자기에게 불리한 구절들을 빼 버리는 것이다. 믿음이 제일이요, 행함은 구원과는 관계없다는 것은 자신에게 유리한 쪽으로 성경을 악용하는 것이다.

▪ 진정한 종교 지도자는 종파에 관계없이 어떤 종파든 어떤 책이든 접하고 보고 깨우쳐 견문을 넓히도록 인도한다. 참진리를 모르고 자신이 없는 자가 남을 이단이라며 배척하고, 신도들의 눈과 귀를 가린다.

8. 예수

▪ 예수의 재림은 없다. 예수가 다시 온다 해도, 과연 누가 그를 예수라고 믿겠는가? 예수와 같은 삶의 행함이 곧 예수의 재림이다. 각자 모두가 "재림 예수"가 되는, 차원 높은 믿음으로 가야 한다.

▪ 예수는 "주여 주여 하지 말고, 아버지의 뜻대로 행하라"고 했다. 예수가 전한 하나님의 뜻이 곧 "길이요, 진리요, 생명"이며, 그 가르침이 예수의 보혈처럼 소중한 것이다. 예수를 믿는 것은, 예수의 가르침을 믿고 따르는 것이다.

▪ 예수는 낮은 자로서 만백성을 섬기고자 했다. 만나는 모든 사람을 다 하나님이라 생각하라. 돈을 벌수록 겸손하고, 높은 지위를 얻을수록 낮아지라.

- 예수는 종파를 만들지 않았다. 인간이 만든 종교와 인간의 교리를 따르지 말고, 예수를 통해 전한 하나님의 참진리를 연구하고 따르라.

- 예수가 2천 년 전에 만백성을 위해 죽었으니, 지금 이 땅에는 예수의 가르침대로 사는 천사만 존재해야 한다. 예수가 죽어 가면서 바란 것은 만백성이 천사가 되어 예수의 자리를 채워 주는 것이지, 지금과 같이 재물을 바치면서 중언부언 제 소원만을 비는 백성들을 바란 것이 아니다.

9. 구원

- 천사가 사는 천국에는 천사만 갈 수 있으니, 천사 같은 마음을 길러야 한다.

\- "천국 열쇠를 네게 주리니 땅에서 무엇이든지 매면 하늘에서도 매일 것이라" 했다. 땅에서 천사같이 사는 자가 하늘에서도 천사가 되어 천국에 들어간다. 모든 사람에게 천사같다는 말을 듣는 삶을 살아야 한다.

- 천사의 곱고 아름다운 마음은 부모를 공경하고 어른을 어른으로 대접하는 데에서 출발한다. 효도하는 자는 형제와 화목하게 지내기에 가정이 화목해지고, 이웃과 화목해지고, 국가가 화목해지고, 온 인류가 화목해진다.

\- 그러므로 지상의 아름다운 소왕국은 가정에서부터 이루어야 한다.

- 선택된 14만 명만 구원받는 것이 아니라, 천사처럼 변하고자 하는 14만 명을 기초로 온 인류가 천사처럼 거듭나는 영적인 개혁이 시작되는 것이다.

- 천 년에 걸쳐서 하늘에서 이루어진 것같이 이 세상을 낙원으로 만들어, 만백성이 지상의 천국에서 살다가 죽어서 그대로 하늘의 천국으로 들어가는, 영원한 지상 낙원을 건설하는 것이 하나님의 계획이다.

\- 이것이 구약과 신약에 이어 "새로운 성경"으로 역사하시는 하나님의 창조의 완성이다.

- 지금의 믿음으로 구원받을 수 있다면 그 길을 가라. 그러나 자신이 없다면 하나님께서 직접 내리신 160권의 "새로운 성경"을 읽고 구원의 길을 보라!

하나님 머리말씀

이 새로운 성경을 읽는 너희 모두는
이 율법에 따라 행하면 영원히 구원받을 것이니라.

너희 인간이 수년, 수십 년, 평생
성서를 공부하고 기도하는 것은
하늘나라 나의 곁으로 오고 싶은 소망일진대,

몇천 년 전의 너희 인성과 생각이
지금의 너희와는 판이하게 다르니,

꺾여 가고 병들어 가는 너희를 고칠 수 있는 길은,
오늘 내가 선지자에게 내리는 새로운 성경과 같이
너희가 변화되는 것뿐이니라.

나의 예수가 태어난 것처럼
내가 아들 선지자를 선택하여
나의 새로운 성경을 온 세계에 전하고자 하니,

묵은 것은 버리고 새로운 것은 취하여,
너희 모두는
'여호와 하나님! 저의 죄를 용서하여 주옵소서.'
하는 기도문으로 기도하고, 죄를 뉘우치라.

이 새로운 성경은
수천 년간 내려온 성서를 요약한 것이니,
너희는 이 책을 정독하여 쉽게 깨달음을 얻고,
이대로 실천하여 하늘에 오르라.

대역자 머리말

■ 하나님의 율법을 지키는 선지자로 선택을 받드다.

저는 남들처럼 그저 열심히 살아온 평범한 사람이었습니다. 그러나 50대 중반에 사업에 실패하여 많은 부채에 시달렸으며, 건강도 악화되어 눈이 잘 안 보이고, 걷기도 어렵고, 두통이 심해서 잠을 이룰 수 없는 고통의 나날을 보냈습니다. 그때 제가 선택할 수 있는 것은 육의 삶을 끝내는 길뿐이었습니다.

죽기 직전에 그동안에 죄를 지은 이들에게 용서를 빌고 인생을 끝내기로 작정하였습니다. 어려서부터 지은 죄를 빌고 빌다 보니 끝이 없었고, 죽음으로도 그 많은 죄를 용서받을 길이 없다는 생각에 하염없이 눈물이 흘렀습니다. 그 순간 '재래식 화장실의 구더기는 죄를 짓지 않는데, 나는 인간으로서 구더기만도 못한 삶을 살았구나.' 하는 생각이 들면서 괴로움에 몸부림칠 때, 갑자기 하나님의 음성이 들렸습니다.

"나는 여호와 하나님이니라. 너는 십계명을 암송하고 내가 내려 주는 메시지를 받아 책으로 만들어 만백성을 구하라." 하시며, 제 눈을 손으로 문지르게 하시고, 아픈 머리와 다리를 손으로 두드리게 하셨습니다. 그러고 나니 눈도 잘 보이고 걸을 수 있었으며 머리의 통증도 말끔히 낫게 되었습니다. 그때부터 십계명을 암송하고 나면 들려주시는 말씀을 기록하였고, 1999년 8월부터 2004년 7월까지 권당 288쪽, 총 160권을 받아서 "새로운 성경"이라는 책으로 펴내게 되었습니다.

그러한 저에게 죽기보다도 힘든 길이 시작되었습니다. 모든 교인들이 저에게 사탄이요, 이단이요, 악마요, 마지막 시대에 온 거짓 선지자라 하면서 공격하였고, 저를 짐승을 보듯이 대하는가 하면, 편협한 종교 지도자들의 선동으로 신도들이 이 책을 직접 읽어보고 평가할 기회마저 막아 버렸습니다. 그래서 하나님의 말씀을 세상에 내는 데 많은 어려움을 겪으며, 피를 토하는 심정으로 책을 전하고 있습니다.

그러나 아무리 인간의 힘으로 막으려 해도, 하나님의 뜻이 세상에 전해지는 위대한 역사는 계속될 것입니다. 책으로 전해지는 "하나님의 말씀"은 세상 끝날까지 항상 우리와 함께하실 것입니다. 사람은 죽어도, 책에 기록된 말씀은 영원히 남으니까요.

■ 따뜻한 실천

하나님께서는 어려운 사람들에게 삶의 터전을 마련해 주고, 미래를 열어 주는 것을 기뻐하십니다. 어려운 이웃이 스스로 자립할 수 있도록 이끌어 주는 것이 진정으로 이웃을 돕는 것이라고 말씀하셨습니다. 그래서 일자리가 없는 제자들에게 작은 사업장을 만들어 주는 "달란트 사업"을 하고 있습니다. 식당, 반찬 가게 등을 차려 주고, 기존의 어려운 사업장이 자립할 수 있도록 돕고 있습니다(커피숍, 미용실, 의상실 등).

하나님께서는 교회에 나와서 모든 시간과 재물을 쏟기를 원하지 않으시고, 그 시간과 재물을 교육에 투자하여 스스로 미래를 열어 가기를 원하십니다. 그래서 제때 공부하지 못한 제자들에게 학업을 이어 가도록 하였습니다. 중화요리 주방장을 하며 초등학교 검정고시부터 공부하여 2012년에 방통대를 졸업한 36세 남성, 만학도들의 2년제 중학교에 입학해서 2007년에 명지대학을 졸업한 38세 여성, 중학교 검정고시를 시작으로 숭의여자대학을 졸업한 47세 여성 등이 있습니다. 그밖에도 많은 제자들에게 나이를 초월하여 배우고 깨우쳐서 사회 속의 당당한 일원이 되도록 인도하고 있습니다.

학자금 대출로 힘겨워하는 젊은이들을 위해 "따뜻한 바람 장학회"를 발족하여(2016년 12월) 대출받은 학자금 전액을 매월 갚아 주고 있습니다. 또한, 다문화 가정을 위해 "다문화 가족 랜드"를 조성하여, 각종 시설을 무료로 활용하도록 하고 있습니다.

이러한 따뜻한 실천이 아직은 미약합니다. 그러나 책의 수입이 늘고, 저와 뜻을 같이하는 분들이 늘어나면 계속 확대할 것입니다. 지도자로서 신도의 재물을 헌금으로 거둬들여 착복하는 것이 아니라, 하나님께서 기뻐하시는 일에 사용하도록 중매 역할만 하며 살아가고자 합니다. 이런 제가 과연 사탄이고 이단인가요? 하나님께서 기뻐하시는 일이라면, 저에게 사탄이라 하든 거짓 선지자라 하든 굽히지 않고 실천해 나갈 것입니다.

끝으로, 일상의 삶 속에서 "지금 내가 하는 행동이 과연 하나님께서 기뻐하실까, 슬퍼하실까?" 생각하고, 매사에 하나님께서 기뻐하시는 길을 택하기 바랍니다. 교회에 모여서 집단적으로 예배 드리는 것이 아니라, 개인이나 가정 단위로 새로운 성경을 읽어 스스로 깨우치고 그대로 행하면 충분합니다. 그것이 마음속에 성전을 짓고, 신령과 진정으로 예배 드리는 길입니다. 그러면 천국의 문에 들어서게 됩니다.

2017. 2. 1.

하나님 말씀 대역자 김용철

차 례

십 계 명

이 책은 십계명을 암송하고 나면 내려 주시는 "하나님의 음성"을 듣고 그대로 받아쓴 기록입니다. 하나님께서 십계명을 모세에게 내려 주셨지만, 그것은 만백성에게 내려 주신 것입니다. 마찬가지로 이 책의 모든 말씀도 저에게 내려 주셨지만, 만백성 각자에게 들려주시는 말씀입니다. 여러분도 이 책을 접할 때마다 십계명을 암송하고 나서 정독해 주시기 바랍니다.

제일은, 너는 나 외에는 다른 신들을 네게 있게 말지니라.
제이는, 너를 위하여 새긴 우상을 만들지 말고, 또 위로 하늘에 있는 것이나, 아래로 땅에 있는 것이나, 땅 아래 물 속에 있는 것의 아무 형상이든지 만들지 말며, 그것들에게 절하지 말며, 그것들을 섬기지 말라.
제삼은, 너는 너의 하나님 여호와의 이름을 망령되이 일컫지 말라.
제사는, 안식일을 기억하여 거룩히 지키라.
제오는, 네 부모를 공경하라.
제육은, 살인하지 말지니라.
제칠은, 간음하지 말지니라.
제팔은, 도적질하지 말지니라.
제구는, 네 이웃에 대하여 거짓 증거하지 말지니라.
제십은, 네 이웃의 집을 탐내지 말지니라.

나 여호와가 존재함을 믿는 그 자체가 구원의 길에 들어서는 기본이요, 근본이며, 나의 새로운 성경을 가슴에 안고 정독하는 자, 반석 위에 서서 하늘에 오르는 찬란한 빛을 보게 되는 영광을 얻게 됨이니라. 진정 나를 따르고 믿는 자는 감히 사탄이나 마귀도 근접하지 못하느니라.

〈하나님 말씀〉

2001년 9월

1,550 번째 하나님 말씀

2001년 9월 16일 06시 50분

1 사랑하는 선지자야!
2 "네, 여호와 하나님! 말씀하옵소서."
3 힘들고 먼 길을 왔노라. 그리고 장하
도다.
4 너의 깨우침이 날로 변화되며 너의 깨
달음이 깊어지고 있음이니,
5 이제는 너희들이 말하는 푸르른 나뭇
잎이 떨어지는 가을이라는 계절이 오
며 그 낙엽이 떨어질 때, 너는 바로 서
는 나의 선지자로서 네 위치를 지킬
것이니,
6 내가 너의 어렵고 힘듦을 다스려 줄
것이니라.
7 이 상을 너는 반드시 받아야 할 것이
며, 네가 이 상을 받지 못하는 우를 범
하지 말며, 너의 제자들에게 일러 말
하라.
8 너를 범하고자 하는 자, 너를 음해하
는 자, 네 마음에 파장을 이루는 자,
끓는 기름 가마 속에 제가 그 죄를 벗
어나지 못할 것이며,
9 네가 음해하고자 하는 자, 네가 탐하
고자 하는 자, 그 또한 내가 벌할 것이
니, 네 마음이 그리 다스려져야 할 것
이니라.
10 너희들이 말하는 '군자'라 하는 곳에
나의 법전의 한 점을 반드시 만들어야
할 것이니 그리 알라.
11 너를 찾아와 많은 말을 하고 간 그 여
인이 너를 찾아오거든 잘 다스리라.
12 그를 다스리면 재목으로 쓸 수 있음이
니, 그를 잘 다스리라.
13 그가 올 수 없다 하거든, 네가 그를 찾
아야 할 것이니라.

1,551 번째 하나님 말씀

2001년 9월 16일 12시 15분

(강론을 마치며)

1 사랑하는 선지자야!
2 "네, 여호와 하나님! 말씀하옵소서."
3 내가 너에게 말하여 이르기를, 이곳이
하늘에서 내가 너의 가슴에 빛을 내려
그 빛이 바로 꺾여 너의 앞에 있는 너
의 제자들의 가슴에 전하여지는 곳이
라 하여,
4 내가 너희들을 소중히 하며 너희들을
귀히 여기며 내가 너희들을 사랑함이
라 말하였느니라.
5 사랑하는 선지자 너의 제자들에게 이
르라.
6 나 여호와가 하늘에서 너희들을 내려
다보며 너희들을 사랑함이 여기에 또
하나의 뜻이 있음을 너희들이 오늘 가
슴에 새기고 가야 할 것이니라.
7 나의 사랑하는 아들 예수가 나의 피조
물 만백성을 구원하기 위하여 너희들
이 감히 인내할 수 없고 흉내낼 수 없
으며 견딜 수 없는 그 고통 속에서 죽
어 갔음이니,
8 죽어 가며 그가 무엇을 원했는가를 너

희들은 깨우쳐 연구함이 아니요,
9 그저 그가 피 흘려 죽은 것으로써, 너
희들은 그 피의 보혈로써 구원을 받았
으며 죄를 용서받았다 하며,
10 너희들이 물장구치는 아이들과 같은
어리석은 마음으로써 믿음에 와 이른
다 그리하고 있음이니,
11 이는 너희들이 장난치는 것과 같음이
니라.
12 그리하여 지금 나의 피조물 만백성이
예수의 보혈로써 죄를 사하였으며 예
수의 보혈로써 하늘에 오른다 하니,
그들을 어찌하여야 되겠느냐?
13 나 여호와 하나님이 직접 세상에 내려
가, '너희들이 나에게 오르고자 하며
너희들이 권능의 전지전능한 하나님
이라 부르짖는 하늘에 있는 내가 직접
너희들을 구원하고자 왔다.' 하여 너
희들에게 기적을 일으키며 깨우침을
전하였을 때,
14 지금의 믿음 있는 자들은 나의 아들
예수를 죽이는 것보다도 더 간악하고
더 잔인한 방법으로, '왕 사탄이 왔으
며, 세상을 뒤엎는, 지금의 성서에 기
록되어 있는 말세의 사탄이 왔다.' 하
여 나를 처참하게 찢어 죽일 것이니,
15 그것이 너희들이 지금 가지고 있는 조
직의 형태이며 너희들이 가지고 있는
마음인 것이니라.
16 너희들은 나의 아들 예수가 재림하여
다시 와 너희들을 산 자와 죽은 자를
구원한다 말하고 있느니라.
17 그러하나 나의 아들 예수가 이 세상에
와 너희들을 구원하고자 너희들에게
설법하고 '지금 가고 있는 믿음이 잘
못되었으니 너희들이 바른길로 가 하
늘에 오르는 길로 오르라.' 말할 때,
너희들은 뭐라 하겠느냐?
18 '성서에 기록된 말세에 사탄이 왔으
니, 이는 우리의 적이라' 하여 그를 불
로 태워 죽일 것이니, 이것이 너희들
의 그 심성인 것이니라.
19 지금 믿음을 가지고 있는 수많은 나의
피조물 만백성이 그리하여 하늘에 오
르는 길이 아니라 지옥으로 가는 그
길을 가고 있으니,
20 그들을 바로잡기 위하여 나의 가슴의
성령을 태워 우매하고 어리석은 나의
선지자를 통하여 내리는 이것이 나의
메시지요, 너희들을 구원하고자 하여
세상에 내려보낸 나의 법전이요, 나의
성령이라 말하는 것을 믿는 자 아무도
없으나,
21 이곳에 와 고개 숙이고 있는 너희들이
나를 믿음이니,
22 내가 내려갔을 때, 나의 아들 예수가
재림하여 만백성을 구하고자 세상에
갔을 때,
23 그에게 돌팔매질하지 아니하며 그를
불로 태우지 아니하며 그를 갈기갈기
찢지 아니할 자들이 바로 여기 앉아
있는 너희들인 것이니라.
24 그리하여 너희들이 소중한 것이며, 그
리하여 너희들이 나의 빛을 너희 가슴
으로 직접 받으며,
25 지옥 불로 향하여 가고 있는 나의 피
조물 만백성이 나의 법전을 읽어 하늘
에 오르는 이 길을 깨닫고 발길을 돌
려 하늘에 오르는 길로 가도록 인도하
는 대명을 띤 자들이며, 그를 행할 수

있음이니라.
26 아무리 권력을 많이 가진 자요, 아무
리 능력을 많이 가진 자요, 아무리 재
물을 많이 가진 자요, 나 여호와를 평
생 찾으며 만백성 앞에 하늘에 오르는
나의 백성을 인도하는 자들이라 하여
도,
27 그들은 내가 직접 내려가 그들에게 내
가 여호와라 말할 때 나를 불로 태워
죽일 자들이니,
28 나를 불로 태워 죽이지 아니하며 나의
아들 예수가 재림하여 세상에 나갈 때
그 육신을 갈기갈기 찢어 죽이지 않을
자들이 바로 여기 모여 있는 너희들인
것이니라.
29 너희들은 나 여호와가 내려왔다 하면
나를 믿을 것이며, 나의 아들 예수가
재림하여 심판하러 왔다 하면 그를 믿
을 자들인 것이니라.
30 그리하여 예수의 열두 제자들보다도
내가 더 소중하다 너희들에게 말하였
음이니라.
31 이는 바로 나의 성령을 너희들이 받고
'이는 여호와의 말씀이라' 하며, 이에
너희들이 목숨을 바쳐 만백성을 구하
고자 하여 나의 선지자 앞에 와 고개
숙여 나의 법전을 공부하며 나의 뜻을
들어 줌이니,
32 그리하여 너희들이 소중하고, 내가 보
기에 세상에 너희보다 더 귀한 것이
없다고 너희들에게 말하였음이니,
33 오늘 너희들은 이와 같은 나의 뜻을
깊이 깨우쳐 나의 피조물 만백성을 구
하는 데 열과 성의를 다하여야 할 것
이며,
34 너희들의 얼굴과 마음가짐이 하얀 백
합과 같이 되었을 때 나의 피조물 만
백성이 너희를 따를 것이며,
35 너희들이 백합같이 곱고 아름다운 마
음이 되었을 때, 100이라는 마음속에
하나라도 거짓됨이 없으며, 남을 속임
이 없으며, 남을 시기함이 없으며, 남
을 질투하는 마음이 없이 기도할 때
너희 모든 뜻을 내가 들어줄 것이니,
이를 명심하여 깨우치도록 해야 할 것
이니라.

1,552 번째 하나님 말씀

2001년 9월 17일 08시 55분

1 사랑하는 선지자야!
2 "네, 여호와 하나님! 말씀하옵소서."
3 너를 따르는 너의 제자들에게 이르라.
4 내가 하늘에서 땅에 내려가 너희들을
깨우치고자 '내가 여호와 하나님이라'
말해도 이 세상 종파를 가지고 있는
자들은 모두 나를 불태우려 하나, 너
희들은 나의 말에 귀를 기울이는 나의
백성이라 말하였으니,
5 그러기에 너희들이 소중하며, 나의 성
령의 이 법전을 나의 뜻이라 생각하고
너희들이 따르기에 너희들이 소중하
다 하였음이니라.
6 이제는 너희들이 나의 피조물 만백성
을 구하는 빛이 되며 얼굴이 되는 자
들이니,
7 너희들이 모든 종파를 다 버려야 될
것이며, 그 종파를 버림으로 인하여
그 종파에서 너희들이 받은 그 명칭을
다 지워야 할 때가 왔느니라.

8 너희들이 잘못 간 그 종파 속에서 얻
은, 너희들에게 굴레를 씌워 준 그 명
칭이요, 그 직함마저도 불러서도 안
되며,
9 그 소속된 종파에 너희들이 조금이라
도 미련을 가져서도 아니 됨을 이제
일깨워 줘야 할 때가 왔느니라.
10 너희들은 이제 그 이름을 다 지워 버
려야 될 것이며, 그것까지도 미련을
가지고 있으면 너희들이 그곳을 가고
자 하는 마음이 있음이니라.
11 너희들은 똑같은 지도자이니라.
12 너희들 모두는 선생이라 부르며, 선생
이라 하는 그 존칭어로써 모두를 통하
여야 할 것이니라.
13 너희들이 마음속엔 한 형제라 생각하
며, 부르기는 선생이라 서로 부르면
될 것이니라.
14 너희들은 모든 기일이라 하는 날에,
너희 조상이나 부모가 죽어 간 그 날
짜를 기억하고자 음식을 차려 놓고 기
도하고 절하나,
15 음식을 차려 놓고 절하는 것이나 음식
을 차려 놓고 기도하는 것이나 똑같은
것이니,
16 너희들이 말하기를 믿지 아니하는 자
는 우상을 섬기기에 음식을 차려 놓고
절을 한다 하여 그를 비방하며,
17 믿음을 가지고 있다 하는 너희들은 어
찌하느냐? 그 앞에 앉아서 그저 기도
를 하느니라.
18 이제는 그 모두를 다 철폐하며, 너희
부모가 죽어 간 그날, 나 여호와에게
조용히 앉아 기도하는 것으로 임하여
야 할 것이니라.
19 너희들의 마음과 행동이 바르고 곧아
진 그 자세로써 '여호와 하나님! 저의
육신의 인연의 부모를 구원하여 주옵
소서.' 그 기도를 하라.
20 그와 같은 마음으로 기도하며, 그와
같은 마음으로 묵상을 하며, 그가 세
상에 왔다 저승으로 간 그날을 기억하
는 것으로써 그리 행하여야 할 것이니
라.
21 이를 너의 제자들에게 교육시켜 임하
도록 하라.

1,553 번째 하나님 말씀

2001년 9월 18일 07시 50분

1 사랑하는 선지자야!
2 "네, 여호와 하나님! 말씀하옵소서."
3 지금 수천 년 역사가 흐르는 동안에
구약과 신약 성서의 그 구절을 모두
집약한 것이 무엇이더냐? '십계명'이
라는 것이니라.
4 내가 나의 피조물 만백성 너희들을 구
원하기 위하여 직접 쓴 그 십계명이니,
5 '십계명을 지킬 수 있다', '지킬 수 없
다' 하는 이와 같은 갑론을박을 너희
들이 하는 속에서,
6 인간이기에 십계명을 지킬 수 없다 하
는 결론이요, 그와 같은 너희들의 편
의주의로 흘러왔기에 오늘과 같이 험
악하고 사악한 너희들의 그 심성을 갖
게 되었으며,
7 너희들이 욕심이라는 근원을 버리지
못하며, 선하고 아름다운 것을 모르
며, 나 여호와가 무엇을 원하는지를
모르며, 나의 아들이 제 하나의 생명

을 바쳐 그 어려운 고행의 길을 거쳐
너희들을 구원하고자 했던 그 뜻조차
모르고 있음이니,
8 너는 너의 제자들에게 이르라.
9 수천 년 역사 속에 십계명을 지킬 수
없다 하여 너희들이 너희 나름대로 해
석하여 이와 같이 죄의 구덩이 속에서
이 아름다운 에덴동산과 같은 내가 너
희들에게 내려 준 지상이 사악한 무리
들로 그득 차 있으며,
10 너희들 또한 나에게 구원받을 수 없는
반대의 길을 지금도 가고 있음이니,
너의 제자들은 반드시 깨우쳐야 할 것
이 있음이니라.
11 지금 바로 나의 피조물 만백성을 구하
기 위하여 나의 성령을 세상에 내려보
내니,
12 나의 법전을 접하는 자, 나의 법전을
가지고 공부하는 자, 그리고 나의 선
지자로부터 나의 음성을 듣는 너희들
은 나의 이 법전대로 그대로 시행하고
지켜야 됨이니라.
13 너희들 또한 여기에서 '우리가 지킬
수 없으며, 너무 어려워 우리는 시행
할 수 없다.'고 한다면,
14 수천 년 역사가 흐르는 동안에 성서라
는 것을 놓고 갑론을박하며 '십계명을
지킬 수 있다', '지킬 수 없다' 한 것과
같이 너희들의 그와 같은 갑론을박의
세태 속에서 나의 피조물 만백성은 사
악한 길로 그대로 가게 됨이니,
15 너희들은 오로지 법전대로 지켜야 되
며, 법전대로 살아야 되며, 그와 같이
살고자 노력하는 자만이 에덴동산에
와 있는 너희들의 그 이름이 너희들이
죽어 내 앞에 올 때까지 그대로 존속
할 수 있음을 너의 제자들에게 깊이
깨우쳐 일러야 할 것이니,
16 오늘의 가르침을 그리 전하도록 하라,
선지자야!

1,554 번째 하나님 말씀

2001년 9월 19일 06시 55분

1 사랑하는 선지자야!
2 "네, 여호와 하나님! 말씀하옵소서."
3 너희들 말에 이르기를 '설마 설마 하
다 사람을 잡는다.'라는 말이 있느니
라.
4 나로부터 선택된 많은 나의 백성들이,
나의 법전에 따라 지키며 나의 율법을
지키는 자들이 '설마 이것을 가지고
나를 벌하실까, 설마 이것을 가지고
나를 버리실까?', '설마 하나님께서 이
것으로써 나를 저버리실까?' 하는 그
생각 속에 점점 가서는 아니 되는 길
로 빠져 들어감이니,
5 그리하여 나의 성서의 깊은 뜻을 보는
자가 없으며, 내가 원하는 것이 무엇
인가를 진정 그들이 가르치지 못하며,
내가 원하는 길로 나의 피조물 만백성
을 인도하는 자들이 잘못 인도하고 있
음이니,
6 이를 너의 제자들에게 깨우쳐 주어야
할 것이니라.
7 나를 향하여 하늘에 오르고자 하는 너
희들에게는 '설마'가 없음이니라.
8 '설마 이거야 괜찮겠지, 이것은 용서
하시겠지.' 하는 '설마'라는 단어가 너
희들에게는 없음이니라.

9 그리하여 내가 작든 크든 나의 뜻을
알면서 행하지 아니하는 것은 작은 죄
와 큰 죄의 차이가 없으며,
10 가장 작은 죄가 너희들이 나에게 오를
수 없는 길이라 하는 것을 깨달으라
내가 너희들에게 일깨워 주었음이니
라.
11 나로부터 은혜와 은총을 입어 나의 피
조물 만백성을 구원하고자 선택되며
나에게 기억된 자들이,
12 '설마 이것은 괜찮겠지, 설마 이것은
죄가 되지 않겠지, 설마 여호와 하나
님께서 이는 용서하시겠지, 설마 여호
와 하나님께서 이것은 덮어 주시겠
지.' 그리하다 그들이 헤어날 수 없는
길을 가게 되며,
13 그리하여 그들이 잘못 가고 있기에 하
늘에 오를 자 한 사람도 없다 내가 너
희들에게 말함이니라.
14 이와 같은 뜻을 나의 만백성에게 너는
전하여야 할 것이니 그리 알라, 선지
자야!

1,555 번째 하나님 말씀

2001년 9월 19일 21시 20분

(강론을 마치며)

1 사랑하는 선지자야!
2 "네, 여호와 하나님! 말씀하옵소서."
3 지금 너희들이 가슴에 너희 이름을 달
고 있음이니,
4 내가 부르는 자, 너희들 이름이 그와
같은 모형과 그만한 것으로써 에덴동
산의 상록수에 걸려 있음이니라.
5 바로 너희들의 가슴에 달고 있는 그
명패가 그대로 하늘에 오를 것이며 그
리 올라야 할 것이니,
6 너희들은 이를 잊지 말고 다시 한 번
가슴에 있는 너희들의 명패를 오른손
으로 만져 보도록 하라.
7 너희들의 그 명패가 그대로 올라옴이
니라.
8 이 세상의 혼탁하고 어렵고 아비규환
같은 속에서 너희들의 이름이 나의 하
늘나라 에덴동산에 기록되며 너희들
이 달고 있는 그 명패가 하늘로 그대
로 오른다 하면,
9 너희들은 이 세상 무엇과 그 명패를
바꿀 수 있겠는가?
10 오늘에 힘들고 어려움이 있다 하여 너
희들은 나 여호와를 원망하는 마음을
갖지 말라.
11 그는 너희들의 오만함이요, 너희들의
과욕함이니,
12 이 성전에 와 나의 법전을 읽고 깨우
치지 못하는 자보다 너희들이 더 욕심
이 많음이니라.
13 내가 선지자를 통하여 말하였느니라.
14 나에게 기도할 수 있는 힘만 있다 하
면 너희들이 가장 행복한 자라 말하였
음이니, 그보다 더 행복한 자 이 세상
에 없음이니라.
15 수십억 인구 중에서 나에게 선택된 자
가 너희들이며, 내가 선택한 자가 너
희들인 것이니라.
16 너희는 들어야 할 것이니라.
17 이 많은 나의 피조물 만백성 중에서
선택되었으며, 지금 이 지구상에 있는
나의 피조물보다도 그 손자, 그 손자
의 손자가 또 늘어나 수천 년 역사가

흐르면서 나의 피조물 만백성이 이 법
전을 읽고 깨우칠 것이며,
18 너희들 이름을 그들이 기억할 것이며,
그들을 깨우치기 위한 너희들이 오늘
모여서 나의 법전을 가지고 공부함이
니,
19 너희들이 얼마나 위대하며 소중한 나
의 백성인가를 너희들 자신이 먼저 깨
우쳐야 할 것이니라.
20 너희들은 지금의 인구를 구원하고자
모임이 아니니라.
21 나의 피조물 만백성 너희 인간의 대대
손손 늘어나는 그 백성을 구하여 선하
고 아름다운 백성으로서 하늘에 오르
게 만들고,
22 그들에게 하늘에 오르는 길을 보이고
자 하여 너희들이 지금 모여 앉아 고
통스런 이 길을 가고 있음이니,
23 그리하여 너희들이 나에게 더없이 소
중한 나의 백성임을 알아야 할 것이
며, 내가 나의 소중한 백성이라 하여
너희들의 어렵고 힘듦과 너희들의 마
음속을 다 읽고 있음이니, 너희들의
뜻을 어찌 들어주지 아니하겠는가?
24 다만, 너희들이 나의 피조물 만백성,
너희들의 손자와 손자가 나의 이 법전
을 읽고 깨우치고 너희들을 생각하고
너희들을 그릴 때,
25 너희들이 과연 한 점의 부끄럼이 없는
당당한 모습으로 지금 서 있는가를 먼
저 깨우쳐야 할 것이니라.
26 너희들은 너희 자신들을 돌아보아야
할 것이니라.
27 내가 너희들에게 욥과 같은 시련과 그
고통 속에서 인내하고 견디는 자를 원
하고자 하나,
28 나의 어리석고 불쌍한 선지자가 이끌
어 가는 나의 법전이 세상에 퍼져 나
감이 너무도 기특하고 갸륵하며 내 마
음이 기쁘기 한이 없어 내가 너희들을
이 시점에서 거둬들임이니,
29 너희들은 너희 자신의 마음을 비우며,
너희들이 얼마나 소중한가를 깨달아
서 오늘부터 너희 마음을 하얀 눈과
같이 정녕 만들었을 때,
30 남들이 너희에게 이유 없이 오른뺨을
때린다거나 너희가 가지고 있는 가장
소중한 너희 문서를 갖다 남에게 주어
도 너희들이 하얀 마음으로 나 여호와
의 뜻이라며 웃을 수 있는 그러한 자
가 되었을 때, 내가 너희들의 뜻을 들
어줄 것이니,
31 너희들이 마음을 다스려 나로부터 너
희들에게 내리는 그 많고도 크나큰 상
을 받을 수 있도록 각자 노력을 하여
야 할 것이니라.
32 웃고 있을 시간이 없느니라.
33 너희들이 잡담할 시간이 없느니라.
34 지금 내가 일러 말하였느니라.
35 너희들은 말없이 실천하는 자가 되라
하였음이니, 너희들이 지금 어디에 서
있는가를 깊이 깨우치고 반성해야 할
것이니 그리 알라.

1,556 번째 하나님 말씀

2001년 9월 20일 09시

1 사랑하는 선지자야!
2 "네, 여호와 하나님! 말씀하옵소서."
3 너는 너의 제자들에게 일깨워 일러야

할 것이니라.
4 너희들이 나의 성전을 찾아와 나의 법
전을 읽고 공부하며 깨우치는 것은 너
희들의 육신을 위하여 이와 같은 길을
가는 것이던가, 아니면 너희들이 영원
히 사는 나의 나라에 오르기 위하여
오늘에 기도하며 나의 법전을 가슴에
안고 정독하는 것이던가?
5 너의 제자들은 이를 깨달아야 할 것이
니라.
6 너희들은 하늘에 오르고자 하는 것이
며, 영원히 사는 나의 에덴동산에 와
너희 영혼을 구원받고자 하여 나에게
기도하는 것이니라.
7 그러나 너희들은 너희 육신의 안일과,
남들과 같이 편안하고자 하는 것과,
부귀와 영화와 명성을 얻고자 하는 마
음이 앞에 있음이니,
8 너희 육신이 편안하고자 하여 나에게
기도하고 경배하며 나의 법전을 정독
하는 것인가, 너희 영혼을 영원히 구
원받고자 하여 나의 법전을 정독하는
것인가 이것을 너의 제자들에게 물으
라.
9 그리고 이를 혼동하지 말라 이르라.
10 너희들의 믿음이 하얀 마음과 같이 진
실할 때 너희들에게 내가 기적을 이룰
수 있다 하였으며, 내가 상을 내릴 수
있다 하였음이니라.
11 그러나 너희들이 나의 법전을 연구하
고 공부하면서 너희 육신이 편안하고
자 하는 생각을 앞에 둔다 하면 너희
들은 나와 거래하고자 하는 자와 다름
이 없는 것이니라.
12 너희들의 육신이 편안하고자 하는 것
을 생각한다면, 저희들이 만든 성전에
가 기도하며 무엇을 달라고 소리 질러
거래하고자 하는 자들과 너희들 또한
하나도 다름이 없음이니,
13 이와 같은 나의 뜻을 깨우쳐 너희들의
믿음의 방향을 바로잡아야 할 것이니
라.

1,557 번째 하나님 말씀

2001년 9월 21일

1 사랑하는 선지자야!
2 "네, 여호와 하나님! 말씀하옵소서."
3 내가 너에게 일러 너의 제자들에게 말
하라 하였음이니라.
4 너를 이성으로 보며 너를 음해하며 너
를 시기하고 너를 모함하는 자,
5 기름 가마 속에 그가 벗어나지 못할
것이며 그 죄를 제가 영원히 받을 것
이라 말하였으며,
6 너 스스로 탐하고자 하는 여자 또한
그와 같은 죄를 면치 못한다 하였으니,
7 네가 탐하고자 하는 자, 그가 그와 같
은 행동을 네 앞에서 하지 아니하였으
면 네가 탐하고자 하는 마음이 없음이
니,
8 바로 네 앞에서 행동을 그리하여 너에
게 탐하고자 하는 충동을 일으키는 자
를 내가 기름 가마에서 영원히 나오지
못하는 벌을 내릴 것이니라.

1,558 번째 하나님 말씀

2001년 9월 21일 21시 10분

(강론을 마치며)

1 사랑하는 선지자야!
2 "네, 여호와 하나님! 말씀하옵소서."
3 내가 너희들에게 이르기를, 수만의 병
사를 거느리는 장군도, 한 시대를 이
끌어 가는 너희들이 말하는 영웅이라
하는 자도, 권력과 부귀를 한 손에 쥐
어 세상에 부러운 것이 없다고 생각하
는 자도,
4 나 여호와가 존재함을 믿지 아니하며,
하늘이 있음을 믿지 아니하며, 제가
짧은 육신을 마치고 나에게 와 그에
대한 죄의 대가를 반드시 받는다는 것
을 깨닫지 못하는 자, 그는 바로 죽은
자라 말하였음이니라.
5 그는 산 자가 아님이니라.
6 산 자는 미래를 보며 생각을 하며 자
기 인생을 설계하며 계획할 줄 아는
것이니라.
7 너희들이 내일의 삶을 계획하는 것은,
손으로 얻고 만지는 것을 위하여 계획
하는 것은 너희들이 총명한 두뇌를 가
져 똑똑하다 말하나,
8 영원히 사는 나의 나라에 오는, 변하
지 않는 나의 에덴동산에 와 사는 그
설계를 하지 못하며 그를 계획하지 못
한다면 그는 죽은 자라 말하였느니라.
9 내가 너희들에게 일렀느니라.
10 나 여호와가 피조물 만백성을 구하기
위하여 직접 세상에 내려가 '내가 너
희를 구원하고자 하니 너희들은 나의
음성을 들으며 나의 뜻을 따르라.' 하
고 외칠 때,
11 지금의 모든 종파들은 화약이라는 것
보다도 더 무서운 걸 들고 와 나를 갈
기갈기 찢고 태우며 처참히 공중분해
할 것이며, 그것이 그들이 가지고 있
는 심성이며 그들이 지금 처해 있는
생각이라 말하였으니,
12 그중에서 나를 따르며 나를 보호하며
나를 업고 달릴 자들이 너희들 중에
있음이니, 그리하여 내가 너희들을 소
중하다 말하였음이니라.
13 오늘 내가 너희들에게 일깨워 줄 것이
있으니, 죽은 자는 말이 없으며, 자연
의 흐름을 모르며, 아무것도 모르느니
라.
14 세상의 춥고 더움도 모르는 것이며,
부모의 울부짖음도 모르는 것이 바로
죽은 자라 말하였음이니라.
15 그러나 너희들은 산 자라 내가 말하였
느니라.
16 나 여호와가 존재함을 알며, 나의 선
지자가 기록하여 정리한 이 열여섯 권
의 법전이 나의 음성이요, 나의 메시
지며 마지막으로 너희들을 구원하는
나의 뜻이라는 것을 너희들이 깨닫고
있으며,
17 이것만이 하늘에 오를 수 있는 길이
며, 이가 만백성을 구하기 위하여 너
희들이 읽고 배운 수천 년의 역사가
흐른 구약과 신약의 뚜껑을 덮을 것이
며,
18 그 후에 이 나의 법전이 나의 피조물
만백성을 존속하게 하기 위하여 영원
히 존재한다는 것을 깨달은 너희들이
기에, 너희들은 산 자이니라.

19 죽은 자는 움직일 수도 없으며, 걸을
수도 없으며, 남들에게 깨우침을 줄
수도 없으며, 남을 지도할 수도 없느
니라.
20 너희들이 말하는 지식이요, 학식을 너
희보다 열배 백배 천배를 가진 자라
하여도 그들은 죽은 자이니,
21 그들의 음성은 저희 입 밖에 나와서
기록됨이 없으며 남음이 없으며 나의
피조물 만백성을 하늘로 인도하는 그
내용이 없음이니라.
22 그러나 산 자인 너희들이 하는 말은
나의 피조물 만백성에게 내가 존재함
을 알 수 있도록 할 것이며, 내가 존재
함을 너희들이 말할 것이며,
23 이 성서, 이 법전이 하늘에 오르는 길
이며 여호와 하나님의 뜻으로서, 만백
성을 구하며 너희를 구할 수 있는 법
전이라고 너희들이 말하고 전할 수 있
음이니,
24 그리하여 산 자가 중요한 것이며, 너
희들은 산 자이니라.
25 즉, 너희들은 나의 법전을 읽고 터득
함으로써 하늘에 오르는 길이라 하여
나의 피조물 만백성 앞에 나아가 울부
짖을 자들이며, 그리고 너희들의 음성
은 그들이 들을 수 있으며 너희들 음
성만이 그들을 깨우칠 수 있기 때문에,
26 바로 지금 가진 것이 없으며 권력이
없으며 힘이 없는 자라 하나, 너희들
은 산 자인 것이니라.
27 그리하여 너희들이 소중함을 알아야
될 것이니라.
28 산 자로서 나의 피조물 만백성을 구원
하여야 할 너희들이 얼마나 소중한 자
들이며,
29 그 소중한 너희들이 자신을 어찌 다스
려야 할 것인가를 너희들은 깊이 깨우
쳐야 할 것이니라.
30 이 세상에 너희들보다 더 소중하고 값
진 자들이 없느니라.
31 나는 너희들과 이 세상의 모두를 바꾸
지 아니할 것이며,
32 너희 한 사람의 이름 석 자와 내가 권
능을 부려서 이 세상의 만백성을 창조
했고 만물들이 살아갈 수 있도록 만들
었던 그 소중한 것과도 나는 바꾸지
아니할 것이니라.
33 이는 나의 진정한 선지자요, 나의 종
이요, 이 법전은 나의 성령을 태워서
너희들에게 내려보내는 것임을 너희
들은 깊이 깨우쳐 너희 가슴에 깊이
새겨야 할 것이니,
34 이를 깨우쳐 실행하도록 하여야 할 것
이니라.

1,559 번째 하나님 말씀

2001년 9월 22일 08시 10

1 사랑하는 선지자야!
2 "네, 여호와 하나님! 말씀하옵소서."
3 네가 세상사 인간들이 살아가는 물정
에 빠지고 젖어들기 시작하면 이를 너
스스로 다스리기 어려움이니라.
4 그리하여 내가 너에게 이르기를, 남으
로부터 금화와 은화를 대가 없이 받지
말라 하였으며, 너의 동정을 바치라
말하였음이니라.
5 이제는 네가 모두를 깨달아서 행하여
야 할 때가 왔으며, 세상사 인간과의

인연을 끊어야 할 때가 왔음이니라.
6 내가 너에게 이르기를, 작고 큰 모든
나의 뜻을 엄히 다스려 시행하라 하였
음이니,
7 나 여호와의 애달픈 마음을 어찌하여
야 하겠는가?
8 너는 정녕 나의 열여섯 권의 법전이
만백성을 구하는 생수로서 뿌리를 내
리기를 원하는가, 그렇지 않으면 남들
이 말하는 사탄이요, 이단이요 하는
그 소리에 불로써 재로 변하기를 원하
는가?
9 사랑하는 선지자야!
10 "네, 여호와 하나님! 말씀하여 주옵소
서."
11 모든 인간사의 고리를 끊으라.
12 그것만이 네가 존재할 수 있는 길이며
나의 성령의 열여섯 권이 세상을 덮어
나감을 알아야 할 것이며,
13 나의 법전이 세상을 덮어 나갈 때 너
희 또한 바로 설 수 있음이니,
14 나의 이 뜻을 깊이 새겨 시행하도록
하라.

1,560 번째 하나님 말씀

2001년 9월 23일 07시 20분

1 사랑하는 선지자야!
2 "네, 여호와 하나님! 말씀하옵소서."
3 너희들은 몸이 성하지 않은 자가 열심
히 살아가는 모습을 보며, 땅을 기어
다니면서 너희들이 던져 주는 동전 몇
닢을 얻어 살아가는 자들이 있으니,
4 그 성하지 못한 몸을 가지고 살아가는
그들을 보며, 그들이 살아가는 용기를
보면서 너희들은 무엇을 느끼느냐?
5 육신이 멀쩡한 자, 부끄러운 줄 알아
야 할 것이며, 육신이 멀쩡한 자, 나에
게 축복받음을 알아야 할 것이니,
6 너는 너의 제자들에게 이르라, 정상적
이지 아니한 사람이 살아가는 고통이
얼마나 힘들고 어려운가를, 정상적인
육신을 가지고 있는 너희들이 얼마나
행복한가를.
7 너희들이 무엇을 더 얻고자, 더 편안
하고자, 무엇을 더 소유하고자 하는
그 자체가 다 욕심인 것이며,
8 그리고 바른 정신과 바른 육체를 가진
너희들이 너희 삶을 원망하며 내가 너
희들에게 축복을 주지 아니한다 생각
하는 것은 너희들이 노력을 게을리하
기 때문이니라.
9 너희들이 정녕 바르게 살고자 너희 몸
과 정신을 모두 다 집중하여 노력한다
면 너희들은 몸이 불편한 자보다 못
살 이유가 없으며,
10 그들보다 열배 백배 나은 삶을 살 수
있으며, 그들보다 열배 백배 위대한
일을 할 수 있거늘,
11 너희들은 너희 스스로 노력하지 아니
하며 연구하지 아니하며 남의 탓만 하
는 것이니라, 그리고 나 여호와를 원
망함이니라.
12 불편한 자의 살아가는 모습을 보며 너
희 삶을 다시 한 번 돌아다보는 그와
같은 계기를 가져야 될 것이니라.
13 이를 너의 제자들에게 일러 깨우쳐 주
라.

1,561 번째 하나님 말씀

2001년 9월 23일 12시 25분

(강론을 마치며)

1 사랑하는 선지자야!
2 "네, 여호와 하나님! 말씀하옵소서."
3 네가 말하였느니라, 너희들은 모든 인
생의 삶에 있어서 정답을 가지고 있는
자라고.
4 바로 나의 법전을 가슴에 안고 정독하
는 자, 세상사 모든 답의 정답을 갖고
있음이니,
5 그 정답을 아는 자, 시험지를 받았을
때 얼마나 마음이 편안하며 기쁘겠느
냐?
6 너희들은 하늘에 오르는 길을 알며,
나 여호와가 존재함을 알며, 이 메시
지가 나의 가슴을 태워 성령을 나의
선지자를 통하여 너희들에게 전하는
것이며 이것이 나의 뜻이라 믿고 따름
이니,
7 이는 바로 너희들이 정답을 가지고 있
음이니라.
8 너희들은 오늘 깨우쳐야 할 것이니라.
9 정답을 아는 자, 그 시험지에 100점이
라는 것을 맞는 것은 당연할 것이니,
10 너희들이 이 세상 나의 피조물 만백성
중에 가장 축복된 자들이며, 가장 행
복한 자들이며, 가장 영화를 누릴 수
있는 자들이라는 것을 잊어서는 아니
될 것이니라.
11 나의 법전이 너희들로 하여금 세상에
전해지며, 이것을 가슴에 안고 나의
피조물 만백성이 나 여호와의 뜻이라
할 때, 그들은 너희들을 찾으려 인산
인해를 이룰 것이며,
12 너희들은 그때 그들을 깨우치기 위하
여 너희들이 할 수 있는 일이 몸이 열
이라도 감당하지 못할 때가 곧 올 것
이니,
13 너희들은 그날을 생각하며, 오늘의 힘
들고 어려움을 생각해서는 아니 될 것
이니라.
14 너희들은 나로부터 이 세상에 생명을
받아 나간 것을 가장 영광이요, 축복
이요, 은혜라 생각해야 할 것이며,
15 나의 법전을 가지고 나가는 자, 내가
너희들 머리 위에 손을 얹어 '너의 지
은 죄를 다 용서하며 다시 태어난 아
이로서 새 생명을 너에게 주었음이니,
너는 어린아이처럼 살라.' 하는 그와
같은 은혜와 축복을 받은 자들이니,
16 세상 권력을 가진 자, 재산을 가진 자,
평생을 하늘에 오르고자 새벽달과 별
을 보며 기도하며 울부짖는 자, 너희
들을 인도하여 하늘에 오르도록 깨우
치겠다는 종교 지도자들,
17 그들 또한 내가 그 머리 위에 손을 얹
어 그들을 용서해 준 적이 없으며 그
들을 다시 태어난 인생이라 내가 명한
자 없음이니,
18 너희들보다 더 귀하고 영광스러운 자
들이 없음을 알아야 할 것이니라.
19 내가 너희들에게 일렀느니라.
20 너희들이 마음을 비우고, 어떤 것이
선한 것이며 어떤 것이 악한 것이며,
너희들이 악을 행하지 않고 선을 행하
여 살아가고자 하는 그 마음들은 너희
들 마음속에 이루어져 있음이니,
21 내가 너희들에게 말하였느니라.

22 너희들은 불기둥이 되며 바람기둥이
되라 하였으니, 그 불기둥과 바람기둥
은 무엇이더냐?
23 하나가 되어야 그 힘을 이룸이니라.
24 그리하여 너희들은 하나가 되라 하였
음이니라.
25 너희들이 하나가 되어 불기둥을 이룰
때, 그 불기둥이야말로 제 역할을 다
할 수 있음이니,
26 너희들의 모두를 다 날리며 모두를 다
태워서 너희들이 하나가 되라 하였음
이니라.
27 그리하여 내가 너희들에게 일렀느니
라.
28 너희들이 이 성전에 와 너희와 같이
법전을 공부하는 자, 어렵고 힘든 자
에게 아무도 모르게 작은 은화 몇 닢
을 손에 쥐여 주는, 그리고 전해 주는
그와 같은 아름다운 습성을 기르도록
먼저 훈련하라 하였음이니,
29 너희들이 그와 같이 아무도 모르게 너
희들이 가지고 있는 금화와 은화를 어
렵고 힘든 너희 형제에게 나누어 주는
그 마음을 실천할 때, 너희들이 많은
재물을 남들에게 나누어 줄 수 있도록
내가 너희들에게 은혜를 내린다 하였
음이니,
30 너희들은 과연 실천하는 자 얼마나 있
는가?
31 너희들에게 말하였느니라.
32 작은 죄도 나에게 똑같으며 가장 큰
죄도 같으며, 가장 작은 너희들의 죄
도 하늘에 오를 수 없는 가장 무서운
길이라 하였으니,
33 너희들은 내가 명하는 작은 것부터 실
천하는 자들이 되어 그리 가야 할 것
이니,
34 내가 명하는 것을 너희들이 얼마나 실
천하고 행하였는가를 가슴에 손을 얹
고 다시 한 번 깨우쳐 봐야 될 것이니
라.
35 작은 사랑을 베푸는 것부터 너희들이
먼저 실천하여 그것이 한마음이 되었
을 때,
36 너희들이 남에게 큰 것을 베풀며, 남
에게 받지 아니하며 나누어 받는 그와
같은 시간을 갖지 않도록 할 것이며,
37 너희들이 똑같이 남에게 베풀고 살아
갈 수 있는 능력을 내가 줄 것이니, 이
를 먼저 시행하는 것을 게을리하지 말
라.

1,562 번째 하나님 말씀

2001년 9월 24일 07시 40분

1 사랑하는 선지자야!
2 "네, 여호와 하나님! 말씀하옵소서."
3 내가 너에게 일러 말하지 아니하였더
냐?
4 모든 것은 네 마음먹기에 달렸으며,
그 마음을 어찌 먹고 행동하느냐에 따
라서 천사와 사탄이라 말하였으니,
5 네가 점점 무섭게 변해 가고 있으며,
모두를 다 버리고자 하며, 네가 옳고
바른 쪽의 마음을 먹어 행하고자 함이
니,
6 내가 너에게 모든 은혜와 은총을 내리
고자 함이며 너에게 기적의 능력을 내
리고자 함이니,
7 너는 받아 시행하도록 하라, 선지자야!

8 두려워 말라, 너는 시행하면 되는 것
이니라.
9 너는 의심치 말라, 시행하라.
10 네 마음자리가 천사와 같은 마음자리
에 와 있음이니, 내가 너에게 그에 대
한 상을 내리고자 함이니라.
11 조금만 더 전진하며, 조금만 더 마음
을 다스려 완벽한 천사가 될 수 있도
록 마음을 비우고 또 비우라, 선지자
야!
12 너만이 갈 수 있고 너만이 행할 수 있
음이니라.
13 마음을 비우라.
14 모두를 다 날려 보내라.
15 모든 기적이요, 은혜요, 이 모두는 내
가 너에게 내리는 진정한 나 여호와의
은혜와 기적이요, 불변하는 것임을 만
백성이 알아야 할 것이며, 그들이 보
아야 할 것이니라.
16 지금의 모든 은혜요, 은총을 받았다
하는 그들이 잘못되어 있음을 너를 보
며 알게 될 것이니,
17 너는 내가 내리는 은혜와 은총을 받아
시행하여야 할 것이니 그리 알라.

1,563 번째 하나님 말씀

2001년 9월 25일 09시 30분

1 사랑하는 선지자야!
2 "네, 여호와 하나님! 말씀하옵소서."
3 오늘의 너의 모습이 아니니라, 선지자
야!
4 오늘의 너의 삶의 모습이 아니니라.
5 기도와 묵상으로써 일관하며 나 여호
와를 찾음이 너의 모든 생활의 전부이
거늘, 지금의 너의 생활이 아님이니라.
6 오늘부터 기도와 묵상에 전념하라.
7 그리하지 아니하면 너희들이 말하는
사이비 교주들과 다른 것이 무엇이 있
으며, 지금 잘못 가르치는 종교 지도
자들이 가는 길과 무엇이 다르다 말할
수 있겠는가?
8 한두 가지가 다르다 하여 나를 따르는
선지자라 말할 수 없음이니, 백 가지
면 백 가지, 천 가지면 천 가지가 다
달라야 할 것이니,
9 네가 바르고 곧은 길만 가도록, 바르
고 옳은 길만 가도록, 곧은 길만 가도
록 그리하지 아니하면 모두는 다 물거
품이 되느니라.
10 이를 명심하여 행하도록 하라.

1,564 번째 하나님 말씀

2001년 9월 26일 07시 10분

1 내 사랑하는 선지자야!
2 "네, 여호와 하나님! 말씀하옵소서."
3 네 자리를 지키도록 해야 할 것이니라.
4 그리고 나의 법전을 시중에 판매하도
록 할 것이며,
5 그들은 그들 나름대로 단독 매장을 만
들어 그곳에서 사업을 하도록 할 것이
며,
6 나의 성전에 임하여 사업을 하는 방법
을 해서는 안 될 것이니라.
7 그리고 남과 북으로 나누어 두 곳에
사업을 할 수 있도록 나눠 줄 것이며,
그것은 너의 제자들 중에서 자유의 선
택에 의해서 하도록 할 것이며,
8 이제는 모든 서점에 나의 법전을 내도

록 하여 만백성이 쉽게 구입하여 읽을
수 있도록 그리하라.
9 그리하여 저희들이 하나의 점을 만들
어 그곳에서 단독 사업을 하도록 하며,
10 나의 성전에서 사업을 하도록 하지 말
지니라.
11 오로지 너의 제자들 중에서만 이 사업
을 실시하도록 하여야 할 것이니라.
12 그리고 나의 성전과는 관계를 맺지 아
니하며 단독으로 그들이 사업을 하도
록 그리 시행해야 할 것이니,
13 이를 차질 없이 시행하여 실천하도록
하여야 할 것이니라.

1,565 번째 하나님 말씀

2001년 9월 26일 21시

(강론을 마치며)

1 사랑하는 선지자야!
2 "네, 여호와 하나님! 말씀하옵소서."
3 내가 너에게 일러 말하였느니라.
4 나의 피조물 만백성을 구원하기 위하
여 나 여호와가 세상에 직접 내려간다
할 때, 그들은 나를 불로 태워 죽일 것
이며,
5 나의 아들 예수가 너희를 구원하고자
다시 왔다 할 때, 그를 갈기갈기 찢어
죽여 더 처참한 최후를 마치게 할 것
이라 하였느니라.
6 그러나 너희들은 나 여호와가 내려갈
때 나를 믿을 것이며, 나의 아들 예수
가 내려갈 때 믿을 것이라 내가 말하
였으며,
7 그리하여 너희들은 나의 성령이요, 나
의 가슴을 태워 내려보내는 나의 법전
을 믿고 나의 진정한 뜻이라 따르고
있음이니,
8 너희들의 그 마음 자세가 갸륵하고 장
하도다.
9 오늘 너희들이 나의 법전을 공부하면
서 하나를 깨우쳤을 것이니라.
10 내가 너희들에게 은혜와 은총을 내리
는 것이 아니요, 너희들이 받을 만큼
하였을 때, 내가 준비해 온 모든 은혜
와 은총을, 너희들이 너희 것을 받아
감이라 말하였음이니라.
11 너희들의 오늘의 믿음과 너희들의 그
자세를 내가 갸륵히 생각하여 너희들
에게 상을 내리고자 함이니,
12 그리하여 나의 법전을 온 세상 방방곡
곡에 서점이라는 곳에 내라 하였음이
니,
13 나의 법전이 봄바람같이 거쳐 갈 때,
여기 모여 있는 너희들의 모든 어렵고
힘듦을 내가 거둬 주고자 하여 너희들
에게 상을 내림이니라.
14 오늘 내가 너희들에게 나의 법전을 방
방곡곡에 전하라 함은 너희들의 마음
과 너희들의 깨달음의 그 열기가 상을
받을 수 있기 때문이니 그리 알아야
할 것이며,
15 너희들의 어렵고 힘든 모두를 거둬 주
고자 나 여호와가 선지자를 통하여 너
희들에게 축복을 내릴 것이니 그리 알
라.
16 나 여호와가 존재함을 믿으며, 너희들
의 생명을 던진다 하더라도 한 점의
부끄러움이 있는 행동을 해서는 아니
될 것이며,
17 너희 가정마다 '하늘을 향하여 한 점

부끄럼 없는 삶을 사는 아들과 딸이
되라.' 하여 가훈을 내리니, 너희들 집
마다 그를 안치해 놓고 깨우치도록 그
리하라.
18 내가 오늘부터 너희들에게 상을 내림
이니, 너희들의 육신의 어렵고 힘듦을
다 들어줌이니,
19 너희들이 상을 받음은 너희들이 그와
같이 갖추어졌기 때문임을 알라.

1,566 번째 하나님 말씀

2001년 9월 27일 07시 20분

1 사랑하는 선지자야!
2 "네, 여호와 하나님! 말씀하옵소서."
3 너희들은 내 사랑하는 나의 피조물 만
백성을 구원하려 내가 바위에 불로써
새겨 내린 십계명을,
4 그 주옥같이 아름다운 나의 십계명을
수시로 암송하며 기억하고 있으며 실
천하고자 하는 자들이며,
5 이를 받고도 나의 피조물 만백성이 내
가 원하는 낙원의 에덴동산을 이곳에
이루지 못하였으니,
6 이 지상의 자연의 아름다움과 그 아름
다운 형체 속에서 너희들이 지상의 낙
원을 이루지 못하며 사악한 너희들이
썩어져 가는 이와 같은 형국을 이루어
7 내가 나의 성령을 가슴에 태우는 아픔
으로 선지자를 통하여 나의 피조물 만
백성을 구하고자 하는 이 뜻을 읽고
깨우치며 내가 존재함을 믿고 사는 너
희들이 얼마나 선택된 자들이며 얼마
나 은혜와 축복 속에 존재하는 자들인
가를 너희들이 뒤집어 생각해 보았는
가?
8 이와 같은 축복과 은혜 속에 사는 너
희들이 무엇을 더 이루고자, 무엇을
더 갖고자 남을 시기하고 미워하는 속
에서 산다 하면,
9 이는 바로 돼지라는 짐승에게 진주 목
걸이를 걸어 주고자 하는 나의 백성이
됨을 알라.

1,567 번째 하나님 말씀

2001년 9월 28일 05시 35분

1 사랑하는 선지자야!
2 "네, 여호와 하나님! 말씀하옵소서."
3 나의 피조물 만백성은 저희들이 구원
을 받아 하늘에 오르고자 하며, 영원
히 사는 나의 나라에 와 안주하고 싶
어하며,
4 그것이 저희들의 소원이요, 소망이라
말하느니라.
5 그러나 나의 성령을 태워 세상에 내보
내 글로써 열여섯 권의 법전이라는 책
을 만들어 내어,
6 그를 읽고 깨우치는 속에 하늘에 오르
는 길이 있으며, 그를 읽고 깨우치는
자, 하늘에 오르는 길을 알며, 빛을 보
며, 구원의 길이 여기 있다 아무리 소
리치고 외쳐도,
7 그들은 그를 돌아다보지 아니하며, 저
희들의 몸에 붙은 벌레를 털어 내듯
그와 같은 마음으로 밀어내고 털어 버
림이니,
8 이것이 지금 너희들이 가지고 있는 심
성이니라.
9 '너희들의 소원이 무엇이냐?' 하고 물

으면, 저희들이 하늘에 올라 영원히
사는 나의 낙원에 와 사는 것이 소원
이라 말하며, 그것이 저희들이 갈구하
는 것이라 말하느니라.
10 그러나 막상 저희들을 구원할 수 있는
길이요, 빛이 여기에 있다 하여 외쳐
도,
11 그들은 그와 같이 구원을 받고자 발버
둥치며 애원하면서도 그를 바라보지
아니하며 보려 하지 않는 것이 나의
백성들이 가지고 있는 지금의 마음이
니라.
12 그러기에 나 여호와가 직접 내려가 너
희들을 구원하러 내려왔다 하여도 그
들은 나를 불태워 죽일 것이니라.
13 사랑하는 선지자야,
14 네가 나의 성령을 받아 이 세상에 나
의 성령이요, 나의 뜻을 전하는 대목
이 너희들이 믿고 따르는 성서라는 곳
에 기록되어 있으며, 예견되어 있으며
미리 예언되어 있으나,
15 그걸 그들이 믿지 않고 믿으려 하지
아니함이니,
16 선지자야, 이것이 지금 너희들의 심성
이니라.
17 그러니 너희들의 마음이 얼마나 사악
해져 있으며 얼마나 욕심이라는 것이
너희들의 마음에 그득 차 있는가?
18 사랑하는 선지자야!
19 "네, 여호와 하나님! 말씀하옵소서."
20 그와 같은 사악한 마음을 가지고 있는
것이 나의 백성들이기에,
21 너를 이리 달구어, 험난하고 험악한
인생사를 살아온 너로 하여금 천사와
같은 마음으로 변하게 하여 나의 피조
물 만백성이 너를 보고 믿고자 하며
너를 따르도록 만들고자 함이니,
22 힘들고 어렵다 하여 태만하지 말며,
23 너는 선택된 자로서 예견된 자이며 준
비된 자이니,
24 어렵고 힘든 이 길을 행복이라 생각하
며, 소중한 너라 생각하며,
25 너 하나 희생하여 만백성을 구하는 빛
이 되는 이 대업을 게을리하지 말라,
선지자야!
26 너는 정녕 나로부터 선택된 나의 선지
자요, 나의 아들이니라. 그와 같이 네
가 소중한 나의 아들이니라.
27 이를 잊지 말라, 선지자야!
28 너희들에게 이제 재물의 은혜를 내림
이니, 너희들 마음이 더 굳어져야 함
을 알라, 선지자야!

1,568 번째 하나님 말씀

2001년 9월 28일 21시

(강론을 마치며)

1 사랑하는 선지자야!
2 "네, 여호와 하나님! 말씀하옵소서."
3 내가 너에게 일러 말하였느니라.
4 나의 사랑하는 피조물 만백성을 구하
기 위하여 나 여호와가 세상에 내려가
내가 너희들이 찾는 여호와 어버이라
말할 때,
5 그들은 나를 불태워 죽일 자라 말하였
으니,
6 나의 아들 예수가 세상에 나갈 때 더
처참하게 그 육신을 찢어 죽일 것이
그들이 지금 가지고 있는 마음의 형태
라 말하였느니라.

7 오늘 나의 선지자 너의 제자들은 들어
야 할 것이니라.
8 내가 내린 나의 법전을 불에 태우는
자, 그를 찢어 버리는 자, 그를 짓밟는
자, 그들은 나 여호와를 불태워 죽이
는 자와 똑같은 심성이니,
9 나의 법전을 태우는 자가 곧 나를 불
에 태우는 자요, 나의 법전을 짓밟는
자는 나의 아들 예수를 그리 죽이는
것과 같을 것이니,
10 너희들은 이와 같은 것을 깨우쳐 만백
성에게 전하여야 할 것이니라.
11 그리고 나의 선지자 너의 제자, 너희
들에게 이르느니라.
12 너희들이 나의 법전을 만백성을 위하
여 많이 전하였으며 너희들이 만백성
을 구원하기 위하여 그들에게 전한 그
노고를 앎이니, 너희들은 이를 알아야
될 것이니라.
13 너희들이 그 설법을 듣는 목사요, 종
교 지도자라는 자, 수십 년 동안 공부
하여 너희들을 가르치는 자가 잘못 가
르쳤을 때, 그는 너희들을 지옥으로
이끌어 가는 목동과 같은 자이니라.
14 그러나 나의 법전 한 권을 전하는 자,
너희들이야말로 진정한 나의 목자요,
종교 지도자를 육성하여 보낸 것과 마
찬가지이니,
15 백 권의 법전을 전한 것은 나의 뜻을
아는 나의 진정한 종교 지도자 백 명
을 육성하여 세상에 내보냄과 같음이
니,
16 너희들의 공로가 여기 있음이며 너희
들의 행함이 여기에 있음이니,
17 이를 너희들이 일깨워 알아야 할 것이
니라.
18 내가 너희에게 말하였느니라.
19 나의 법전이 세상에 봄바람처럼 전해
질 것이며 봄바람처럼 만백성이 그를
접할 것이라 말하였으니,
20 나 여호와가 내려가 내가 여호와라 하
여도 나를 불태우지 아니할 너희들이,
21 나의 성령이요, 나의 법전이 너희들이
원하는 하늘에 오를 수 있는 길이라
믿는 너희들이 나의 법전을 그리 전하
는 것은,
22 내가 교육시킨 나의 진정한 목회자를
백 명이요, 2백 명을 세상에 전함이니,
23 그들이 나가 그들의 가르침이 있을 때
나의 법전이 세상에 나가는 역할을 하
게 됨이니,
24 지금 나의 성전에 모여 있는 너희들이
얼마나 소중한 자들이며 너희들의 책
무가 얼마나 소중한 것인가를 알아야
할 것이니라.
25 너희들은 어느 곳에 가든지 나의 피조
물 만백성을 구하고자 하거든, 내가
오늘 너희들에게 암기하라는 두 구절
을 암기하며 암송하며 나의 피조물을
구하며,
26 나의 법전을 열어 같이 공부하는 것을
지금서부터 그리 실천하도록 하여야
할 것이니라.

1,569 번째 하나님 말씀

2001년 9월 29일 05시 35분

1 사랑하는 선지자야!
2 "네, 여호와 하나님! 말씀하옵소서."
3 내가 너희들에게 말하였느니라.

4 나의 율법이요, 나의 십계명대로 지키
고 선하고 아름답게 살며 사랑을 실천
하고 살라 하였으며,
5 또한, 나의 법전을 지키라 하였으니,
6 인간이기에 지킬 수 있고 생각할 수
있는 너희들이기에 그리 지키고 살라
함이니라.
7 내가 너를 사랑함이니라.
8 네가 나의 뜻을 지키고자 하며 나의
법전에 따라 살아가고자 하는 마음이
이 세상 나의 피조물 아무도 따라올
수 없음이니라.
9 너는 지키고 시행해야 된다 하기 때문
이니, 그러기에 다른 사람도 너와 같
이 실행하고자 하면 할 수 있음이니라.
10 너는 지키고 실행하는데 그들은 어찌
하여 지키고 실행할 수 없다 말하는가?
11 그들도 인간이기 때문에 십계명을 지
키고 살아갈 수 있음을 알라.
12 사랑하는 선지자야!
13 너는 나로부터 선택된 선지자이니 더
럽고 추한 행위를 할 수 없음이니라.
14 그리고 하늘에서 이루어지듯이 이 땅
에 이룰 수 있는 낙원을 만들려면 네
마음이 낙원이 되어야 할 것이며, 너
의 제자들 모두가 다 낙원이 되어야
될 것이니,
15 이를 너의 제자들에게 일깨워 가르쳐
야 할 것이니 그리 알라.
16 너를 따라 하늘에서 이루어진 것같이
이 땅에 낙원을 만들려 하거든 너희들
이 먼저 마음에 낙원을 이루어야 될
것이며,
17 너희들의 마음이 낙원의 에덴동산이
되어야만 그 속에 와 살 수 있는 자격
을 얻게 되고 그를 건축할 수 있으며
그를 이룰 수 있음이니,
18 너의 제자들에게 그를 깨우쳐 주도록
하라.
19 내가 너를 사랑하노라, 선지자야!
20 네 계획과 네 생각대로 오늘 하루를
그리 보내도록 하라.

1,570 번째 하나님 말씀

2001년 9월 30일 07시 05분

1 사랑하는 선지자야!
2 "네, 여호와 하나님! 말씀하옵소서."
3 나의 성전에 와 나의 법전을 연구하는
내가 사랑하는 너의 제자들에게 이르
라.
4 너는 자의로 말하지 아니하며 오직 듣
는 것만을 말하며, 너는 자의로 기록
하지 아니하며 듣는 것만을 기록하며,
나의 성령의 메시지만을 받아 기록하
는 자임을 그들이 바로 증거하는 그
증인들이며,
5 증거를 가지고 있는 자들이며, 네가
자의로 말하지 아니하며 나의 뜻에 의
하여 기록함을 만백성에게 전하는 그
들의 대임이 있음이니,
6 그리하여 있는 자, 권력 있는 자, 능력
있는 자, 배운 자를 내가 너의 제자로
만든 것이 아니며, 오늘 나의 성전에
와서 공부하는 나약하고 힘없는 그들
을 선택하였음이니,
7 그들은 지금부터 말하여야 될 것이니
라.
8 너는 오로지 자의로 말하지 아니하며
나 여호와의 '말씀'을 네가 가슴에 받

아 그 '말씀'을 그냥 전하니, 그 소중
함과 위대함을 그들이 전하는 대명을
받고 있음을 알라.
9 그게 지금서부터 그들이 하여야 할 일
이라는 것을 그들에게 일깨워 줘야 할
것이니 그리 알라, 선지자야!

1,571 번째 하나님 말씀

2001년 9월 30일 12시

(강론을 마치며)

1 사랑하는 선지자야!
2 "네, 여호와 하나님! 말씀하옵소서."
3 너를 따르는 제자들이 나의 법전 열여
섯 권을 정독한 자가 있는가 하면, 그
열여섯 권에 빨갛고 파란 줄을 그으면
서 나의 깊은 뜻을 깨우치고자 하는
자가 있으니,
4 그 모습을 보는 나로서 기쁘기 한량없
느니라.
5 내가 오늘 너희들에게 하나를 명할 것
이니, 너희들은 이를 깨우쳐 들어야
할 것이니라.
6 너희들이 말하는 요한복음이라는 구
절에 있느니라.
7 그가 자의로 말하지 아니하며, 듣는
것을 말하며, 그가 듣는 것을 기록하
여 나의 만백성을 구하는 법전이요,
나의 뜻을 세상에 펴낼 것이니,
8 그가 바로 선택된 자라는 증표로 그는
너희들의 과거와 미래와 너희들의 살
아감을 알려 주는 능력을 가지고 온다
내가 말하였음이니,
9 너희들이 여기서 깊이 깨우쳐야 할 것
이니라.
10 나의 선지자를 따르는 제자 너희들에
게 오늘부터 너희들이 해야 할 대명을
내가 직접 명함이니,
11 이는 바로 내가 모세에게 십계명을 써
내린 것과 같은 것이니,
12 너희들은 지금 앞에 있는 연필을 들어
너희들 앞의 백지장에 이를 기록하도
록 하라.
13 '나의 피조물 만백성을 구하기 위하여
2천 년의 역사가 흐른 지금에 저의 뜻
대로 말하지 아니하며 듣는 것을 말하
는 보혜사가 이 세상에 와 여호와 하
나님의 말씀을 받아쓴 열여섯 권의 법
전이 세상에 나와 있음이니, 그가 왔
노라.'
14 너희들은 그 말만 전해야 할 것이며,
그 말을 전하기 위하여 내가 너희들을
선택하였으니, 이것이 바로 너희들의
대명이니라.
15 너희들을 하나하나 놓고 볼 때, 가진
것 없으며 힘없는 자들이나,
16 지금은 가진 자요, 권력 있는 자보다
도 너희들이 더 높이 수행할 수 있는
용기와 자신을 갖고 있음이니,
17 '요한복음 16장 13절에 나온 그가 세
상에 왔으며, 예수가 죽어 가면서 예
수 대신에 보혜사가 온다 말하였으니,
18 그가 지상에 와 여호와 하나님의 말씀
을 받아쓴 법전이 세상에 나와 이 세
상의 만백성을 구하고 있음을 여러분
들이 깨달아야 할 것이라,
19 그리고 그가 왔노라.' 그리 전하라.

2001년 10월

1,572 번째 하나님 말씀

2001년 10월 1일 08시 25분

1 사랑하는 선지자야!
2 "네, 여호와 하나님! 말씀하옵소서."
3 많은 사람들이 즐기고 쉬는 이 시간에
너는 기도와 묵상으로써 네가 서야 할
자리를 완전히 정립하도록 그리하라.
4 너는 남들과 외부에 나가 외식하는 것
까지도 절제를 할 것이며, 한 잔의 술
도 네 입에 대지 말아야 할 것이니라.
5 네가 아직도 술을 다스리지 못하며 알
코올이라는 것을 이기지 못하고 있음
이니,
6 너는 알코올을 한 잔도 입에 대지 말
아야 할 것이며, 그리고 남들과 외식
이라 하여 밖에서 식사하는 것을 자제
하며,
7 남들이 쉬는 이 시간 동안 너 자신이
가야 하며 서야 할 길을 기도와 묵상
으로써 정립하여 네가 너 자신을 다스
리는 시간으로 가져야 할 것이니라.
8 나의 피조물 만백성을 구원하여야 할
것이며, 그들을 바로잡아야 할 것이
며, 그들을 바로 세워 하늘에 오르도
록 하여야 할 너희들의 대명을 잊어서
는 아니 될 것이며,
9 이젠 모두가 나의 법전을 놓고 왈가왈
부할 때가 왔음이니, 이를 대비하여
너의 제자들과 네가 철저한 준비에 임
하여야 할 것이니라.
10 그리고 너의 제자들에게 일러 나의 법
전을 정독하고 읽는 방법을 항상 연구
하여, 저희들이 단상에 섰을 때 하나
의 손색이 없이 행동할 수 있도록 그
리 공부하도록 명하라.
11 음성이 낮은 자는 음성을 크게 할 것
이며, 강약을 조절 못 하는 자, 강약을
조절할 것이며,
12 남들 앞에서 마음이 떨려 말하지 못하
는 자, 용기를 갖도록 하여야 할 것이
며,
13 그들이 다 할 수 있는 능력이 있는 자
들이니, 그들을 완전한 지도자로서 육
성하는 데 최선을 다하라, 선지자야!
14 그리고 그들에게 내가 같이 임하고 있
음을 알라 하며, 내가 저희들과 같이
있음이니 두려워 말며 만백성을 가르
치는 지도자로서 성장하는 데 자신을
갖고 임하라 그리 가르치라.

1,573 번째 하나님 말씀

2001년 10월 2일 07시 05분

1 사랑하는 선지자야!
2 "네, 여호와 하나님! 말씀하옵소서."
3 내가 너희들에게 일찍 말하여 일렀느
니라.
4 세 사람이 하나가 되라 내가 말하였으
며, 너희 여인들 둘이 하나가 되라 말
하였음이니,
5 너를 따르는 많은 제자들 앞에 지금
무엇을 내가 너희들에게 말하여 따르
라 하였더냐?

6 하나가 되라 하였음이니라.
7 나 여호와의 가슴을 태워 나의 성령을
나의 선지자의 가슴을 통하여 세상에
내려보내 마지막으로 나의 피조물 만
백성을 구하고자 하는 나의 애절한 마
음을 너희들에게 수차 말하였느니라.
8 내가 사랑하는 피조물 만백성이 육신
의 그 짧은 삶에 의하여 죄짓고 살다
나에게 와 그 험악한 심판을 받고 영
원히 고통 속에 사는 것이 가련하고
불쌍하여 그들을 구원하는 길을 그들
에게 깨우쳐 그들을 구원하여 나의 아
픈 마음을 달래려 너에게 말하였음이
니,
9 너희 여인 두 사람이 한마음이 되지
못하니 너를 따르는 그 많은 제자들
앞에 한마음이 되라 말한들 그것이 실
현되고 가능하다 말하겠는가?
10 그리고 이루어질 수 있다 말하겠는가?
11 너희 두 사람이 한마음이 되지도 못하
니, 너희 많은 그 제자들이 한마음이
될 수 있겠는가?
12 너희들은 아담과 이브보다 더 간악한
자들이니라.
13 수없이 나의 주옥같은 말을 앞에서 먼
저 들으며 먼저 기록하며 먼저 깨우치
는 너희들이 하나가 되지 못함은,
14 이브와 아담 그들 두 사람이 한마음이
되지 못한 사악한 죄를 지음보다 너희
들이 더하니라.
15 너희들 둘이 한마음이 되지를 못함이
니, 이제는 내가 너희들 둘에게 똑같
이 버림을 가할 것이니,
16 아담과 이브만도 못한 너희들을 네 옆
에 둘 이유가 없으며, 그와 같은 너희
들을 구원할 이유가 없음이니라.
17 내가 너를 따르는 제자들에게 한마음
이 되라 하였으니, 너희들 둘이 한마
음이 되어야 그들이 보고 하나의 마음
과 뜻을 이룰 수 있음이니,
18 가장 가까우며 가까이에서 따르는 너
희들이 두 마음이 되니, 이는 이브와
아담보다도 더 사악한 자들이라 나의
피조물 만백성이 한마음이 되기를 바
랄 수 없음이니,
19 내가 너희들에게 한 번의 기회를 주노
라.
20 내가 나의 선지자에게 말하였느니라.
21 너는 눈물을 흘리지 말라, 내가 너를
버렸을 때 눈물을 흘리라 하였으니,
22 내가 너희들을 버렸을 때, 너희들이
피눈물나는 인생사를 살다 나에게 올
라와 아담과 이브보다 더 간악한 그
죄의 대가를 받고자 한다 하면 지금과
같이 마음과 속을 열지 못하는 그와
같은 삶을 살라.
23 너희들이 선지자 옆에서 제일 먼저 나
의 성령의 뜻을, 진정 이 울리는 나의
마음을 들으며 기록하는 자로서 두 마
음이 될 때, 나의 선지자를 따르는 모
든 제자들이 한마음이 될 수 없음이니,
24 너희들이 모범이 되며 견본이 되어야
할 것이거늘, 그러하지 못하는 너희들
을 내가 버릴 것이며,
25 두 마음이 한마음이 되는 자들을 선지
자 앞에 둘 것이니, 너희들은 오늘의
한 번의 기회를 버리지 말라.

1,574 번째 하나님 말씀

2001년 10월 2일 21시 30분

1 사랑하는 선지자야!
2 "네, 여호와 하나님! 말씀하옵소서."
3 내가 너희들에게 말하여 일렀느니라.
4 하루를 자고 나면 너희들이 변화가 있
어야 되며, 또 한 밤을 자고 나면 변화
가 있어야 되는 너희들의 생활이라 하
였느니라.
5 그러나 하루를 자도 변하지 아니하며
또 한 밤을 자도 변하지 아니한다면
이는 너희들이 존재할 가치가 없음이
니라.
6 내가 너에게 묵상과 기도로 일관하라
하였으나, 네가 지금 어찌하여 그와
같은 생활을 하지 아니하며, 하루 일
과가 어찌 지나가는지 모르는 그와 같
은 삶을 사는가?
7 그러고도 네가 삶을 아름답게 살며 하
루의 삶에 따라 네가 변하여 가고 있
다 생각하는가?
8 네가 나의 열여섯 권의 법전을 만들
때처럼 묵상과 기도로써 일관하라.
9 그것만이 너를 다스려 나갈 수 있는
길이기 때문이니라.
10 이를 명심하여 시행하도록 그리하라.

1,575 번째 하나님 말씀

2001년 10월 3일

1 사랑하는 선지자야!
2 "네, 여호와 하나님! 말씀하옵소서."
3 너를 따르는 너의 제자들에게 이르라.
4 나의 성령을 태워 네가 받아 기록한
열여섯 권의 그 법전의 표지에 '하늘
에 오르는 길'이라 썼으며, '하나님!
말씀하옵소서'라는 제목을 붙였음이
니,
5 너희들은 그 제목 하나를 보고도 나
여호와의 뜻이며, 내가 직접 선지자에
게 명한 나의 뜻이라는 것을 알아야
할 것이니라.
6 구절구절 내가 너희들을 일깨워 내리
는 나의 가슴을 태운 성령의 뜻이 아
니면 이와 같은 열여섯 권의 법전이
세상에 나올 수가 없었음을 너희들은
여기서 깨우치고 나의 성령이라 믿는
자만이 하늘에 오르는 그 빛을 보게
됨이니라.

1,576 번째 하나님 말씀

2001년 10월 3일 10시 15분

1 사랑하는 선지자야!
2 "네, 여호와 하나님! 말씀하옵소서."
3 너의 제자들과 너를 따르는 백성들이
그리 말하지 않더냐?
4 인간이기 때문에 하나님의 십계명을
지키며, 율법에 따라 살며, 나의 법전
대로 살 수 있다 그리 말하느니라.
5 또한, 너희들이 그리 부르짖고 있느니
라.
6 그리고 너희들이 그리 행동하며 그리
살아가고자 하고 있음이니라.
7 말로써 행할 수 있다 하면 너희들이
육신으로써 행할 수 있는 용기와 희망
을 가짐이니,
8 그러나 너희들이 과연 그와 같은 삶을
지키고 살고 있는가?

9 하루아침에 너희들의 모든 것이 변할
수 없음이니, 생활 속에서 너희들의
변하는 모습을 찾아야 될 것이며 생활
속에서 너희들이 변화가 되어야 할 것
이니라.
10 그리하기 위해서는 선지자야, 나의 계
명과 나의 율법이며 나의 법전에 의한
생활이 아니면 생각을 해서도 아니 되
며, 계획을 해서도 아니 되며, 그와 같
이 하고자 하는 마음을 먹어서도 아니
됨이니,
11 그와 같은 뿌리부터 너희들이 고치는
것을 배워야 할 것이니라.
12 그리하여 너희들이 정녕 지키며 행하
는 자가 되기 위해서는 모든 생활에서
생각 자체도 지워 버려야 됨이니,
13 먼저 생각을 지워 버린 다음에 행동에
임하지 아니하여야 할 것이니라.
14 너희들이 생각을 지우지 못한다 하면
생각을 하게 될 것이며, 그 생각에 따
라 육신은 또 행함이니,
15 오늘의 잘못을 내일에 용서를 빈다는
생각을 하지 말라.
16 오늘의 한 번의 실수는, 오늘의 한 번
의 인간사의 쾌락은 내일 너희들이 지
키면 된다는 생각을 하지 말라.
17 오늘 당장 생각나는 대로 지키며, 오
늘 당장 생각나는 대로 그를 행하지
아니하며, 마음속에 너희들의 그러한
생각을 지워야 될 것이며,
18 감히 너희들 육신과 너희 정신세계에
서 그러한 생각을 한다는 것조차도 부
끄러움이요, 죽음이요, 하늘에 오를
수 없는 길이라는 것을 너희들이 깨우
치고 생각해야 될 것이니라.
19 선지자야!
20 "네, 여호와 하나님! 말씀하옵소서."
21 생각조차도 말라.
22 상상도 하지 말라.
23 그리해야 네가 지켜 갈 수 있음이니라.

1,577 번째 하나님 말씀

2001년 10월 3일 20시 07분

(강론을 시작하며)

1 나의 십계명 중에 '네 부모를 공경하
라.' 함이 있음이니라.
2 너희들은 '간음하지 말라.', '도적질하
지 말라.', '다른 신을 네 앞에 있게 하
지 말라.', '나 여호와의 이름을 망령되
이 일컫지 말라.' 함은 소중한 줄 아나
'네 부모를 공경하라.'는 말은 너희들
마음속에, 가슴속에 새기지 아니하고
그냥 외우는 나의 계명이니라.
3 이 계명이 가장 소중함을 너희들이 알
아야 할 것이니라.
4 네 부모를 공경하라.
5 낳아 주고 길러 준 네 부모를 공경함
이 간음하지 말며 도적질하지 말라 하
는 것보다 더 소중하고 귀함을 알아야
할 것이니라.
6 너희를 길러 주고 낳아 준 부모의 뜻
과 공을 앎은 나 여호와가 하늘에 있
어 너희들에게 생명을 내려 줌을 앎이
니, 이는 그와 같이 연계되어 있음이
니라.
7 너희를 길러 주고 낳아 준 부모의 공
을 모르는 자,
8 나 여호와가 너희들에게 생명을 내려
보냈다 하나, 너희가 이를 믿을 수 없

으며, 믿는다 하여도 이건 위선이니라.
9 그리하여 나의 계명 중에 소중한 구절
이 '네 부모를 공경하라.' 함이니라.
10 '네 부모를 공경하라.' 함이 곧 에덴동
산을 만드는 기초요, 근본이니라.
11 부모를 공경하는 마음이 없이는 나의
에덴동산을 이루는 선하고 착한 마음
을 가질 수 없음이니,
12 부모를 공경하는 그 속에서 사랑하는
마음을 알며 존경하는 마음을 알며 세
상의 이치에 눈을 뜨게 됨이니,
13 너희들은 이 구절을 소중히 다루어야
할 것이니라.
14 그리하여 너와 너를 따르는 모든 백성
들에게 일러야 할 것이니라.
15 '네 부모를 공경하라.' 하는 이 구절을
깊이 깨우칠 것이며,
16 선지자 너를 따르는 너의 제자들은 나
의 종이요, 만백성의 종이며 만백성의
지도자이기에,
17 지도자로서 '네 부모를 공경하라.'는
그 뜻을 가슴에 깊이 새겨 너희들이
먼저 실천하며 그와 같이 행하도록 하
며 이웃에게 깨우치도록 해야 할 것이
니 그리 알라.

1,578 번째 하나님 말씀

2001년 10월 3일 21시 30분

(강론을 마치며)

1 사랑하는 선지자야!
2 "네, 여호와 하나님! 말씀하옵소서."
3 너의 제자들에게 이르라.
4 한 나라라는 곳에, 너희들의 한 민족
이 살고 있는 그곳에는 권력을 갖고
있는 집단이 있느니라.
5 그 권력을 가진 자들이 잘못했을 때,
정의로운 자들이 그 제왕을 제거함이
니,
6 이는 무엇이냐? 반역이며 혁명이라
너희들은 말할 것이니라.
7 만에 하나, 제왕을 제거하고자 하여
그 반역의 미미한 세력들이 그 제왕을
제거했을 때, 그들은 그 제왕의 자리
에 서서 만백성을 통제하는 자리에 오
를 것이며,
8 그들이 혁명이라는 것을 이루다 실패
하였을 때, 그들은 모든 가족까지도
다 생명을 내버리는 그와 같은 형국이
너희 인간사에 이루어짐이니,
9 지금 너희들의 위치가 무엇이더냐?
10 지금 이 지구상에 60억이라는 그 인
구 중에서 수많은 종파들이 존재하고
있으며,
11 그들이 수천 년의 역사를 흐르며 나의
성서요, 나의 뜻을 갖고 만백성을 깨
우쳐 하늘에 오른다 부르짖는 자 있으
며 목각을 깎아 놓고 기도하며 하늘에
오르고자 하는 자들이 있으니,
12 그들 모두가 다 구원을 받고자 하여
저희 나름대로 집단을 이루고 있으며,
그 집단의 수와 그 집단에 속해 있는
나의 피조물들이 헤아릴 수 없이 많이
있으니,
13 그들을 바로잡아 하늘에 오르는 길로
인도하고자 하여 너희들이 나의 법전
을 공부하며 나의 성전에 모여 있음이
니,
14 일개 군사요, 힘을 가지고 만백성이
지지하는 자들이 혁명이라는 것을 일

으켜도 성공함이 있으며 성공하지 못
함이 있으니,
15 성공하지 못했을 때, 그들의 처참함은
너희들이 더 잘 알 것이니라.
16 너희들은 한 국가의 혁명을 위하여 모
여 나의 법전을 공부함도 아니요,
17 너희들이 한 사람씩 한 나라를 통제하
는 곳에 와 그들에게 나의 법전을 가
지고 믿음의 개혁이요, 혁명을 이룬다
하여도, 너희들은 한 사람 앞에 열 손
가락을 편 그 숫자와 같은 나라들을
혁명을 이루어야만 하는 것과 같으니,
18 너희들이 처해 있는 위치가 그와 같이
위대하며 소중함이니라.
19 너희 한 사람이 열 개의 국가라는 것
을 나의 믿음을 갖고 혁명을 이룰 수
있으며 그들을 깨우칠 수 있다 생각하
는가?
20 너희들은 지금 나의 선지자를 따라 선
택된 제자들로서, 이 세상의 모든 국
가를 상대로 하여 혁명을 이루는 용사
들임을 잊어서는 아니 될 것이니라.
21 오로지 너희들은 이것만을 생각하며
나의 법전을 만백성에게 전하며, 나의
뜻을 전하여 기록하여 만백성을 구하
고자 하여 나의 음성을 직접 듣는 나
의 선지자가 세상에 왔음을 알릴 것이
며,
22 너희들의 주변부터 깨우쳐 너희들을
따르는 제자를 만들어야 할 것이니,
23 이것 이외에 너희들이 딴생각을 해서
는 아니 될 것이며, 나의 성전에서 어
떠한 이유를 갖든 갑론을박하지 말라.
24 너희들이 다 깨우칠 때가 있음이니라.
25 너희들 마음이 가벼워지며 머리가 가
벼워지며 눈이 천 리를 볼 수 있는 빛
을 발할 때, 앉아서 천 리의 새 울음소
리를 듣는 귀가 열릴 때,
26 너희들이 나의 성서에 잘못되며 잘못
가고 있음을 알 것이니,
27 지금은 너희들이 온 세계를 혁명하고
자 하는 혁명가로서 선택되어 있음이
니, 잠자는 시간도 먹을 시간도 없는
것이 너희들임을 알아야 할 것이며,
28 너희들은 나의 선지자에게 전하는 나
의 메시지를 들어 깨우쳐 행하여야 할
것이니 그리 알라.

1,579 번째 하나님 말씀

2001년 10월 4일 08시

1 사랑하는 선지자야!
2 "네, 여호와 하나님! 말씀하옵소서."
3 내가 어제 지나가는 말로 말하였느니
라.
4 나의 아들 예수를 십자가에 못 박히게
한 유다도 제 생각이 아니요, 동조하
는 사람들의 뜻에 따라 그가 그와 같
이 행했다 말하였음이니라.
5 너를 따르는 제자 또한 그와 같은 자
없다 말할 수 없음이니,
6 나의 법전을 읽고 공부하며 깨우쳐 믿
음이 높아지는 자 있는가 하면, 그에
따르지 못하며 항상 제자리에서 맴도
는 자가 있으니,
7 깨우치지 못하는 자, 결국 그는 너의
주변을 떠나게 되느니라.
8 백 사람이 다시 오는 것보다 있던 자
한 사람 떠남이 더 어렵고 복잡한 일
이라 내가 너희들에게 말하였음이니,

9 백 사람이 오기 전에 한 사람이 떠나
지 아니하는 것은 너희들이 깨달음이
있는 자의 행동을 보여 줌이니라.
10 먼저 깨달은 자가 보이는 행동이 진실
하며 행하는 모습이 진실로 보일 때,
깨닫지 못하는 자, 그 또한 깨닫고자
노력할 것이니,
11 먼저 나의 법전을 손에 쥔 자, 나의 법
전의 내용을 한 구절 더 읽은 자가 모
든 생활과 행함이 나의 법전의 내용처
럼 행할 때 떠나는 자 없을 것이며,
12 가룟 유다가 예수를 팔아넘기는 그와
같은 오늘의 형국이 이루어지지 아니
할 것이니,
13 이를 너의 제자들에게 깨우쳐 주어야
될 것이니라.
14 첫째는 세상에 너희들이 태어나 생명
으로써 인간으로 와 하늘에 오를 수
있는 기회를 한 번 받은 그것이 무엇
보다 크나큰 영광이요, 은혜요,
15 또 하나의 은혜는 나의 법전을 깨닫고
나의 음성으로 기록한 나의 법전을 읽
으며, 내가 선지자를 통하여 명하는
모든 메시지를 너희들이 직접 듣는 그
영광이 무엇과도 바꿀 수 없음이라는
것을 너희들이 먼저 알아야 할 것이거
늘,
16 세상사 인연의 고리에 모든 것을 생각
하며 거기에 맞춰 너희들이 계산하고
생각한다 하면 아무것도 이루어짐이
없음이니라.
17 또한, 너의 제자들에게 일러야 될 것
이니라.
18 깨우침이 높고 깨달음이 높은 자, '내
가 깨달음이 이와 같이 높으며 나는
이와 같은 경지에 와 있다.' 하여 오만
한 자세를 취해서는 아니 됨이니라.
19 깨닫고 깨달음을 얻은 자는 가장 낮은
자요, 가장 겸손한 자요, 그리고 이웃
에 가장 친절한 자며, 자기 자신의 모
두를 다 희생할 수 있는, 계산되지 아
니한 인생으로 살아가고자 노력하는
그와 같은 것을 보여 줘야 할 것이니
라.
20 깨달은 자가 낮은 자가 되지 아니한다
면 그는 바로 나의 뜻을 역행하는 자
요, 너희들을 따르고자 하고 나의 법
전을 깨우치고자 하는 그들이 등을 돌
리게 함이니라.
21 깨우침을 얻은 자, 나의 법전을 한 줄
더 읽은 자, 아무것도 모르는 자보다
더 낮은 자세가 되어야 될 것이며,
22 더 온유한 자세가 되어 항상 웃음을
잃지 않는 그와 같은 삶을 살아가는
자신으로 다스려 나가도록 그리 깨우
쳐야 할 것이니,
23 이를 그들에게 네가 전하여야 될 것이
니라.

1,580 번째 하나님 말씀

2001년 10월 5일 08시 20분

1 사랑하는 선지자야!
2 "네, 여호와 하나님! 말씀하옵소서."
3 내가 너에게 일러 말하였느니라.
4 이 시대의 모두를 다 개혁하며, 나 여
호와를 위하여 나 여호와에게 오르고
자 울부짖고 있는 잘못된 모든 종파들
을 다 개혁함이 너의 책임이라 말하였
으며,

5 그를 개혁하기 위하여 나의 열여섯 권
의 법전이 세상에 나갔으니, 너희들이
개혁의 용사들이라 말하였음이니라.
6 하나의 작은 나라도 개혁을 하여 그를
통제하고 이끄는 자가 있듯이,
7 이 세상에 많은 종파들을 다 개혁하여
다스렸을 때, 바로 네가 이 세상에 지
상의 왕이니라.
8 너의 대임이 그와 같이 막중하고 소중
함을 네가 알아야 할 것이니,
9 내가 너희들이 죄를 짓고 하늘에 와
고통당하는 것을 보기가 너무 가슴이
아파 나의 마음을 너에게 위로하라 하
였음이니,
10 또한, 지상에서 그와 같이 잘못 가고
있는 많은 종파들을 나의 법전으로 깨
닫게 하고 개혁시켜 지상 낙원에서 그
를 다 통제하는 자가 너이니,
11 너의 하나하나의 행동과 네 하나의 말
과 네가 한 발짝을 디딤이 얼마나 소
중하고, 얼마나 네가 조심스럽게, 자
신 있게, 그리고 정도의 길만을 가야
하는 것인가를 깨우쳐,
12 네가 바르게 만백성을 하늘로 이끄는
진정한 나의 종이요, 지상의 왕으로서
그 대명을 수행할 수 있도록 몸과 마
음을 다스려야 할 것이니,
13 이를 너는 깊이 깨달아야 할 것이니
라, 선지자야!
14 그리하여 내가 너를 사랑하며, 네가
소중함이요, 너 하나 희생하여 모두가
변하여야 된다고 하였음이니라.
15 이를 명심하라, 선지자야!

1,581 번째 하나님 말씀

2001년 10월 5일 21시

(강론을 마치며)

1 사랑하는 선지자야!
2 "네, 여호와 하나님! 말씀하옵소서."
3 너희들에게 말하기를, 나 여호와의 이
름을 망령되이 일컫지 말라, 그리고
하루의 생활을 기도와 경배하는 마음
으로써 나를 생각하며 내가 너희와 같
이 있다 생각하고 생활하라 하였음이
니,
4 과연 너희들은 하루의 생활에서 나 여
호와를 얼마만큼 생각하며, 나에게 얼
마만큼 기도하고 경배하며, 얼마만큼
나에게 질문을 던져 행하는가?
5 내가 너희들에게 일깨워 말하였느니
라.
6 내가 너희들과 같이 걸어가며 같이 옆
에 있음이니, 나에게 너희들이 무엇이
든 물어 행동하라 하였음이니라.
7 그러나 너희들은 지금 나로부터 선택
된 자들이며, 이 지구상에 나의 모든
피조물 만백성이 잘못 가고 있는 것을
깨우치고 깨닫고 그들을 인도하고 이
끄는 것이 아니라,
8 그들의 마음과 정신과 자세를 개혁하
고 혁명을 이루라 하는 대명을 너희들
에게 내렸으며, 너희들이 그 임무를
지고 있는 자들이라 내가 너희들에게
명하였으니,
9 너희들이 나와 얼마나 가까이 와 있으
며, 나와 너희들이 거리가 얼마나 있
는가를 너희들은 생각해야 될 것이니
라.

10 내가 이와 같은 대명을 내린 너희들의
머리 위에 내 손이 있으며 너희들이
움직이고 잠자는 곳에 내가 같이 있음
을 알아야 할 것이니, 너희는 나와 한
몸이니라.
11 그러한 너희들이 나에게 경배하고 기
도하며 나에게 물어 행하는 것이 하루
생활에 얼마만큼 비중을 차지하며 얼
마만큼 많은 시간을 차지하고 있는가
를 깨우쳐 깨달아야 할 것이니라.
12 내가 너희들에게 일러 말하였느니라.
13 나 여호와가 존재함을 가슴 깊이 새겨
너희들 가슴에 깊이 파고듦이 첫째라
하였으니,
14 너희들이 하루 생활에 나와 얼마만큼
같이 있으며, 얼마만큼 나를 찾으며,
나에게 기도하며, 나에게 경배하며,
나에게 답을 구하여 생활하는가?
15 너희들이 육신의 생활을 위하여 동서
남북을 뛰다 보면 나를 너희들의 헌
구두짝만큼도 생각하지 아니하는 자
는 없는가?
16 너희들이 한 끼의 즐거운 식사요, 즐
거운 시간을 갖는 그 순간에 나 여호
와를 생각하며 내가 어디 있는지 생각
해 보는가?
17 너희들은 너희들이 걸어가는 신발 밑
에 있는 흙에 깔려 있는 나 여호와라
생각은 하지 아니하는가?
18 그마만큼도 내가 존재함을 의식하지
아니하며 나를 생각하지 않고 있지 아
니한가 너희들이 다시 한 번 깨우쳐
봐야 할 것이니라.
19 너희들이 하루의 생활에서 나를 얼마
만큼 생각하느냐에 따라서 나에게 너
희들이 높이 와 있음을 알아야 할 것
이니,
20 너희들이 하루 생활 속에서 나를 얼마
나 생각하는가, 너희들은 생활 속에서
나를 얼마만큼 생각하고 있는 것인가?
21 그 높이가 너희들 마음속에 얼마나 자
리잡고 있는가를 깊이 깨우쳐, 오늘
이후부터 너희들의 모든 마음속에 내
가 있도록 그리 행하여야 할 것이니라.
22 수십억 나의 피조물 만백성이, 하늘에
오르겠다 울부짖는 그들이 잘못 가고
있음이니, 그들을 너희들이 돌려놓아
야 될 것이니,
23 그곳에 내가 너희들에게 혁명이요, 개
혁이라 말하였음은 너희들의 생명을
던져서 그들을 구원하여야 하기 때문
이니,
24 이를 명심하여 시행하여야 할 것이니
그리 알라.

1,582 번째 하나님 말씀

2001년 10월 6일 07시 20분

1 사랑하는 선지자야!
2 "네, 여호와 하나님! 말씀하옵소서."
3 너희들이 나의 법전을 세상사 인간들
의 서점이라는 곳에 전하기 시작하였
으니, 이제는 본격적으로 너희들이 이
루어야 할 대명의 사업이니라.
4 그 모든 사업은 너의 제자들이 힘을
합쳐서 하도록 할 것이며, 그리고 그
사업은 1호점인 '아현' 서점에 본부를
차려 그곳에서 시작하도록 하라.
5 '김정태'라는 그 제자의 머리를 빌려
야 할 것이며 그가 주관하여 사업을

하도록 할 것이며,
6 '이진우'는 자금 관리와 총괄적인 재
산의 관리를 맡도록 할 것이며, 나머
지 사람들은 다 현장에서 뛰는 자들이
되어야 될 것이니,
7 사업의 본부를 그곳에 차리도록 하라.
8 그리하여 작은 곳이라 하여 등 돌리지
말며, 작고 큰 곳까지 다 전하며, 작은
곳에 전함이 더 뜻이 있음이니라.
9 가난한 자 모여든다 하였으며, 가난한
자 온 다음에 너희들에게 힘이 될 자
온다 말하였음이니,
10 구석구석에 있는 너희들이 말하는 책
방이라는 모든 곳에 나의 법전을 꽂아
놓도록 하라.
11 그들도 하나의 주인으로서 인정해 주
며, 그곳에 오는 손님 또한 너희들이
인정해 주어야 될 것이니,
12 골목에 있는 책방이라는 곳까지 전국
에 나의 책을 갖다 꽂아 놓도록 그리
하라.
13 어느 집이든 들어가면 열여섯 권의 나
의 법전이 그 서점에 정리되어 있도록
그리 구상하여 실시하도록 하며,
14 너의 제자들 모두 참석하여 다 같은
주인이 되도록 하라.
15 그리하여 그들이 편히 살아갈 수 있는
기틀을 먼저 만들어 주는 것이 선지자
가 해야 할 일이니라.
16 그리하여 그 여인에게 말을 하라.
17 (제자에게 전하시는 말씀입니다.)
18 내가 너희에게 일찍 결혼하라 함이며
이 사업을 하게 함은 너의 남편 될 자
의 명을 이어 주고자 함이니,
19 네가 두 번 다시 남편 앞에 상복을 입
는 것을 보지 아니하고자 하며 너를
사랑함이니 이를 잊지 말라.
20 그는 항상 살얼음판에 서 있는 자와
같으니, 이를 내가 지켜 주고자 함은
너의 고운 심성으로써 남편이라는 간
판을 가진 자 앞에 두 번 다시 네가 눈
물을 흘리지 않게 하고자 하는 나의
뜻이니,
21 이와 같은 내가 너를 사랑하는 마음을
뼛속 깊이 간직하도록 하여야 할 것이
니라.
22 사랑하는 선지자야!
23 "네, 여호와 하나님! 말씀하옵소서."
24 네가 나의 법전 1권을 세상에 낸 그
날짜를 항상 기억하며,
25 네가 나로부터 메시지를 받아 나의 법
전을 쓰기 시작한 그 시점부터 나의
법전 열여섯 권이 나온 그 기간을 정
립하여 너의 제자들에게 일깨워 줘야
할 것이니라.
26 그리하여 그 기간을 그들이 기억하며,
나의 선지자, 나의 종인 너희들의 스
승이 짧은 기간 동안에 나의 열여섯
권의 법전을 세상에 냈음을 만백성에
게 알리며 책을 전하도록 하라.

1,583 번째 하나님 말씀

2001년 10월 6일

1 사랑하는 선지자야!
2 쌍둥이로 같이 나온 형제도 뜻이 맞지
않아 하나가 될 수 없음이니,
3 두 여인이요, 세 여인이요, 많은 백성
들을 하나요, 한마음이 되도록 함은
이룰 수 없는 길이니라.

4 그러나 너희들은 바늘구멍을 낙타라
는 동물이 통과해야 하는 것이기에,
이루어 내야 하는 것이니라.
5 깨우친 자 많으나 실행하는 자 없으니,
6 깨닫는 자 말이 없느니라.
7 시시비비 말라.

1,584 번째 하나님 말씀

2001년 10월 6일 09시 10분

1 사랑하는 선지자야!
2 "네, 여호와 하나님! 말씀하옵소서."
3 지상 낙원에 아무 부족함도 없이 살아
갈 수 있는 아담과 이브라는 그 두 사
람도 하나의 마음으로 일치되지 아니
하여 그들은 선과 악의 선택의 기로에
서, 나 여호와가 명한 선한 길을 택하
지 않고 악한 길을 택하여 오늘에 이
르렀음이니,
4 너희 인간들이 두 사람이요, 또는 많
은 사람들이, 너의 제자들이 한마음으
로 이루는 길은 너희들이 그저 노력하
고자 하여 이루어지는 것이 아니니라.
5 하나의 시시비비를 할 수 있는 어떠한
문건을 놓고, 어떠한 사건의 결말을
놓고, 또는 너희들이 모든 것을 생각
하는 입장에 있을 때,
6 반드시 너희 모든 제자들에게는 선과
악의 두 가지 기로에서 어느 것을 선
택하느냐 하는 길에 서 있게 되며, 너
희들이 마음을 결정하여야 할 때가 있
음이니라.
7 그때 바로 너의 제자나 나의 모든 피
조물 백성들이 선한 쪽을 향하며 선한
것을 생각한다면 그것이 곧 마음이 하
나로 이루어질 수 있는 길임을 너의
제자들에게 일깨워 주라.
8 두 사람이 하나가 됨도 마찬가지요,
세 사람이 하나가 됨도 마찬가지요,
백 사람, 만 사람이 하나가 됨도 마찬
가지요, 14만의 나의 정예병인 나의
피조물 만백성의 선택된 자들이 하나
가 됨도 마찬가지니,
9 선한 것을 택하는 것만이 한 길이 될
수 있으며, 하나의 마음이 될 수 있음
을 깨우쳐 주라.
10 너의 제자들이 하나의 마음으로 이루
고자 하나 그 길을 모르며 방향을 모
르고 있음이니,
11 하나의 마음이 되는 것은 선한 것을
선택하는 것, 선한 마음으로써 모든
것을 선택하고 행하는 것만이 하나가
될 수 있는 길임을 그들에게 가르쳐
주라.
12 오로지 그것뿐이니라.
13 모든 것을 선한 쪽으로만 생각하라.
14 그러면 곧 그게 하나요, 한 그릇에 너
희들의 마음을 다 모아 담을 수 있음
이니,
15 이를 명심하여 시행하도록 너의 제자
들에게 일깨워 주라.

1,585 번째 하나님 말씀

2001년 10월 7일 07시 10분

1 사랑하는 선지자야!
2 "네, 여호와 하나님! 말씀하옵소서."
3 세상이 다 변하지 아니하여도 너는 변
해야 하느니라.
4 이 세상 모든 것이 제자리에 있다 하

여도, 이 돌아가고 움직이는 지구라는
너희들이 살고 있는 땅덩어리가 멈춘
다 하여도,
5 사랑하는 선지자, 너는 변해야 함이니
라.
6 그 뜻을 네가 모르는가?
7 이 험악하고 사악한 나의 백성들의 마
음을 어찌 다스리고 바로 인도하며 바
로잡아야 하겠는가?
8 이는 네가 변해야 함이니라.
9 홍수가 져 강물이 시뻘겋게 내려가는
그 힘처럼, 노도와 같이 밀어붙이는
그 무서운 물줄기의 힘처럼 네가 그렇
게 무섭게 변해야 되느니라.
10 그리 변하지 아니하면 모두가 다 이루
어질 수 없음이니라,
11 선지자야, 하얀 마음과 하얀 모습으로
써 네가 변해야 됨이니라.
12 사랑하는 선지자야!
13 "네, 여호와 하나님! 말씀하옵소서."
14 네가 마음먹기에 달렸으며 네가 생각
하기에 달렸음이니,
15 너는 나의 주옥같은 열여섯 권의 법전
을 받아쓰며, 나의 가슴을 태우는 마
음으로 나의 성령을 너에게 내려보내
어 그를 받아 기록한 네가 얼마나 소
중한 자인가를,
16 그리고 네가 이루고자 하는 사업이 어
떠한 사업이며 어떠한 대명인가를, 그
를 가슴에 잠시도 잊어서는 아니 됨이
니라.
17 이제는 바로 설 수 있음이니라, 선지
자야!
18 "네, 여호와 하나님!"
19 모든 사람의 마음을 알며, 그 형태를
알며, 그들이 가지고 있는 뜻을 아는
네가,
20 나의 사랑하는 선지자, 나의 아들인
네가 우뚝 서고 바로 서야만 되느니라.
21 이제 정녕 네가 돌이 됨이 무엇이며,
죽은 자가 무엇인지 알고 있지 않은
가?
22 그리되라, 선지자야!

1,586 번째 하나님 말씀

2001년 10월 7일 12시 05분

(강론을 마치며)

1 사랑하는 선지자야!
2 "네, 여호와 하나님! 말씀하옵소서."
3 너희들 말에 이러한 말이 있느니라.
4 세 살 먹은 아이의 버릇이 팔십까지
가며, 팔십 먹은 어머니가 외나무다리
건너면서 육십 넘은 아들에게 '얘야,
다리 조심하거라.' 한다 하는 말이 있
느니라.
5 나의 피조물 만백성 너희들이 나의 성
전에 와 기도하며 너희들이 오늘 마음
의 눈물을 흘리며 지금 깨우쳐 가는
그 모습이 세 살 먹은 어린아이와 같
은 모습이니,
6 그 모습이 팔십 먹어서도 변하지 않고
살아간다는 너희들의 말이 있듯이 그
와 같이 살아간다 하면 그게 바로 무
엇이더냐?
7 그 마음이 천사며,
8 나의 피조물 만백성이 구원을 받고자
아비규환 속에서 내가 들을 수도 없는
저희들의 뜻을 지껄이며, 내가 듣지도
못하는 저희들의 기도 소리에서 아우

성을 치며 허덕이는 그들을,
9 그 진흙탕 물에 오물이 묻어 있는 그
들을 깨끗이 씻어 나에게 오를 수 있
게 하는 그 빗물이 너희들이라 말하였
음이니,
10 바로 오늘 너희들이 흘린 눈물이 그들
을 씻는 눈물임을 너희들은 알아야 할
것이니라.
11 사랑하는 선지자야,
12 네가 열여섯 권의 법전을 쓰기 위하여
나에게 갖은 고통과 갖은 시련과 갖은
억압 속에서 참고 인내하여 오늘에 이
르렀음이니,
13 오늘 선택된 너의 제자들 그 모두는
내가 오늘을 기하여 너희들의 이름을
나의 에덴동산에 올림이니 그리 알라.
14 그리하여 오늘 '문장석'이 사 온 그 포
도 한 알씩을 너희들의 입에 넣는 그
순간에 너희들의 모든 이름은 나의 에
덴동산에 기록됨이니, 모두를 내가 거
두어들임이니라.
15 너희들은 성서에 말하였느니라.
16 앉아 있는 자가 그대로 육신 채 하늘
에 올라왔다 하였음이니, 그는 아니니
라.
17 그의 영혼이 올라왔음이니라.
18 지금 바로 그와 같이 너희들이 산 채
로, 너희들이 앉아 있는 그 산 채로 너
희들 모두의 영혼을 거두어들임이니
그리 알며,
19 너희들의 명단을 내 가슴에 기록하여
영원히 잊지 아니하도록 그리할 것이
니라.

1,587 번째 하나님 말씀

2001년 10월 8일 08시 10분

1 사랑하는 선지자야!
2 "네, 여호와 하나님! 말씀하옵소서."
3 너희들이 가훈이라 하여 '하늘을 향하
여 한 점의 부끄러움이 없이 살자, 아
들딸들아!'라고 기록하여 나누어 줌이
니,
4 이는 너희들이 내가 하늘에 존재함을
가슴에 심어 주며 너희들이 계명을 지
키며 살겠다는 뜻과 같음이니라.
5 그리하여 네가 여기에 고무도장이라
든지 판 형태로써 어떠한 것도 찍어서
는 아니 되며,
6 네가 나의 법전을 기록하여 그를 남들
에게 길이 심어 주기 위하여 네 손바
닥으로 직접 도장을 찍었음이니,
7 그 도장과 똑같이 네 손바닥의 직인을
찍어서 날짜를 기록하여 그들에게 주
도록 하라.
8 그것이 증표이니라.
9 그리하여 책에 찍혀진 너의 직인과 내
가 너희들에게 내리는 가훈의 그 직인
이 똑같아야 함이니, 그리 전하도록
해야 할 것이니라.
10 그리고 네가 나의 법전이 세상에 나가
는 사업을 하여 너에게 공 있는 자들
에게 안배를 하되,
11 한 사람당 백만 원 이상을 넘어서 베
풀어 주면 과욕이며 이는 내분을 이루
게 되는 것이니, 그리 행해서는 아니
됨을 너는 알아야 할 것이니라, 선지
자야!
12 너희들이 다 같이 나의 책을 들고 뛰

는 판매원이 되어야 할 것이니라.
13 너희들이 판매원이 될 것을 연구하라.
14 그리하여 너희들이 선전하는 자가 되어야 할 것이며 판매자가 되어야 할 것이니, 이를 명심하여 연구하도록 하여야 할 것이니라.
15 이를 연구하여 네가 모두를 주관하여 그들에게 생각을 깨우쳐 주어야 될 것이며,
16 나의 법전을 전하는 그들에게 지혜를 네가 주어야 될 것이니 그를 잊지 말고 시행하도록 그리하라.

1,588 번째 하나님 말씀

2001년 10월 9일 07시 55분

1 사랑하는 선지자야!
2 "네, 여호와 하나님! 말씀하옵소서."
3 믿음의 우등생만이 구원을 받을 수 있다 내가 너에게 말하였으니,
4 나의 사랑하는 선지자 네가 실천의 우등생이 되어야만 될 것이니라.
5 그리고 또한 언행을 함에 있어서 모든 나의 피조물 만백성이 바라보기에 네가 가장 으뜸이요, 우등생이라 하는 그와 같은 그들의 깨달음이 있어야 너의 제자들이 너를 보고 따르고 또 따를 것이니, 그리 알아야 할 것이니라, 선지자야!
6 너 하나 어렵고 힘든 그 고비를 넘겨, 눈물을 흘리며 지옥 불로 가는 만백성의 발길을 돌려 천상에 오르는 길로 네가 인도함은 얼마나 네가 맡은 그 대임이 중요하며, 얼마나 많은 피조물 만백성의 생명을 구하는 길이더냐?
7 강물에 빠져 허덕이는 한 사람의 그 생명을 밧줄을 던져 구하는 것만이 구하는 것이 아니요,
8 의사라 하는 사람이 모든 의술을 동원하여 죽어 가는 생명을 살린다 할 때 그것만이 위대함이 아니니라.
9 영원히 사는 나의 나라에 올 수 있는 그 많은 나의 피조물 만백성을 지옥 불에서 구원하는 너야말로 얼마나 위대한 의사며, 얼마나 많은 이웃의 죽어 가는 생명들을 구하는 일인가를, 너 자신이 그를 깨달아야 할 것이니라,
10 선지자야! 그를 깨닫고 깨우쳐 행동해야 함이니 그리 알라.

1,589 번째 하나님 말씀

2001년 10월 10일 06시 10분

1 사랑하는 선지자야!
2 "네, 여호와 하나님! 말씀하옵소서."
3 아무것도 모르고 천방지축으로 그저 살면 되는 듯이 이리 뛰고 저리 뛰며 살아오던 너에게 내가 '나는 여호와 하나님이니, 너는 나의 음성을 들어 기록하여 나의 피조물 만백성을 구하는 대업을 맡으라.' 하여 네가 지금에 이르렀으니,
4 너의 공을 내가 알고 있으며 오늘의 수고로움을 내가 아나니,
5 그리하여 내가 너를 따르는 제자들이 다 편안히 살아가며 나를 따르고 계명을 지키며 살아갈 수 있는 방향을 너에게 알려 주었음이니라.
6 모든 것을 그리 시행하면 너를 따르는 제자들이 이는 진정 나 여호와 하나님

이며, 하나님의 뜻이라는 것을 알게
될 것이니라.
7 "하나님으로부터 선택된 백성은 시험
과 고난이 없으며, 하나님만을 따르며
경배할 수 있는 사랑만을 베푸시며 내
려 주심을 제가 알고 있사오며 깨달았
사옵나이다.
8 여호와 하나님! 한 점의 부끄러움이
없는 삶을, 그 길을 가겠사옵나이다.
9 어떠한 이유든 어떠한 변명이든 그는
다 저의 육신을 위하여 하는 일이며
저의 육신을 위하여 기만하는 것임을
이제는 깨달았사오며, 그와 같은 방향
에서 제가 아직도 인간사의 고리를 끊
지 못함을 깨달았사옵나이다."
10 사랑하는 선지자야!
11 "네, 여호와 하나님! 말씀하옵소서."
12 너를 따르며 네 앞에 와 십계명대로
지키며 거짓을 하지 아니하며 살겠다
고 말하는 그 제자들에게 어찌하여 내
가 고통과 시련을 준다 하는가?
13 그들에게 일러 주어 희망을 주라.
14 나 여호와를 진정 따르는 자들은 너희
들이 이야기하는 육신의 모든 영화가
같이할 것이며, 육신의 영화 속에 하
늘에 오르는 영광의 길을 이룰 수 있
으며 그 길을 오르도록 하는 것이 나
여호와임을,
15 그리하여 그들을 내가 그리 인도하며
그리 깨우쳐 갈 것이라는 것을 그들에
게 말하여 주라, 선지자야!
16 정녕 나의 법전이 나의 성령이며, 정
녕 그들이 가는 길이 하늘에 오르는
길이라는 것을 그들에게 일깨워 줘야
할 것이니라, 선지자야!
17 계명을 지키며, 죄를 짓지 아니하며
거짓을 하지 아니하고 살겠다 말하는
그들에게 그리 갈수록 베풀어 줌이 나
여호와의 뜻이니 그리 알라.
18 이제는 이 점을 그들에게 일깨워 줘야
할 것이니라.
19 그리하여 내가 그들에게 내리는 상만
큼 그들의 믿음이 또한 너의 경지에
이르러야 할 것이니, 이를 명심하여
시행하도록 하라, 선지자야!
20 "전지전능하신 여호와 하나님!
21 무엇을 원하시며, 무엇을 가르쳐 주시
며, 어떠한 깨달음을 주시는지를 제가
직접 받고 들으면서도 그를 시행하지
못한 죄를 용서하여 주옵소서.
22 모든 제자들에게 전하는 가훈의 말씀
대로 한 점의 부끄러움이 없는 삶을
살아가도록 그리 노력하겠사옵나이
다."

1,590 번째 하나님 말씀

2001년 10월 10일 06시 20분

1 사랑하는 선지자야!
2 "네, 여호와 하나님! 말씀하옵소서."
3 네가 서명을 하여 내린 열여섯 권의
책을 가지고 간 그 제자들에게 이르라.
4 그 책은 그 제자들이 제자를 육성하는
교과서이니라.
5 그 책을 열어 제자들을 육성하면 그들
에게 지혜를 줄 것이니,
6 이제는 그들이 저희 집에서, 저희 직
장에서 그 교본을 갖고 제자들을 육성
하며, 제자들을 육성하는 교과서로 쓰
도록 그리할 것이며,

7 각자 자기 위치에서 지금 6권의 공부
를 하고 있는 제자들이 1권서부터 시
작하여 그들의 제자들을 육성하여,
8 그 제자들의 손을 잡고 주일에 모여
너의 강론을 듣는 그와 같은 방법으로
써 육성하는 자격을 그들에게 줌이니
그리하라, 선지자야!

1,591 번째 하나님 말씀

2001년 10월 10일 21시

(강론을 마치며)

1 사랑하는 선지자야!
2 "네, 여호와 하나님! 말씀하옵소서."
3 나의 성전에 모여 기도하는 너의 제자
들에게 십계명, 나의 뜻을 지키고 살
수 있는 자 손 들라 하니 그들이 하늘
을 향하여 손을 들었으며,
4 죄짓지 아니하고 살 수 있는 용기 있
는 자 손 들라 하니 그들이 하늘을 향
하여 두 주먹을 불끈 쥐고 올렸음이니,
5 이게 바로 나의 백성이요, 나의 자식
이니라.
6 제 부모의 뜻에 따라 살고자 하는 자
식을 미워하는 부모가 없으며,
7 이 세상 수십억의 나의 피조물 만백성
중에 그 간단한 나의 계명이요, 십계
명을 지키며 살 수 있는 자 손 들라 하
여 손 드는 자 없으며,
8 죄짓지 않고 세상사 살아갈 수 있느냐
물을 때, 인간이라 죄짓지 않고 살 수
없다며, 고개 돌리고 미친 자 헛소리
한다고 말하는 이러한 형국에서,
9 조그마한 이 고갯마루에 자리 잡은 나
의 성전에서 나의 백성 너희들은 말하
였느니라.
10 '우리는 죄짓지 않고 살 수 있으며, 거
짓 하지 아니하고 살 수 있으며, 계명
에 따라 살아가겠다.'고 너희들이 약
속함이니,
11 그는 바로 너희들이 시작이 반이라는
것과 마찬가지로 너희들 마음속에 굳
은 결의가 서 있음이니,
12 너희들의 모습을 보는 나 여호와의 마
음이 어찌 기쁘지 아니하였겠는가?
13 나는 오늘 너희들에게 말하여 일렀느
니라.
14 나로부터 선택된 자, 나의 피조물 너
희들, 나약하고 나약한 너희들에게,
내 어찌 내 자식 너희들에게 시련을
주고 시험을 하겠는가?
15 너희는 갓 태어나 걸음마를 배우는 너
희 자식이요, 너희 후손에게 과연 시
험을 하는가, 그리고 그들에게 시련을
주어 그들을 시험하는 일이 있는가?
16 어찌하여 너희들은 너희 자식들에게
는 그와 같은 것을 하지 아니하면서,
나 여호와가 너희들에게 그렇게 시험
을 하며, 너희들을 시험에 들게 하며,
너희들을 내가 시험하여 점검한다 하
고 시련을 준다 말하는가?
17 나 여호와의 백성이요, 나를 따르는
너희들, 진정 나를 경배하며 나에게
기도하는 자의 그 기도 소리를 듣기에
나의 기쁜 마음이 형용할 수 없음이니,
18 너희들이 진정 나에게 드리는 그 기도
소리에 내가 즐거우며 그게 나의 행복
이거늘,
19 그리 기도드리는 자가 나에게 기도드
리지 못하도록 내가 어찌하여 그에게

시련을 주며 시험을 한다 너희들은 생
각하는가?
20 이것을 나의 피조물 만백성에게 깨우
쳐 줘야 될 것이며, 종교 지도자들에
게 깨우쳐 줘야 될 것이니라.
21 너희들이 시험이라 생각하는 자, 시험
들었다 생각하는 자, 그는 믿음이 잘
못되었으며, 나에게 진정 기도하고 경
배하는 자가 아닌 것을 먼저 깨우치라
이르라.
22 나의 피조물 만백성이 나를 향하여 기
도하고 경배하는 그 아름다운 음성을
듣는 나 여호와의 기쁨이 이루 말할
수 없거늘,
23 어찌하여 그들이 나에게 드리는 그 경
배를 드리지 못하도록 내가 너희들에
게 핍박을 준다 생각하는가?
24 오늘 내가 너희들이 세상을 지배할 수
있는 재물을 주고자 하여 선지자에게
그 방법을 일러 주었음이니,
25 너희들이 선지자의 뜻에 따라 최선의
노력을 다할 때, 너희들의 남은 이 인
생에 부끄럼이 없는 삶을 살며, 나 여
호와를 따르는 제자들이요, 나를 따르
는 백성들의 삶이 어떠한가를 만백성
에게 보여 줄 것이니 그리 알라.

1,592 번째 하나님 말씀

2001년 10월 11일 06시 55분

1 사랑하는 선지자야!
2 "네, 여호와 하나님! 말씀하옵소서."
3 너희들이 믿음을 향하여 가는 것이 큰
맷돌만 한 돌을 바위에 갈고 갈아 그
돌이 닳아 없어질 때까지 그와 같이
묵묵히 말 없는 속에서 선한 마음과
착한 마음을 갖고 나에게 오르고자 기
도하고 매달린다 하면 너희들이 어느
날 하늘나라에 와 내가 문을 열고 안
여는 그 앞에 서 있음이라 말하였음이
니,
4 세상에 나의 법전을 전하는 것도 너희
들이 생각과 연구를 거듭하고 또 거듭
하다 보면 내가 너희들에게 지혜를 줄
것이니라.
5 나의 법전이 세상에 나가기 전에 너희
들이 먼저 너희 이익을 생각하며 너희
자신들의 편안함을 생각한다 하면, 이
는 나 여호와의 생각과 다르기에 내가
너희들에게 영광을 주지 아니할 것이
니,
6 모두는 마음을 다 비우며 나의 법전을
전하는 데 너희들이 봉사하는 마음을
먼저 가져야 할 것이니라.
7 세상에 나의 피조물 만백성을 구하기
위하여 많은 금화와 은화를 들여 나의
법전을 사 전하는 자도 있거늘,
8 이를 전하는 대명을 이루는 너희들이
먼저 너희들의 어떤 이익과 편안함을
생각한다 하면 얼마만큼 너희들이 상
반되는 행위와 생각이더냐?
9 그러한 마음을 갖고 너희들이 일에 임
한다 하면 내가 너희들에게 영광을 줄
수 없음이거늘, 너희들은 이를 깨우치
지 못하니 어찌 나의 백성이며 너의
제자들이라 일러 말할 수 있겠는가?
10 남들이 지킬 수 없는 계명을 지키며
남들이 생각할 수 없는 죄를 짓지 않
고 산다 하여 나의 성전에 모인 너희
들이 남들과 같이 너희들 앞에 이익이

요, 너희들의 편안함을 먼저 생각한다
하면, 너희들이 변화된 것이 어디 있
으며 너희들의 깨달음이 어디 있으며
너희들이 남들과 다른 점이 어디에 있
는가?
11 너희들은 말은 그리하나 행동은 그리
하지 못함이니, 나의 이 무너지는 아
픈 가슴을 너희들은 어찌도 그리 모르
는가?
12 내가 너희들에게 일렀느니라.
13 너희들이 즐거운 식사를 할 때 내가
같이 있음을 깨달으며, 내가 같이 너
희들과 식사를 하고 있다는 그와 같은
마음을 가지라 하였으니,
14 너희들은 어찌 이와 같은 뜻을 그리도
깨닫지 못하는가?
15 너희는 달라야 되는 것이니라.
16 어떠한 환경에서도 변화되는 생활을
하지 아니하면 너희들은 나의 선지자
의 제자요, 선지자를 따르는 나의 백
성이 아님이니,
17 나를 따르며 나에게 경배하고자 모인
너희들이 아님이니, 만백성을 구하는
반석 위에 서 있는 너희들이 어찌하여
야 되겠는가?
18 너희들이 말하지 아니하더냐? 숨을
쉬는 생명을 가지고 있고 너희들이 용
서를 빌 수 있는 힘이 있다면 세상에
가장 행복한 자들이라 말하면서,
19 자기 앞에 떡을 그리는 그와 같은 말
을 하며 대화를 하는 너희들은 나를
떠나서 함이니, 이는 이루어질 수 없
음을 알아야 할 것이니라.

1,593 번째 하나님 말씀

2001년 10월 12일 07시 35분

1 사랑하는 선지자야!
2 "네, 여호와 하나님! 말씀하옵소서."
3 네 하루의 생활을 기도와 묵상으로 일
관하라.
4 여기에 네가 매달려 그 길을 가는 것
만이 네가 나를 바라볼 수 있는 길이
며 만백성을 구하는 힘이 있음을 알아
야 될 것이니라.
5 '백'씨라는 그 여인이 뉘우쳐 너를 찾
아오거든 그를 깨우쳐 주라.
6 그는 인간을 해치는 사악한 무리에게
고깃덩어리를 던져 주는 그 죄를 짓고
살아온 여인이니라.
7 나 여호와를 위하여 경배하고 나 여호
와의 길을 위하여 오는 자들이 아니라,
8 나의 피조물 만백성을 사탄의 길로 이
끌어 가며, 진흙탕으로 인도하는 그
양 떼의 목동에게 고기를 주어 그가
힘을 기르도록 한 그 죄를 저는 사함
받을 수가 없음이니라.
9 그리하여 나의 성전의 주변에 집을 제
가 준비하여 '김효모' 목사와 같이 살
며 선지자 네가 쉴 수 있는 방을 하나
제공하는 그와 같은 임무를 그가 행하
여야 할 것이니, 이를 그에게 행하도
록 명하라.
10 제 생활은 가장 낮은 자의 생활이요,
나의 법전을 세상에 전하는 데 제가
온 힘을 다 기울여 정성을 다하였을
때 제 영혼을 구원받을 수 있다는 것
을 그에게 일깨워 주도록 하라.
11 사랑하는 선지자야!

12 "네, 여호와 하나님! 말씀하옵소서."
13 너를 따르는 어려운 제자들의 마음을
다스리며 생활을 풀어 줌은 나 여호와
가 그들에게 내리는 축복이요, 은혜이
니만큼,
14 네가 그곳에서 해야 할 일은 모든 네
제자들이 마음을 평온하게 가지며, 그
마음을 다스리며 그들이 행함이 남들
과 다른 마음을 가질 수 있도록 그들
에게 지혜를 주고 그들을 잘 깨우쳐
주는 것이니,
15 내가 너를 따르는 제자들에게 살아갈
수 있는 재물을 내림이니, 너는 너를
따르는 제자와 나의 법전을 읽고 깨우
치는 만백성이 마음을 편안히 가질 수
있도록 다스려야 할 것이며, 그들을
일깨워 주는 데 역점을 둘 것이며,
16 모두는 다 평온한 마음을 갖고 나의
성전을 찾아오며 그들이 살아갈 수 있
도록 그리 일깨워 줌이 소중함을 알아
야 할 것이니라, 선지자야!

1,594 번째 하나님 말씀

2001년 10월 12일 12시

1 사랑하는 선지자야!
2 "네, 여호와 하나님! 말씀하옵소서."
3 나 여호와의 이름을 망령되이 일컫지
말라.
4 십계명의 구절이 있느니라.
5 '너는 너의 하나님 여호와의 이름을
망령되이 일컫지 말라.' 그 한 구절이
면 너희들이 세상 살아가는 이치에 눈
을 뜨는 구절이니라.
6 나 여호와가 존재함을 믿는 자가 나의
이름을 망령되이 일컬으며 행동하겠
는가?
7 내가 존재함을 정녕 믿는 자가 사악한
짓을 할 수 있겠는가?
8 내가 하늘에 존재한다는 것을 믿는 자
가 죄짓고 살 수 있겠는가?
9 나 여호와가 하늘에 존재함을 믿는 그
자가 선지자 네 앞에 와 거짓 행위를
할 수 있겠는가?
10 나 여호와가 존재함을 믿는 자라면 그
가 어떠한 불만이요, 불평이요, 저 자
신의 육신을 위하여 큰 떡을 제 앞에
감히 놓겠는가?
11 그는 놓지 아니하며 놓을 수가 없음이
니라.
12 사랑하는 선지자야!
13 "네, 여호와 하나님! 말씀하옵소서."
14 너의 제자들에게 이르라.
15 천년만년 믿음의 세월을 가며 나를 향
하여 저희들이 마음을 비우고 깨끗이
살아가며 십계명을 지키며 죄를 짓지
아니한다 말할 것 없이, 나 여호와가
존재함을 저희들 가슴속에 깊이 새기
라 이르라.
16 내가 하늘에 존재하며 내가 있음을 가
슴에 먼저 새기는 자, 그 마음을 굳건
히 새기는 자는 네 앞에 와 기만할 수
없으며, 네 앞에 두 가지 마음을 먹을
수가 없음이니라.
17 나 여호와가 존재함을 믿도록 그것부
터 먼저 교육시키며, 그를 가슴에 그
들이 깊이 심어야 될 것이며,
18 나의 법전이 나의 성령으로써 내가 나
의 피조물 만백성을 구하기 위하여 마
지막으로 세상에 내보내는 것이며 이

것이 나의 뜻이라는 것을 먼저 또한
가슴에 새겨야 될 것이니, 이게 너희
들이 두 번째 지켜야 할 행위이니라.
19 이 두 가지를 너희들이 지킨다면 나의
계명이 아무것도 아니며, 율법이 아무
것도 아니며, 너희들이 죄짓지 아니하
고 살 수 있는 것이 아무것도 아니거
늘,
20 이를 너희들의 가슴속에 깊이 심지 아
니하면 너희들은 바람에 흔들리는 것
처럼 너희 마음이 잡히지 아니하며,
너희들이 변할 수 있으며 너희들이 떠
날 수 있음이니라.
21 나 여호와가 존재함을 굳건히 믿으며,
나의 법전이 나의 성령으로서 마지막
너희들을 구원하기 위하여 내려보낸
나의 뜻이라는 것을 진정 믿는 자, 진
정 그를 인정하는 자,
22 그리고 그를 따르고자 하는 자는 겸손
해지며 겸허하며 가장 낮은 자가 될
수 있음이니라.
23 나의 종, '진우'는 사람이 우매하고 둔
하며 어리석으니라.
24 그리고 남들처럼 잔재주를 부리는 것
도 아니요, 머리가 빠르지도 아니함이
니라.
25 그러나 그는 나의 이 법전이 정녕 나
의 뜻이라 믿고 있으며, 그리하여 그
는 남들이 밟고 다니는 그 바닥을 제
가 땀을 흘려 닦고 있음이니, 그가 어
리석고 부족하며 미련함이 무엇이 관
계있더냐?
26 그리하여 내가 그에게 여인을 정해 주
도록 하였으며, 이 성전에서 그들이
맺음을 내가 허락함이며, 그들에게 축
복과 영화가 있음을 알아야 할 것이니
라.
27 그것이 실행함이요, 그것이 진정한 마
음이요, 그것이 나 여호와가 하늘에
있기 때문에 두려움을 알며 나의 법전
이 진정한 나의 뜻이라 하여 그가 깨
닫기 때문에 너희들이 밟고 다니는 이
바닥을 두 손으로 앉아서 닦고 있음이
니,
28 그가 미련하면 무엇이 어떠하며, 그가
어리석으면 무엇이 어떠하며, 그가 남
들처럼 머리가 빨리 돌아가지 아니하
고 똑똑하지 아니하면 무엇이 관계있
겠는가?
29 내가 다 임하여 그를 지켜 줌이니라.
30 이것이 바로 너희들의 마음속에 심을
수 있는 근본이니, 이것부터 먼저 배
우고 깨달아 실행해야 할 것이니라.
31 너희들의 머리로써 계산하며 너희들
머리로써 생각하며 너희들 머리로써
무엇인가를 판단하고 행하는 자는 이
성전에 와 앉을 수 있는 자격이 없음
을 너의 제자들에게 전해야 할 것이니,
32 오늘부터 너의 제자들과 너를 따르는
백성에게 일깨워 주라.
33 나 여호와가 존재함을 진정 믿는 마음
부터 굳건히 가질 것이며, 나의 법전
이 진정 너희들을 위하여 내가 마지막
가슴을 태워 성령으로 내려보내는 것
이며,
34 요한복음에 기록되어 있듯이 보혜사
의 나의 선지자를 내려보냈음이니,
35 나의 선지자를 쳐다보기를 나를 보는
마음으로 쳐다보는 자만이 나의 법전
의 뜻을 이해할 것이며, 너희들이 존

재할 수 있으며 하늘에 올 수 있는 기
본임을 알아야 할 것이며,
36 내가 하는 작고 큰 말을 계산하여 이
루어질 것이냐 이루어지지 않을 것이
냐를 생각하는 자에게는 이루어지지
않을 것이며,
37 나의 선지자를 통하여 너희들에게 전
하는 말은 무조건 이루어지며 그 뜻은
이루어진다, 그리고 '하나님께서 이루
어 주신다.' 하는 믿음을 갖는 자만이
그 영광을 얻을 것이니,
38 죽은 자를 살릴 수 있으며, 병든 자를
고칠 수 있으며, 물 위를 걸을 수 있으
며, 불 속을 걸어 나올 수 있는 그 권
능이 오로지 나에게만 있는 것을 믿지
않는 자에게, 내가 그들에게 영광을
내리지 아니함이니라.
39 그리고 너희들은 알아야 할 것이니라.
40 나를 따르는 나의 백성, 나를 진정 따
르는 나의 백성에게 내가 시련을 주지
아니함이니라.
41 나를 잘못 믿고, 나를 믿지 아니하며
죽음의 길로 가기 때문에 너희들이 시
련을 겪는 것이며,
42 나의 진정한 백성에게는 내가 시련을
주지 아니함이니, 너희들은 알아야 할
것이니라.
43 너희들은 소중한 너희 자식에게 시련
을 주고 고통을 주더냐?
44 어찌하여 너희들 인간도 너희 소중한
자식에게 너희 스스로 고통과 괴로움
을 주지 아니하면서 나는 사랑하는 내
백성에게 고통과 시련을 주는 사악한
어버이라 말하는 것이냐?
45 이를 너희들이 깊이 깨달아 마음을 정
립하도록 해야 하늘에 오르는 길을 볼
수 있음을 알라.

1,595 번째 하나님 말씀

2001년 10월 12일 21시

(강론을 마치며)

1 사랑하는 선지자야!
2 "네, 여호와 하나님! 말씀하옵소서."
3 너의 제자들에게 물어 이르라.
4 너희들이 세상에 나와 어려서부터 이
나이를 먹을 때까지 네 부모를 공경하
며, 부모를 사랑하며, 부모에게 순종
하는 자식으로서 자라도록 교육을 받
아 왔으며,
5 너희들의 머릿속에 항상 부모에게 효
도하는 자식이 되라는 가르침을 배워
왔으며, 그와 같은 생각을 하고 너희
들은 평생을 살아온 자들이니라.
6 지금도 너희들은 부모에게 '효도'라는
그 두 글자를 잊지 못하고 기억하고
있음이니,
7 그러나 너희들이 그리 듣고 그리 배워
왔고 너희들의 머릿속에 지금도 잊지
못하고 살아오는 부모에게 효도하는
그 정성이 과연 너희 부모의 무덤 앞
에 와 울며 네가 통곡할 때,
8 한 점의 부끄러움이 없는 부모에게 효
성을 다한 자식이라 자신 있게 말할
수 있겠느냐?
9 눈으로 보고 피부에 닿는 은혜와 은총
을 입은 너희 부모에게도 너희들이 그
효성을 다했느냐는 질문을 받았을 때
말 못하고 얼굴을 붉히고 돌아서는 것
이 지금 네 앞에 와 있는 너의 제자들

이 살고 있는 현실이며, 그들이 살아
온 형태이니라.
10 그도 하나 지키지 못하였으며, 그 효
도와 효성을 다하지 못한 그들이 나
여호와를 지키고 따름에 있어서 그 마
음의 뿌리가 어디까지 깊이 박혔다 생
각할 수 있겠느냐?
11 오늘 너는 그들에게 이르라.
12 너희들을 길러 주고 낳아 주며 너희들
이 평생 듣고 배운 부모에게 효성을
다하지 못하고 가슴 아파하며 부끄러
워하며 눈물을 짓는 그와 같이 후회하
는 형국으로 나 여호와 앞에 와서 더
무섭고 무서운 고통 속에서 후회하고
반성의 눈물을 흘리는 그와 같은 너희
들의 삶을 살아서는 아니 된다는 것을
너는 그들에게 깊이 깨우쳐 주어야 될
것이니라.
13 그와 같이 너희들이 낳아 주고 길러
준 부모에게도 효성을 다 못하여 그를
가슴 아파하며 통곡하고 운다 하면,
14 나 여호와 앞에 와 너희들이 죄짓고
살아온 그 벌을 받을 때, 너희들은 얼
마만큼 후회와 반성의 눈물을 흘리겠
는가?
15 그에 대한 대가를 너희들은 반드시 치
러야 함이니,
16 그리하여 너희들이 이와 같은 고통과
시련을 겪지 아니하는 것은 나 여호와
가 하늘에 존재하며,
17 나의 법전이 나의 성령을 태워 나의
피조물 만백성을 구하기 위하여 세상
에 내려보낸 것이며,
18 너희들이 오늘 나의 선지자를 통하여
듣는 이 음성이 나의 뜻임을 가슴 깊
이 새겨 두고 새겨 두어야만 할 것이
니,
19 그를 기억하여 가슴에 새기도록 하여
야 할 것이니라.
20 이것이 너희들이 너희 자신을 지킬 수
있는 나의 가르침이니 그리 전하도록
하라.
21 그리고 오늘 너의 제자 향이가 그 사
업장에 써서 붙였느니라.
22 오고 싶은 자 오며 가고 싶은 자 가되,
너희들이 주고 싶은 대로 주고 치르고
싶은 대로 치르라 그리 써 놓았음이
니, 그것은 나 여호와를 믿는 자가 실
천하는 행위이니라.
23 이 모두는 다 너희들의 것이니, 너희
를 대표하는 곳이며, 너희들의 얼굴을
대표하는 곳이며, 너희들의 형체를 대
표하는 곳이며, 너희들이 살아 있음을
대표하는 곳이며,
24 너희들이 나의 법전을 읽고 깨우쳐 가
며 변하는 모습을 보여 줌이니, 그 모
두가 대표하는 것이니라.
25 그것이 바로 너희들이 실천하는 것이
며, 모두가 너희들의 사업장이며 너희
들이 경영하는 곳이니,
26 너희들 것이라는 마음에서 그 현장을
돌아다보며 너희들이 그와 같은 마음
으로 세상사를 살아가는 데 한 점의
부끄러움이 없이 행해야 할 것이니라.
27 그를 보는 것은 너희들을 가르치고자
내가 그리 만들었음이니, 그게 바로
너희들을 대표하는 것이며, 너희들이
보고 깨달아 행해야 할 것이니 그리
깊이 깨달아 행하도록 하라.

1,596 번째 하나님 말씀

2001년 10월 13일 07시 10분

1 사랑하는 선지자야!
2 "네, 여호와 하나님! 말씀하옵소서."
3 너희들이 나를 만나며 나를 위하여 기도하며 경배하는 그 모습이 아름다운 모습으로써, 아름다운 옷으로 너희들이 단장하고 기도하는 것이 내가 기억해 주며 나에게 구원을 받는 길이라 생각하나,
4 그와 같은 외형의 너희들의 모습과 치장은 나와는 아무런 관계가 없음을 알라.
5 나를 향하며 나에게 오를 수 있는 길은 그러한 것이 아니니라.
6 있는 그대로 단정히 깨끗한 마음으로 나에게 기도드림이요, 너희들의 마음가짐의 문제이니라.
7 너희들 마음이 나의 계명을 지키며, 나의 율법을 지키며, 나의 뜻에 살아가며,
8 너희들이 말하는 남들에게 부끄럽고 더럽고 추한 죄를 짓지 아니하고 살아가고자 하며, 또한 그리 살겠다고 마음을 굳건히 가지며 너희들 가슴속에 뿌리를 내린다 하면,
9 그것만이 나에게 오를 수 있는 길이며, 내가 기억해 줄 수 있는 길이며, 내가 기뻐하는 길임을 너희들이 알아야 할 것이니,
10 나에게 경배하고 나에게 오르고자 기도하는 것은 너희들의 외형적인 행동과 외형의 가진 그 모습이 아님이니라.
11 마음에 있음을 알라.
12 실장이라 하는 자도 한 여인이니, 그 여인의 사업장에서 모두를 다 털어놓고 나의 이름을 내세워 나의 피조물 만백성이 편안한 마음으로 그곳에 들어왔다 나갔다 할 수 있게 함이니,
13 들어오는 자 편안히 들어오며 나가는 자 편안히 나갈 수 있는 그와 같은 형국을 이룬다 하면, 그것이 바로 내가 존재함을 너희들이 만백성에게 일깨워 줌이니라.
14 너희들이 그와 같이 행하고 그와 같이 써, 지나가는 자가 그 글을 읽고 고개를 갸우뚱하며 너희들을 찾아왔을 때,
15 들어오는 자 기쁜 마음으로 들어오며 나가는 자 기쁜 마음으로 웃으면서 편안히 갈 수 있도록 너희들이 해야 함이 또 남아 있음이니, 이를 명심하여 행하도록 해야 할 것이니라.
16 모든 너를 따르는 제자들이 그와 같은 마음으로 몸소 실천하고 행함으로써 내가 존재함을 알고 나를 진정 믿는 나의 백성들이 살아가는 모습을 알 것이며,
17 너희들은 나의 낙원에 와 너희들이 만든 소왕국, 지상의 에덴동산에서 너희들이 행하여야 할 일이 그 일이니,
18 지금 너희들이 살아가면서 그와 같이 몸소 실천하고 행함이 바로 너희들이 그 자리에 들어와 나의 대명을 이룰 수 있는 자로서 이미 훈련을 시작함이니,
19 너희들이 모든 생활에 있어서 정녕 나 여호와를 믿는 나로부터 선택된 백성들로서 하는 행동이 달라야 할 것이니라.

20 그리고 변화가 있어야 할 것이니 그리
알라.

1,597 번째 하나님 말씀

2001년 10월 13일 07시 15분

1 사랑하는 선지자야!
2 "네, 여호와 하나님! 말씀하옵소서."
3 내가 너에게 일러 말하였느니라.
4 너희들이 구원을 받기 위하여 너희들
이 만든 그 성전에 나가 주일을 바치
며, 시간과 모든 노동력을 바치며, 금
화와 은화를 바치는 그와 같은 행위를
낳아 주고 길러 준 너희 부모에게 1년
만 그리해 보라 하였느니라.
5 그리하면 주변으로부터 너희들이 천
사 소리를 들음이니, 그 천사 소리를
듣는 자는 나 여호와가 하늘에 존재함
을 만백성에게 일깨워 줌이며,
6 그 천사 소리를 듣는 자, 그에게 천사
의 날개를 달아 하늘에 오를 수 있도
록 한다 하였음이니라.
7 지금 바로 실장이 행하고 있는 그 일
이 그와 같은 뜻에서 이루어지고 있으
며, 나 여호와를 믿고 경배하는 자의
행위와 행동이 남들과 다름을 보여 줌
이니,
8 그게 바로 나의 피조물 만백성을 일깨
우는 것이며 주변으로부터 천사 소리
를 듣는 그와 같은 형국이니라.
9 나를 믿고 나를 따르며 나에게 경배하
며 나의 법전을 갖고 공부하고 깨우침
을 얻는 나의 피조물 만백성은 살아감
에 있어서 그와 같은 행위로써 세상을
살아가고 너희 자신을 지킬 때,
10 나의 피조물 만백성이 너희들을 보고
따라올 수 있음을 알아야 할 것이니,
이를 깊이 깨우쳐야 할 것이니라.

1,598 번째 하나님 말씀

2001년 10월 14일 07시 20분

1 사랑하는 선지자야!
2 "네, 여호와 하나님! 말씀하옵소서."
3 너희들이 나의 법전을 세상에 전하여
나를 믿고 나를 따르는 진정한 나의
백성들의 어렵고 힘든 그 고비를 네가
들어주어 그들이 내가 존재함을 깨우
치며 즐겁고 행복한 마음으로써 나 여
호와를 찾도록 하라 하였음이니,
4 그러나 그들이 다 나의 법전을 세상에
전하는 것만을 생각해야 할 것이며,
5 저희들의 이익이나 저희들의 부를 위
하여 생각을 하고 같이 참여한다 하
면, 이는 나의 책, 나의 법전이 세상에
나갈 수 없음을 모든 너의 제자들에게
가르치라.
6 오로지 마음을 비우며, 나의 법전을
저희들이 사서 세상에 전한다는 마음
을 가지는 그것만이 저희들의 뜻을 이
룰 수 있는 길이며,
7 그들이 그 외에 딴생각을 하고 나의
법전을 전하는 사업에 참여한다 하면,
단 한 사람이라도 그러한 자가 있다
하면 나의 법전이 세상에 나가 빛을
볼 수 없음이니 이를 명심하라.
8 모두는 다 오로지 나의 법전을 전하
며, 나의 뜻을 전하며, 나의 피조물 만
백성이 나의 법전을 읽고 깨우쳐 하늘
에 오르는 길을 바라볼 수 있는 거기

에만 뜻을 두어야 될 것이며,
9 그리했을 때 내가 그들의 모든 뜻을
이루어 줄 것이니,
10 이것이 바로 다른 나의 피조물 만백성
과 정녕 나를 보며 나에게 길이 있으
며 나의 뜻에 따라 하늘에 오르고자
하는 자들의 다른 점이니, 이 점을 명
심하여 행하도록 그리하라.
11 그리고 성전에서 결혼하는 그 부부는
이 달을 넘지 아니하도록 그리하라,
선지자야!

1,599 번째 하나님 말씀

2001년 10월 14일 12시 15분

(강론을 마치며)

1 사랑하는 선지자야!
2 "네, 여호와 하나님! 말씀하옵소서."
3 너희들이 나의 계명을 외우느니라.
4 이 세상 많은 나의 피조물 만백성이,
그리고 하늘에 오르기 위하여 기도하
며 경배하는 자들이, 그리고 너희들이
감히 구두를 신고 들어갈 수 없는 호
화찬란한 성전을 차려 놓고 기도하는
그 나의 피조물 만백성이 그리 말하느
니라.
5 '우리는 인간이기 때문에 십계명을 지
킬 수 없다.' 말하느니라.
6 그리고 '우리는 그대로 살 수 없다.'
말하느니라.
7 너희들은 여기서 하나 깨우쳐야 될 것
이니라.
8 너희 육신의 가정에도 어버이가 너희
가정의 가훈이라 하여 자식에게 성실
하게 살라, 그리고 건실하게 살라, 그
리고 부끄럼 없는 삶을 살라, 이와 같
이 기록하며 붙여 놓음이니라.
9 너희 자식들에게 그렇게 살고 아름답
게 살아 어버이의 뜻을 따라 달라 하
여 기록하는 가훈이라는 것은 그 부모
의 뜻과 마찬가지이니라.
10 이 세상 만물을 창조한 나 여호와가
너희들을 창조하면서 너희에게 이르
기를, 너희들이 세상에 나가 살아가면
서 지켜야 할 것이 나의 계명이요, 십
계명이라 하여 내가 불로써 바위에 직
접 써 그를 너희들에게 내렸으나,
11 지금 나의 믿음을 가진 많은 종파의
지도자들이 무어라 말하느냐?
12 그를 지킬 수 없다 하며 인간이기에
그를 지키며 살 수 없다 말함은 인간
으로 말하면 '나는 어버이의 뜻을 따
르지 아니하겠다.'는 것과 같은 것이
며,
13 나 여호와에게 비하면 '여호와 하나님
이라는 분이 하늘에 존재하지 아니하
다.' 하여 나를 가르치는 자들이 단상
에 서서 부르짖는 것과 마찬가지이니
라.
14 지도자라 하는 자가 단상에서 순박하
고 순수한 나의 피조물 만백성을 집합
시켜 떡과 금화를 가져오라 소리 지르
면서 나 여호와가 존재하는 하늘에 오
르는 길을 인도한다 소리 지르느니라.
15 그러면서 그들은 무어라 말하느냐?
내가 너희들에게 지키며 살다 하늘에
오르라는 그 계명을 지킬 수 없다 부
르짖음이니,
16 그들은 금화와 은화를 가져오라 하며
소리 지르기 위하여 나를 찾는 것이

며, 내가 존재하지 아니한다 말하는
형국에 지금 이르렀음이니라.
17 이를 바로잡기 위하여 내가 선지자 너
를 통하여 이 세상 피조물 만백성 중
에서 가장 십계명을 많이 외우는 자가
되라 하였으며,
18 너의 제자들에게 '여호와 하나님! 감
사합니다.'를 제일 많이 찾으라 내가
너에게 명하였음이니라.
19 너희들 또한 마찬가지이니라.
20 너희들이 아름다운 웅장한 성전이라
는 곳을 차려 놓고 금화와 은화를 가
져오라 소리 지르는 그들과 다른 점이
있다 하면 너희들이 바로 십계명을 지
키라 함이니라.
21 너희들은 나의 십계명을 외치며, 또
너희들이 부르짖으며, 나의 선지자가
기도하며 부르는 그 소리를 들음이니,
22 '간음하지 말라, 도적질하지 말라, 살
인하지 말라, 이웃 것을 탐내지 말라.'
수천수만 번을 들으면서도 너희들이
그를 행하지 아니한다 하면,
23 이제는 성전에 나가 '여호와 하나님이
존재하지 아니하다' 하여 십계명을 지
킬 수 없다고 부르짖는 그 잘못된 종
교 지도자들에게 내리는 벌보다도 이
성전에 와 십계명을 외우는 소리를 들
으면서 실천하지 아니하는 너희들의
벌이 더 크며,
24 끓는 기름 가마 속에 너희들이 영원히
들어간다는 것을 오늘 이후부터 알아
야 할 것이니라.
25 너희들은 선지자가 부르짖는 십계명
을, 너희들이 암송하는 그 십계명 구
절구절을 하나하나 가슴속에 새겨, 이
를 실천하고 지키는 자가 되었을 때
너희들이 지금 잘못 가는 종교 지도자
들의 가르침과 부르짖음과 다름이며,
26 그것은 잘못 가는 나의 피조물 만백성
을 구원하여 하늘에 오르는 길로 인도
할 수 있는 길이니,
27 나의 성령을 태워 내리는 이 나의 법
전에 따라 너희들이 행하며, 내가 간
곡히 너에게 이르니,
28 너희들은 십계명을 지키는 나의 백성
들이 되어 주기를 바라며 오늘 너희들
에게 나의 애절한 마음을 전하니 그리
알라.

1,600 번째 하나님 말씀

2001년 10월 15일 0시 25분

1 사랑하는 선지자야!
2 "네, 여호와 하나님! 말씀하옵소서."
3 이 깊은 밤 조용히 네가 기도를 드리
며, 나의 메시지요, 나의 성령을 받아
나의 피조물 만백성을 하늘로 오르는
길에 인도하고자 네가 또한 기도함이
니, 내가 그 뜻을 알고 있음이니라.
4 세속의 모든 인연을 끊으라 함은, 선
지자야, 그로 인하여 너 자신이 마음
을 다스리는 그 길이 더 어렵고 힘들
기에 내가 너에게 너 자신을 스스로
다스리며 모든 인연의 고리를 끊으라
함이니라.
5 내가 너에게 가르쳐 이르지 않았더
냐? 생각조차도 하지 말며 생각의 뿌
리까지도 뽑아내야만 네가 모든 걸 다
지울 수 있으며 잊을 수 있다 말하였
거늘,

6 네가 인간관계의 고리를 끊지 못하면
그로 인하여 네가 인간으로 돌아가고
자 하여 네 생활에 파장을 이룸을 감
내할 수 없음이니,
7 그리하여 내가 너에게 끊으라 하는 그
어려운 길을 가도록 명함이니라.
8 네가 바로 서야 너의 제자들이 바로
서며 너를 따르는 만백성이 바로 설
것이니,
9 선지자야, 너 하나 희생하여 너의 모
두를 다 태워 버리며, 너의 모두를 다
바람에 날려 보내라.
10 너는 이 세상에 육신이 존재하지 아니
하는 나의 선지자이니, 그 길을 네가
가야만 할 것이니라.
11 너 하나 희생하여 만백성을 구하는 길
이라면 너는 어찌하겠느냐?
12 그것이 너 자신을 희생하는 길이 아님
이니라. 너 자신을 희생하여 만백성을
구하라 함이 아니니라.
13 너 자신이 갈고 닦아 네가 정도의 길
을 가며,
14 네가 구원을 받아 하늘나라에 올라와
내가 명하는 낙원에 가 있을 수 있으
며 내 옆에 오를 수 있는 나의 선지자
가 되라 함이니,
15 너를 희생하라 함도 아닌 것이니라.
16 너 자신을 희생하여, 너를 태워서 나
의 피조물 만백성을 구하라 하기 전
에, 너 자신이 구원을 받는 그 길이 네
가 희생하는 길이라 그리 생각하는 것
이니,
17 너는 너 자신을 희생하여 나의 피조물
만백성을 구원하는 길을 간다 생각하
지 말라.
18 우선 네가 먼저 구원받으며 네가 선택
받음이니, 너 자신이 영혼을 구원을
받는 그 길을 가라 함이니,
19 첫째는 너 자신을 구하라는 것이요,
둘째는 너를 구함으로 해서 너의 제자
와 너를 따르는 나의 피조물 만백성이
너를 보고 구원을 받을 수 있도록 너
에게 모범 된 삶을 살라 명하는 것이
니,
20 이를 네가 실천에 옮겨야 할 것이니
그리 알라.

1,601 번째 하나님 말씀

2001년 10월 15일 08시 15분

1 사랑하는 선지자야!
2 "네, 여호와 하나님! 말씀하옵소서."
3 너를 따르는 제자들과 너를 따르는 나
의 피조물 만백성은 나의 성령을 받아
기록하여 그들에게 일깨워 주는 나의
법전과 네가 기도로써 나의 음성을 들
어 그들에게 전해 주는 것을 세상에
더없는 보배처럼 알며 그들이 깨우치
고자 여기에 모여 있음이니라.
4 그러니 그들의 행실을 남들이 봤을 때
과연 나 여호와를 따르는 자는 다르다
는, 그리고 행함이 바르다는 것을 보
여 주고 실천하는 삶을 살라 내가 말
하니,
5 직접 들으며 나의 형상을 보며 모두를
다 나의 성령으로써 일깨워 줌을 직접
받고 듣는 너는 그들보다 열배 백배
더 바르고 곧은 길이 아니면 가지 아
니해야 될 것이며,
6 너는 바로 천사와 같은 형태로써 하루

를 살아감으로 인하여 그들에게 네가
부끄럽지 않은 삶을 사는 선지자가 됨
이니,
7 그러한 삶의 모습에서 나의 피조물 만
백성이 깨우쳐 하늘에 오르고자 구름
떼와 같이 모여들 것이니라, 선지자야!
8 내가 너를 사랑하고 아끼노라.
9 그러나 십자가에 못 박혀 고통스럽게
죽어 가도록 하여 나의 피조물 만백성
을 위하여 나의 아들 예수가 걸었던
그 길만큼 네가 고통스럽더냐?
10 너는 그만큼 고통스럽지 아니하니라.
11 그러나 나의 모두를 태워서, 나의 성
령의 모든 가슴을 태워서 너에게 전해
주어 그를 받아 기록하는 네가 천사와
같은 형태로써 변하지 아니한다 하면
나의 아들 예수가 피 흘려 죽어 가는
그 모습을 바라보는 그 고통보다도 더
내 가슴이 아프고 저려옴이니,
12 선지자야, 너는 이를 깊이 깨우쳐야
할 것이며, 너의 제자들 또한 바르고
곧게 살아가지 아니한다면 그때의 나
의 심정보다 더 고통스럽다는 것을 그
들에게 전해 주어 그들의 마음을 일깨
워 주도록 하라, 선지자야!
13 "여호와 하나님! 알겠사옵나이다.
14 하나님께서 어찌 가라 하시는지를 알
겠사옵나이다.
15 저의 죄를 용서하여 주옵소서.
16 저의 죄를 용서하여 주옵소서.
17 하나님께서 바라시며 원하시는 그 삶
을 살아가겠사옵나이다."

1,602 번째 하나님 말씀

2001년 10월 16일 0시 05분

1 사랑하는 선지자야!
2 "네, 여호와 하나님! 말씀하옵소서."
3 2천 년 역사가 흐르기 전에 나의 아들
예수가 나로부터 명을 받아 한 가난한
목수의 가정에, 마구간에서 태어나 그
가 성장하여 나의 성령과 나의 음성과
나의 뜻을 받아 행할 때 그는 나의 뜻
을 어긴 적이 없으며, 나의 뜻을 거역
한 적이 없으며,
4 네가 가훈이라 하여 너의 제자들에게
전하여 주는 '하늘을 향하여 한 점의
부끄럼이 없는 삶'을 예수가 살았음이
니라.
5 그도 성장기에 인간의 형체로 살았으
며 인간 속에서 살았으며 많은 세월
동안 인간 속에서 인간의 삶을 영위하
였으나,
6 나의 뜻에 의하여 나의 피조물 만백성
을 구하고자 행적을 이룰 때 그는 한
점의 부끄러움이 없이 살았으며 나 여
호와의 뜻을 거역한 적이 없음이니라.
7 사랑하는 선지자야!
8 너는 지금 나의 성령을 태워 나의 피
조물 만백성을 구하기 위하여 세상에
내려보내는 메시지를 네가 가슴으로
받아 그를 기록하여 만백성을 구하는
법전을 세상에 만들었음이니,
9 예수가 살아온 그 인생의 삶이나 네가
살아온 그 인생의 삶이나 인생의 삶은
같거늘,
10 예수는 그 모두를 지켰으며 그 모두를
실행하였으며 한 점의 부끄럼이 없는

삶을 살았으나, 너는 어찌하여 그와
같이 살 수 없는가?
11 이는 순종하지 아니하며 순종하지 못
함이니라.
12 네가 나 여호와에게 순종하며 나의 뜻
을 따른다 하면 내가 너에게 명한 것
을 지키지 못함이 없을 것이며, 네가
하늘을 향하여 한 점의 부끄럼이 있는
삶을 살아서는 아니 될 것이니,
13 너 또한 예수와 같은 삶을 살 수 있음
이니라.
14 그를 실행하고 실천해야 할 것이니,
선지자야, 너의 마음가짐과 네 마음속
의 결정함과 네 마음속의 결단과 네
마음을 다스리는 그 용기가 필요함이
니,
15 너도 예수와 같은 삶을 살 수 있음이
니, 그리 행하고 그리 살아야 할 것이
니라, 선지자야!

1,603 번째 하나님 말씀

2001년 10월 16일 07시 30분

1 사랑하는 선지자야!
2 "네, 여호와 하나님! 말씀하옵소서."
3 너희 육신의 인간관계에서도 죄짓는
자, 그에게 죄를 짓지 아니하도록 달
래는 자가 있으며,
4 너희들 형제 또한 잘못 살고 죄를 짓
는 자, 너희들이 그를 죄짓지 아니하
도록 훈계하며 깨우치며, 너희 자신들
스스로 또한 죄짓지 아니하고 살려고
노력하고 있음이니라.
5 육신의 인간이 벌하며 인간이 체벌하
는 그 죄를 너희들은 짓지 아니하려
노력하나,
6 영원히 사는 나의 나라에 와 너희들이
죄의 대가를 받는다는 것은 모르고 살
고 있음이니,
7 길거리에 나가 수많은 나의 피조물 만
백성, 그 얼굴들과 그들을 보라.
8 수많은 너희들 형제라 말할 수 있는
나의 피조물들이 나 여호와가 존재함
을 모르며, 죽어 하늘에 와 심판받는
다는 것을 모르고 육신의 안일을 위하
여 그저 살아가니,
9 그들이 나 여호와 앞에 얼마나 크고
무서운 죄를 짓고 있는가?
10 그들을 너희 형제라 생각하며 그들을
너희 자신들이라 생각하며 내가 그들
을 구원하도록 한 것이 너희들이니라.
11 너희들 육신 관계에 살다 육신의 인간
으로서 심판하는 그 죄는 무서워 너희
들이 짓지 않으려 발버둥치고 노력하
나,
12 영원히 사는 하늘나라에 와 너희들을
창조한 나 여호와가 심판할 때 나에게
죄를 받지 아니하며 죄를 짓지 않고
살려 하는 자가 없음이니,
13 그들을 바로 일깨워 주라 함이 나의
법전이요, 너희들이니라.
14 육신의 죄가 무섭기 전에 영원히 사는
하늘나라에 와 너희들이 살며 지은 그
죄의 대가를 받는다는 것을,
15 그리고 그는 영원히 불변의 속에서 그
죄의 대가를 치르며 살아가야 한다는
것을,
16 이를 나의 피조물 만백성에게 너희들
이 깨우치며, 나의 법전을 전하여 그
들이 하늘이 있음을 알며,

17 창조주인 나 여호와에게 너희들이 죄
를 짓지 아니하고 살다 나에게 돌아오
는 그 길을 깨우쳐 주라 함이니,
18 이것이 얼마나 중대한 일인가 너희들
이 깨달아야 할 것이니라.
19 하늘에 오르는 진정한 길을 모르며 나
를 모르고 살아가며 죄를 짓고 있는
길거리에 다니는 그 수많은 인간들이
가는 발길을 멈춰 나의 법전을 읽고
깨우치도록,
20 그들이 너희들의 형제요, 너희들 자신
이라는 마음을 갖고 나의 법전을 전하
며 만백성을 구하는 데 열과 성의를
다하는 마음을 가질 때, 나의 법전이
봄바람처럼 세상을 덮을 것이니,
21 너희들은 이를 명심하여 시행하도록
하라.

1,604 번째 하나님 말씀

2001년 10월 17일 06시 50분

1 사랑하는 선지자야!
2 "네, 여호와 하나님! 말씀하옵소서."
3 너희들이 살아가면서 병든 자 고쳐 주
며, 쓰러지는 자 일으켜 세우는 것만
이 기적이라 생각하지 말라.
4 모든 너의 제자들과 너를 따르는 나의
피조물 만백성이 마음을 비우며 곱고
아름다운 자세로 하늘에 오르고자 하
였을 때,
5 그 기도는 저승과 이승을 넘나드는 능
력이 있음이니, 그것이 바로 너희들이
산 육신의 병을 고치는 기적보다 더
위대함이니,
6 죽은 자 구원할 수 있는 너희들의 기
도라 하면 그보다 더 위대한 기적과
영광이 어디 있겠는가?
7 너의 제자들의 기도 소리를 듣기 위하
여 많은 떠도는 귀신의 영들이, 그들
의 형제요, 그들의 부모들이 그들에게
애원하며 갈구하고 있음이니,
8 너희들의 기도 소리야말로 죽은 자를
구원할 수 있는 능력이 있다 하면, 그
것이 너희들의 어마한 기적임이니라.
9 내가 선지자 너에게 일찍이 깨우쳤느
니라.
10 마음이 하얗고 고운 자의 기도 소리는
하늘에 와 닿음이라 하였으니,
11 하늘에 와 닿는 그 기도 소리를 듣고
자 하는 자들이 얼마나 아우성인지 너
희는 모를 것이니,
12 이것이 바로 너희들이 직접 이루는 기
적의 은혜이니라.
13 너를 따르는 너의 제자들 중 깨우치는
자들이 많은 기적을 이룰 것이며,
14 그 기적은 저승과 이승이라 하는 너희
들이 말하는 하늘과 이 땅의 모두를
다 감동시키며 감화시킴이니, 그보다
더 위대함이 없느니라.
15 너희들은 그저 말할 수 있음이니라.
16 '여호와 하나님! 저의 돌아가신 부모
를 기억하여 주옵소서, 돌아가신 저희
들의 형제를 기억하여 주옵소서.' 오
로지 그리 기도만 해야 할 것이며,
17 그 기도가 나에게 들릴 수 있도록 너
희들의 몸가짐과 마음가짐을 곧고 바
르게 할 때, 이룰 수 없는 기적이 이루
어짐이니,
18 그것이 병든 자 살리는 것보다 더 위
대한 기적임을 너희들이 알아야 할 것

이니라.
19 내 사랑하는 선지자야!
20 "네, 여호와 하나님! 말씀하옵소서."
21 나의 피조물 만백성이 나의 아들이요, 딸이라 내가 이르노니, 너 또한 나의 아들이니라.
22 나의 아들 중에 네가 너희 형제를 구원하는, 나 여호와가 믿고 신임하는 자식이라 함이니, 그리 생각하면 될 것이니라.
23 그러기에 네가 소중한 나의 자식이며 나의 종이며 나의 선지자이니라.
24 만백성을 깨우치는 선지자요, 하늘의 나의 종이요, 나의 피조물 만백성의 가장 낮은 자요, 그들의 종이며 너는 나의 아들임을 알라.
25 너의 머리끝 하나, 너의 살붙이 하나를 접하고 만질 수 있는 그 영광이 얼마나 위대한 것인가를 너희들이 알 날이 있을 것이니라.
26 너를 따라 깨우치는 너의 제자들의 기도 소리가 하늘에 들린다 하면 그들을 깨우쳐 인도하는 너야말로 나에게 얼마나 소중한 자식인가를 너 스스로 알아 행동해야 할 것이니라, 선지자야!
27 아무나 가까이 할 수 없으며 아무나 네 옆에 둘 수 없음이니, 이것이 남들과 다른 점이니 그리 알아 행동하라, 선지자야!

1,605 번째 하나님 말씀

2001년 10월 17일 21시

(강론을 마치며)

1 사랑하는 선지자야!
2 "네, 여호와 하나님! 말씀하옵소서."
3 보이지 않는 네 마음속에 흐르는 그 눈물을 너는 거두어야 될 것이니라.
4 네가 무엇을 생각하며 네가 무엇을 이루고자 하는지를 내가 다 알고 있음이니, 네 마음속에 흐르는 그 너의 눈물을 거두어야 할 것이니라.
5 네 앞에 와 나를 경배하며 기도하는 자, 수없이 많은 사람이 모여들 것이니,
6 그 천태만상의 사람들의 성격이 다 다르듯이, 천태만상의 질병에서 허덕이는 자, 고통 속에서 허덕이는 자, 수없이 네 앞에 모여 올 것이니,
7 그들은 네가 알아서 생각하기 전에 내가 나 여호와의 뜻에 의하여 너로 하여금 동요하며 움직이도록 할 것이니, 너는 마음에 괴로워하지 말라.
8 그리고 너는 자신 있게 당당하게 내가 너에게 명하는 것을 행하고 실천하면 될 것이니, 너는 두려워 눈물 흘리지 말지니라.
9 너는 말하였느니라.
10 한 사람의 아픈 자, 너를 찾아와 이 성전에 기도하는 그의 이름을, 너의 제자들이 기도할 때 그 이름을 기억하라 하였으며, 그 이름을 나에게 불러올리라 하였으니,
11 너희들이 아름답고 깨끗한 마음으로써 기도하며, 그 기도 위에 부르는 그 이름을 너를 통하여 내가 기억하게 될 것이니,
12 그의 은혜와 은총은 네가 알 수 없음이니 그리 알라.
13 사랑하는 선지자야!

14 "네, 여호와 하나님! 말씀하옵소서."
15 너는 너의 제자들에게 일러 확실히 깨
우쳐야 할 것이니라.
16 이 세상 나의 피조물 만백성이 기도하
는 것은 오로지 나의 법전을 접한 자
의 기도만이 너를 통하여 하늘에 오른
다 하면 이는 얼마나 무서운 이야기이
던가?
17 저희들이 새벽잠을 자지 아니하며 기
도하며, 저희들이 무엇을 얻고자 울부
짖으며, 저희들의 영혼을 구하고자 기
도하며 울부짖는 그들의 기도 소리가,
18 나의 법전을 접하지 아니하여 그것이
하늘에 오를 수 없다 하면, 이 지구의
많은 피조물 만백성이 어찌하겠는가?
19 그들이 얼마나 허무하겠는가?
20 그들에게 너희들이 이와 같은 말을 할
때, 그들은 너희들의 말을 믿지 아니
할 것이니라.
21 다락방 같은 곳에 모여 기도하는 너희
들의 그 기도 소리만이 선지자 너를
통하여 하늘에 오른다 하면 그들은 믿
지 아니할 것이니라.
22 그리고 너희들을 이 지구요, 너희들이
사는 이 낙원에서 그들은 펴내 버리고
자 할 것이니라.
23 그러나 이는 엄연한 사실이니라.
24 여기서 너의 제자들이 하나 깨우쳐야
할 것이니라.
25 이 지구상의 피조물 만백성 중 너희들
이 기도하는 것만이 하늘에 접한다 하
면 너희들은 어떠한 일을 해야 되겠는
가?
26 빠른 시간 내에 많은 나의 피조물 만
백성이 나의 법전을 접하며 읽도록 해
야 된다는 너희들의 대명을 알아야 될
것이니라.
27 지금의 많은 피조물 만백성이 드리는
기도가 하늘에 오르지 아니하며, 구원
받고자 그들이 몸부림치는 그것이 나
와는 아무런 관계가 없으며,
28 나의 법전을 통하여 깨우치는 자가 기
도하는 그 기도 소리가 나의 선지자가
서 있는 그 한 점을 통하여 나에게 들
린다 하면,
29 너희들이 나의 피조물 만백성을 구원
하는 길은 나의 법전을 만백성에게 전
하는 그것뿐이니,
30 너희들이 오늘부터 그것을 연구하며
그를 생각하는 것을 너희들의 머릿속
에 두며,
31 잠을 자나 걸으나 생각하나 나의 법전
을 세상에 전할 것을 생각하는 자에게
내가 그 지혜를 줄 것이니 너는 그리
알라, 선지자야!

1,606 번째 하나님 말씀

2001년 10월 18일 0시 25분

1 사랑하는 선지자야!
2 "네, 여호와 하나님! 말씀하옵소서."
3 나의 아들 예수가 세상에 나가 나의
피조물 만백성을 일깨워 주고자 너희
와 같이 행할 때,
4 오로지 지상에 있는 모든 나의 피조물
백성들이 기도할 수 있는 것은 나의
아들 예수를 통해야만 내가 접할 수
있다 말하였음이니,
5 지금은 어찌 되었더냐?
6 지금은 나의 성령을 태워 나의 가슴에

있는 모두를 너에게 전하여 열여섯 권
의 법전을 만들어 만백성을 구하고자
하는 나 여호와에게 너를 통하여 드리
는 그 기도만이 들림이니,
7 또한, 너의 제자와 너를 따르는 모든
백성들에게 나의 빛을 너를 통하여 전
하게 되어 있음이니,
8 그리하여 네가 한 점의 부끄러움이 없
는 사람으로서, 한 점의 부끄럼이 없
는 나의 종이요, 선지자로서, 나의 아
들로서 자리를 지키고 확고히 서 있을
때 모두가 다 이루어짐이니,
9 네가 얼마나 소중하며, 너의 행동이
얼마나 귀하며 얼마나 어려움이 있는
가를 너는 깊이 깨달아야 할 것이니라.
10 "전지전능하신 여호와 하나님 아버지
께 이 죄 많고 불쌍한 인간이 기도를
드리옵나이다.
11 이제 제 마음에, 가슴에 검은 마음이
없어지며, 하얀 마음으로써 저 자신이
가벼움을 느끼고 있으며,
12 이제는 여호와 하나님께서 어찌 제가
가야 하는지 저에게 깊이 깨달음을 주
시며, 제가 실천할 수 있는 용기를 주
시며, 길을 열어 주심이니,
13 깨닫고 느끼는 그대로 행동하며 실천
하며 앞으로 나아가겠사옵나이다.
14 아직도 가슴을 짓누르는 검은 마음을
송두리째, 뿌리째 뽑아내라는 여호와
하나님의 그 말씀을, 나무의 뿌리를
뽑아내듯이 모두를 다 뽑아내라 하시
는 그 말씀을 알겠사오며,
15 다만, 이는 저 자신이 아니라 여호와
하나님의 성령과 권능의 은혜와 은총
을 입는 속에서만 이루어질 수 있음을
또한 제가 깨달았사옵나이다.
16 아버지께서 저를 인도해 주시며, 저를
깨우쳐 주시며, 제가 행해야 될 의의
와 뜻과 길을 알게 비춰 주심을 감사
드리오며,
17 그와 같이 저를 위하여 내리시는 그
하명의 뜻과 깨달음에 따라서 저 자신
이 열심히 변하여 가겠사옵나이다.
18 이 불쌍한 인간을 거두어 주옵소서,
아버님!"

1,607 번째 하나님 말씀

2001년 10월 18일 07시

1 사랑하는 선지자야!
2 "네, 여호와 하나님! 말씀하옵소서."
3 나의 모든 은혜와 은총이 너를 통하여
나의 피조물 만백성에게 전해진다 하
였음이니,
4 천사의 삶이며 천사의 세상이요, 천사
들이 살아가는 그 빛이 그대로 지상에
너를 통하여 내려가게 됨이니, 이는
곧 네가 천사가 되어 있어야 되느니라.
5 그렇지 아니하면 너를 따르는 제자들
과 나의 법전을 읽고 깨우쳐 하늘에
오르고자 하는 그 많은 나의 피조물
만백성의 기도와 소원의 소리가 하늘
에 들리지 아니함이니,
6 네가 천사가 되어야 함을 알아야 할
것이니라.
7 그리하지 아니하면 모든 기적이 이루
어질 수 없으며 나의 모든 은혜와 은
총을 너희들이 받을 수 없음이니,
8 그리하여 내가 너에게 이르기를, 예수
와 같은 삶을 살라 하였으며 하늘을

향하여 한 점의 부끄러움이 없는 삶을
살아가라 말하였으니 그리 시행해야
할 것이니라.
9 그것만이 네가 병든 자, 죽어 가는 자
를 고칠 수 있으며, 나의 은혜의 성령
을 그대로 받아 시행할 수 있음이니,
10 나의 성령의 열여섯 권의 법전을 통하
여 지상에 나가 만백성에게 전하고 가
르침은 곧, 내가 임하여 세상에 내려
가 있음과 같음이니,
11 나를 대신하여 움직이고 대신하여 행
동하며 나를 대신하여 피조물 만백성
에게 보여 주고 깨우쳐야 하는 네가
어찌하여야 되겠는가?
12 이를 깊이 깨우쳐 행하도록 하라, 선
지자야!

1,608 번째 하나님 말씀

2001년 10월 18일 20시 15분

1 사랑하는 선지자야!
2 "네, 여호와 하나님! 말씀하옵소서."
3 오늘 너를 찾아온 사람과 같은 자들이
너를 핍박하며 무엇인가 너에게 약점
을 찾고자 찾아오는 자 수없이 많이
있을 것이니,
4 이제는 네가 사람들을 직접 만나지 말
며 너의 제자들이 먼저 만나 그를 완
전히 파악하며 구분한 다음에 네가 그
들과 상면하도록 할 것이며,
5 그들은 너희들이 공부하는 주일과 수
요일과 금요일에 참석하는 것으로써
그들을 안내할 것이며,
6 선지자 네가 직접 사람을 만나 갑론을
박하는 일이 없도록 그리해야 할 것이
니라.
7 성전에 근무하는 너의 제자들과 너를
따르는 백성들이 먼저 그들을 만나서
충분한 대화를 나눈 다음에 그들이 너
희가 공부하는 그 시간에 참석한 후에
네가 사람을 만나도록 그리해야 할 것
이니,
8 외부에서 찾아오는 자, 네가 약속하며
네가 시간과 장소를 언약하여 그 시간
에 만나는 그와 같은 일을 앞으로 삼
가야 할 것이니 그리 알라.
9 나의 이 깊은 뜻을 네가 새겨 행동해
야 할 것이니, 그를 명심하여 앞으로
행하도록 하라, 사랑하는 선지자야!

1,609 번째 하나님 말씀

2001년 10월 19일 08시 25분

1 사랑하는 선지자야!
2 "네, 여호와 하나님! 말씀하옵소서."
3 나의 아들 예수가 그와 같이 어렵고
힘든 고행의 죽음으로써 나의 피조물
만백성을 구하고자 하여 그가 하늘에
오른 후,
4 이제는 나의 피조물 만백성을 구하기
위하여 나의 성령으로써 네 가슴을 통
하여 열여섯 권을 세상에 내보내니,
5 나의 법전을 읽고 깨닫는 자, 나의 법
전을 손에 접한 자, 나의 법전을 가슴
에 접하여 '여호와 하나님! 저의 죄를
용서하여 주옵소서.' 하고 기도하는
자들만이 너를 통하여 나에게 오를 수
있다 말하였으니,
6 이 말을 듣는 너와 너의 제자들이 황
당하며 그를 이해하지 못하며, 이는

있을 수 없는 일이라 너희들이 생각할
것이나,
7 이스라엘 그 민족이 어찌 되었더냐?
8 한 민족인 그들로부터 나를 믿으며,
내가 존재함을 믿으며, 그들로부터 나
여호와를 찾게 됐으며, 나의 아들 예
수가 그 백성부터 이끌었음이니,
9 바로 오늘 이 동양에 네가 있어 이 동
양의 한 작은 나라의 민족으로부터 깨
우치기 시작하여 나의 법전이 그들에
게 전하여져 그들을 구원하며,
10 이가 세상에 점점 전하여져 세월이 흐
름에 따라 천 년, 2천 년 역사가 흐른
다음에 나의 피조물 만백성은 이를 접
하게 될 것이니,
11 그와 같은 세월이 가기 전에 내가 바
람처럼 세상에 전한다 하여 10년 안
에 나의 법전을 이 세상에 있는 나의
피조물 만백성이 접할 것이며, 그들의
손과 입을 통하여 나의 법전을 전하며
접하며 그들이 기도하는 길이 있을 것
이니,
12 너희들은 최초 내가 이끄는 백성을 모
세가 저희 백성들로 하여금 내가 있음
을 깨우치며, 나의 아들 예수가 내가
있음과 하늘에 오르는 길이 무엇인지
깨우치듯이,
13 지금 바로 동양의 작은 나라에서 나의
성령이 꽃을 피우기 시작함이니,
14 너희들은 황당하다 생각하지 말며, 너
희들만이 축복받음을 당황하지 말며,
이는 있을 수 없는 일이라 너희들이
생각하지 말라.
15 그게 바로 나의 믿음에 대한 약함이며
너희들이 확신이 없음이니,
16 이를 믿고 너의 제자들이 자신과 용기
를 가지며 나의 법전을 이웃의 한 사
람에게 전하는 데 너희들의 생명을 내
놓는 그런 마음으로 임하라 그리 깨우
치라, 선지자야!

1,610 번째 하나님 말씀

2001년 10월 19일 21시 20분

(강론을 마치며)

1 사랑하는 선지자야!
2 "네, 여호와 하나님! 말씀하옵소서."
3 너희들이 하나의 성곽을 이루기 위하
여 돌담을 쌓는다 하면, 큰 돌과 작은
돌과 그 모형에 맞춰 쓰이는 돌이 있
다 내가 너에게 일찍 깨우쳐 주었음이
니,
4 오늘 나의 성전에 모여 있는 너의 제
자들이 또한 그와 같이 그 요소요소에
필요한 자들이기 때문에 선택되었으
며 준비된 자들이니라.
5 네가 너의 제자들에게 이제 세례를 내
릴 것이며, 내가 존재함과 나의 영광
을 그들의 가슴에 심어 줌이니, 이는
너희들이 하나가 됨이니라.
6 지금 많은 나의 피조물, 종파에 속해
있는 수많은 사람들이 한 사람의 설교
하는 종교 지도자에 따라 '아멘'이라
부르짖으며 기도하고 찬송하나,
7 그들은 백사장의 모래알만큼도 결속
됨이 없으며, 저희들의 이익과 이해관
계에 따라서 그들은 물과 같이 쓰러져
감이니라.
8 그러나 너희들은 그리할 수 없음이니
라.

9 나의 성령을 기록한 나의 법전이요,
나의 뜻을 갖고 깨닫고 공부한 자들이
며 나의 뜻이 너희들의 마음에 임하여
있기 때문에 너희들은 어디에 가서 무
슨 말을 하든,
10 백 명이요, 천 명, 만 명이 나가서 말
을 해도 같은 말을 하며 같이 행동을
할 수 있는 자들이니, 그들과는 다름
을 알아야 될 것이니라.
11 그리하여 오로지 너희들이 하나가 되
는 것이며, 너희들이 하나로 이루어지
는 것이 내가 너희들에게 세례를 명하
여 이를 증표로 삼고자 함이니라.
12 너희는 둘이 아니니라. 너희는 하나임
을 알아야 할 것이니라.
13 너희는 천 명이요, 만 명이요, 수많은
나의 피조물 만백성이 모여도 하나가
되어야 되는 것이며, 하나가 되어야
할 것이니라.
14 그리고 너희들은 깨달아야 할 것이니
라.
15 전지전능한 여호와 하나님이요, 하늘
에 계신 분은 너희 아버지 한 분이라
너희들은 말하며 나를 찬송하며 경배
하느니라.
16 한 아버지가 가르친 그 뜻과 한 아버
지가 추구하는 것이며 한 아버지가 이
끌어 가고자 하는 것이 두 갈래, 세 갈
래, 천 갈래, 만 갈래로 갈라지는 것이
있을 수 없으며,
17 갈라져서 전하면 아니 되며 갈라져서
가르쳐도 아니 됨이니, 오로지 한 길
로, 한 가지로만 가르쳐야 되는 것이
니라.
18 그리하여 지금 배운 자, 못 배운 자,
가진 자, 갖지 아니한 자, 그들이 나의
법전을 읽으며 눈을 뜬 자 나의 법전
을 읽으면 그들이 똑같은 말로써, 똑
같은 행동으로써 똑같은 대화를 하며,
19 그와 같이 나의 피조물 만백성을 또
먼저 깨우친 자가 깨우치는 그와 같은
형국으로 이끌어 가고 있음이니,
20 이것이 지금 너희들이 종교 지도자 앞
에 가 기도하며 배우는 성서 공부라는
것과 다른 점이며, 그들과 너희들의
마음 자세가 다름이니 그리 알아야 될
것이니라.
21 세례라 하여 행함이 그들은 저희들의
사업이요, 저희들의 이익이요, 저희들
의 장삿속을 위해서 그리하나, 너희들
은 세례를 받음이 그와 같은 것이 아
니니라.
22 하나가 되는 것이니 그리 알라.
23 몸도 하나요, 마음도 하나요, 가르침
도 하나요, 깨달음도 하나요,
24 너희들이 나의 피조물 만백성을 각지
에 나가 가르칠 때도 그 뜻과 그 말이
같을 것이니,
25 전 세계에서 너희들이 나의 법전 한
날짜에 내가 너에게 내린 그 성령의
뜻을 가지고 공부할 때, 한 사람이 같
이 듣는다 하여도 그 뜻과 그 가르침
이 똑같을 것이니,
26 이것이 다름이니 이것이 나의 성령임
을 너희들이 알아야 할 것이니라.
27 그리하여 너희들을 하나로 만들어 너
희들을 한 몸으로 만드는 것이며,
28 너희들에게 나의 피조물 만백성을 구
하는 14만의 정예 부대로서 세례를
시작하니,

29 세례받는 자 순서를 정하여 그들을 길
이 기록하여 14만 명의 명부를 만들
도록 그리할 것이니 그리 알라, 선지
자야!

1,611 번째 하나님 말씀

2001년 10월 20일 06시

1 사랑하는 선지자야!
2 "네, 여호와 하나님! 말씀하옵소서."
3 한 나라를 다스리는 임금이라 하는 자
도 사악한 자들과 간신배들이 그 주변
을 싸고 있으면 바른 정치를 할 수가
없으니,
4 바른 정치를 할 수 없는 그 왕은 간신
배들의 잘못 감을 알면서도 그를 잡을
수가 없음이니,
5 그리하여 그는 충직한 부하에게 간신
배들을 척결하여 나라를 바로 세우기
를 원하는 밀명을 내리며 특명을 내림
이니라.
6 사랑하는 선지자야!
7 "네, 여호와 하나님! 말씀하옵소서."
8 이 세상을 창조했으며 모든 만물을 주
관하는 나 여호와가 나의 사랑하는 아
들이 피 흘려 죽어 가며 나의 피조물
만백성을 구하려 했던 것을,
9 잘못 믿고 잘못 가는 간악한 자들이
지금 나의 피조물 만백성을 사악한 길
로 인도하니, 그를 바로잡을 자가 필
요하여 너에게 내가 밀명을 내림과 같
으며 대명을 내림과 같으니,
10 그보다 열배 백배 더 소중한 밀명을
받은 너이니라.
11 그리 생각하고 네가 힘차게 용기 잃지
말며 밀고 나갈 때, 그 밀명이요, 대명
이 성공할 수 있음이니라.
12 네가 주저하고 불안해하면 모두가 이
루어질 수 없음을 너는 명심해야 될
것이니라, 선지자야!
13 나의 대명을 수행하는 너 자신이 불안
해하지 말며 두려워하지 말며 겁먹지
말라.
14 나 여호와가 주관하고 있음이니, 너는
나의 명령을 받은, 나의 뜻을 대행하
는 자로서, 너를 대적할 자 세상에 없
음이니,
15 육신을 가진 나의 피조물 만백성을 육
신을 가진 너로서 깨우쳐 주고 일깨우
고 인도해야 되기에 네가 나의 피조물
모든 백성들의 지도자가 되고 있음이
니,
16 그는 육신의 형체를 가진 너밖에 할
수 없음이니라.
17 너는 이스라엘 백성처럼 이 동양의 작
은 나라에서 나의 피조물 백성들을 먼
저 깨우쳐 일깨우는 데 최선을 다할
것이며, 그들을 깨우쳐 너를 따르도록
하며,
18 나 여호와가 존재하며 열여섯 권의 법
전이 나의 성령이라는 것을 동양의 이
작은 나라의 백성들이 깨우치고 난 다
음에 넓고 넓은 이 지구상의 모든 나
의 백성들에게 전하게 될 것이니,
19 너는 불안해하며 두려워하지 말며 네
소신껏 모두를 밀고 나갈 때, 내가 너
와 같이함을 알라, 선지자야!

1,612 번째 하나님 말씀

2001년 10월 20일 09시 20분

1 사랑하는 선지자야!
2 "네, 여호와 하나님! 말씀하옵소서."
3 내가 새벽에 너에게 내리는 그 기도
소리는 향이가 반드시 들어야 할 것이
며, 기록해야 할 것이며, 그리 임하도
록 해야 할 것이니라.
4 나의 법전이 나가는 동안에 너의 제자
들이 나의 음성을 들어 너희가 기록한
그것을 복음서라 하여 세상에 전함이
니,
5 그 대명의 사업 또한 향이가 해야 할
것이니, 그가 새벽 기도를 꼭 참여하
도록 해야 할 것이며,
6 나 여호와의 사업이요, 나의 피조물
만백성을 구하는 것보다 더 위대하고
소중한 사업이 없음이니,
7 너희들이 이곳에서 같이 생활할 수 있
으며 너희는 한 몸이라 말하였으니,
너희들 두 여인이 한 사람이라 말하였
음이니,
8 내가 오늘 나의 성전의 한 구석을 넓
고 아름답게 장식해 줌은 너희들 둘이
같이 관리하게 함이니, 두 사람이 같
이 이곳에서 숙식할 때만이 같이 임해
야 할 것이며,
9 누구든 한 사람만이 나의 선지자 옆에
임하는 사람이 있어서는 아니 될 것이
니라.
10 너의 부인이 혼자 이곳에 잔다 하여도
남들이 너의 부인과 너의 사이를 의심
할 것이며, 향이가 혼자 잔다 하여도
남들이 그를 의심할 것이며 너를 믿지
아니할 것이니,
11 너희들 둘이 같이 자는 시간에만 이곳
에서 같이 기거를 하며 선지자를 보필
하도록 하라.
12 그리하여도 의심하는 자 있을 것이니,
그러거든 그를 짐승만도 못한 자라 너
희들은 치부하며 잊어버리도록 하라.
13 항상 새벽 기도를 기록하도록 하라.
14 너희 여인은 숙식을 이곳에서 하며,
너희 자식들은 낮에 돌봐 주면 될 것
이며, 이곳이 너희 생활의 근거이니라.
15 그리고 지금 너희들 옆에 있는 농이라
는 그 나무 궤짝을 버리라, 그리고 새
로운 것으로써 장식하도록 하라.
16 이게 내가 너에게 내리는 선물이니라.
17 어떠한 일이 있어도 향이는 새벽 기도
를 기록해야 될 것이며, 어떠한 일이
있어도 너희 한 여인이 선지자 옆에
혼자 잠을 자면 남들에게 말의 시빗거
리를 주게 됨이니,
18 나의 대명을 이뤄 만백성이 이 법전을
읽고 세상에 나갈 때, 한 점의 부끄러
움이 없이 해야 할 것이며,
19 어느 날 선지자가 조용히 너희들 세상
에 나타나지 아니할 때가 있을 것이
며, 선지자 혼자 나의 뜻에 따라 세상
에 모든 것을 전파하는 그 시기가 올
것이니라.
20 그때까지 너희들이 인내하고 견뎌야
됨이니, 오늘에 이 성전을 이루어 주
는 두 남자들에게 축복이 있을 것이라
그리 이르라.
21 그의 뜻이 이루어질 것이니라.

1,613 번째 하나님 말씀

2001년 10월 21일 06시 25분

1 사랑하는 선지자야!
2 "네, 여호와 하나님! 말씀하옵소서."
3 내가 너에게 이르기를, 가장 작은 실
수나 작은 거짓말이 하늘에 오를 수
없는 길이라 말하였음이니,
4 가장 작은 일부터 그 모두는 다 나의
뜻에 의하여 이루어진다 함을 먼저 알
아야 할 것이며, 그를 너의 제자들에
게 일깨워 줘야 될 것이니라.
5 가장 작은 실수요, 가장 작은 거짓말
이요, 가장 작은 질서를 파괴하는 행
위로 인해서 하늘에 오르는 그 길을
얻을 수가 없다 하면,
6 너희들이 가장 작은 것도 나 여호와의
뜻에 의하여 이루어진다 하는 것부터
먼저 깨우치며, 내가 너희들과 같이하
고 있다는 것을 항상 머리에서 지워서
는 아니 될 것이니라.
7 그리하여 너희들에게 매번 식사를 할
때마다, 찬 하나를 먹을 때마다, 밥 한
술을 떠먹을 때마다 나 여호와에게 감
사하다는 마음을 갖지 아니하면 아니
된다 일렀음이니,
8 너의 제자들에게 그리 마음을 다스리
도록 일깨워 줘야 할 것이니라.
9 나의 피조물 만백성, 너를 따르는 제
자와 너를 따르는 백성들이 오늘 이
성전에서 세례의 의식을 함이니,
10 그 의식이 바로 나의 모든 피조물 만
백성을 심판하는 자격을 그들에게 부
여함이니, 그들에게 바로 심판할 수
있는 능력과 심판할 수 있는 자격을
부여함이니,
11 이는 곧 너희들이 남을 심판하며 남들
의 옳고 그름을 깨우치는 기본이 되는
것은 오늘 세례를 받는 너의 제자들이
며, 그들만이 나의 피조물 만백성을
심판할 수 있는 자격을 얻는다 하면,
12 그 심판하는 자, 자격이 어떠해야 된
다 생각하느냐?
13 나 여호와 외에는 누구도 심판할 수
없으며, 나 여호와 외에는 나의 피조
물 만백성 누구도 평할 수 없다 내가
너에게 일렀음이니,
14 너희들에게 내가 그와 같은 자격을 준
다 하면 바로 너희들은 어찌 살아야
되는가?
15 심판하는 자보다 더 깨끗한 자 없으
며, 그 심판의 임무를 대행하는 자는
나의 임무를 대신 수행함이니,
16 나의 권능을 너희들에게 내려보냄이
니, 너희들이 어찌 살아야 되겠는가?
17 모든 잘못 가는 종파들을 일깨워 주며
그들을 인도하는 너희들이 그들을 심
판함이니,
18 그들이 잘못 가는 것을 깨우치며, 잘
못 가는 자 나의 성전에 인도하는 그
와 같은 그들을 보는 기준을 너희들에
게 내림이니,
19 지금 잘못 가는 나의 피조물 만백성을
바로 이끄는, 그리고 인도할 수 있는
능력과 자격을 부여함이니,
20 너희들이 더욱 나에게 소중한 사람들
이며 소중한 나의 백성이라는 것을 오
늘 이후 깊이 깨우쳐야 할 것이며,
21 너는 세례를 받는 너의 제자들에게 이
르라.

22 '오늘부터 당신은 여호와 하나님의 몸
이니라. 여호와 하나님의 성령을 받아
들인 여호와 하나님의 몸이니라.' 그
리 일깨워 주라.
23 그리고 그리 세례를 주라.

1,614 번째 하나님 말씀

2001년 10월 21일 12시 20분

(강론을 마치며)

1 사랑하는 선지자야!
2 "네, 여호와 하나님! 말씀하옵소서."
3 성서 한 구절을 읽은 사실이 없으며,
어렵고 힘들 때 무릎 꿇어 나 여호와
를 찾은 적이 없으며, 나 여호와가 하
늘에 존재함도 모르는 너를,
4 내가 하나의 병아리를 소쿠리에 가두
듯이 너를 그리 묶어 놓고 내가 내리
는 성령의 뜻을 받아 열여섯 권의 법
전을 만들어 세상의 만백성에게 전하
라는 그 말 한마디로 하여 네가 갖은
고초와 고통 속에서 오늘에 이르렀으
며,
5 1년 7개월이라는 그 짧은 세월 속에
네가 기도와 묵상으로써 나의 열여섯
권의 법전을 세상에 냈으니,
6 나의 기적이 아니면 누가 이를 이룰
수 있다 말할 수 있겠느냐?
7 네가 단 혼자서 나의 법전의 나의 음
성을 들으며, '나는 여호와이니, 너는
내가 내리는 나의 음성을 기록하여 나
의 피조물 만백성을 구하라.' 하는 그
음성을 듣고 네가 열여섯 권의 법전을
세상에 내 오늘에 이르렀음이니,
8 너의 노고에 대하여 나 여호와가 너희
인간사에 죽었다 살아오는 저희 자식
의 손목을 잡는, 죽었다 하여 영원히
만날 수 없는 저희 자식을 만나는 늙
은 노모의 마음보다도 열배 백배 더
기쁨이 오늘 있음이니, 너는 이를 알
아야 할 것이니라.
9 너는 나의 성전에 오늘 모여 너의 제
자들에게 세례라는 것을 나의 뜻에 이
루었음이니, '당신은 오늘부터 여호와
하나님의 몸이니라.' 하여 내가 너의
가슴을 통하여 너의 제자들의 가슴에
전하여 주었음이니,
10 너희들은 지금 몇 명이 모여 있어 지
금의 많은 종파들이 이끌어 가고 있는
그 성전이 문을 닫을 것이라는 것을
믿지 아니하며, 그와 같은 기적은 있
을 수 없을 것이라 말할 것이니라.
11 그러나 너희들은 알아야 될 것이니라.
12 수십억 인구 중에 나로부터 선택된 이
스라엘 백성은 몇 개의 나라였으며,
그 인원 또한 몇 명으로부터 시작하였
으며, 수천 명, 수만 명의 그 백성을
인도하여 나오는 사람은 몇 명이었더
냐?
13 그는 단 하나였느니라.
14 한 사람, 언변도 없으며 능력도 없으
며 수완도 없는 모세를 내가 선택하여
무자비한 그 백성들 속에서,
15 그 무자비한 창칼로써 다스리는 그
민족 속에서 그들과 싸워 나의 백성을
인도하라 하여 그가 기적을 이루었음
이니,
16 오늘 너희 동양의 이 땅에서 한 곳에
앉아 나의 법전을 전하여 세례를 받은
너희들이야말로 그때에 비하여 열배

백배 위대한 힘과 그보다 더 나은 여
건과 조건을 가지고 출발하였음이니,
17 너희들은 지금 이루어지는 이 기적이
모세가 홍해를 건너는 것보다도 더 무
서운 기적을 이룰 것이며,
18 나의 법전이 봄바람처럼 세상에 전하
여져 이를 접하는 자 하늘에 오르는
빛을 보게 될 것이며,
19 사악한 마음을 버리지 못하는 자, 이
법전의 제목도 읽을 수 없으며 이를
볼 수 없음이라 내가 너에게 말했듯이,
20 선하고 착한 자 하늘에 오르는 길을
볼 것이며, '하나님! 말씀하옵소서.'
하는 나의 이 뜻에 따라 나의 책장을
넘길 것이니, 너희들은 두려워하지 말
며 불안해하지 말지니라.
21 내가 너에게 일렀듯이, 이 법전 속에
나 여호와를 찾지 않는 구절이 어디에
있으며, 너희들이 사악하며 너희 육신
을 위하여 금화와 은화를 바치라는 말
이 어디에 있는가?
22 너희들에게 내가 말하기를, 나의 뜻은
사랑이라 하였음이니라.
23 오로지 사랑을 실천하며 사랑을 몸소
실행하여 너희들이 하늘에 오르는 빛
을 보며, 육신의 백 년도 안 되는 그
삶을 위하여 너희들이 영원히 사는 나
의 나라에 올 수 있는 그 길을 버리지
말라 하였음이니,
24 너희들은 오늘의 이 뜻을 깊이 깨우쳐
실행해야 될 것이며, 오늘 나의 가슴
으로써 너희 가슴에 나의 뜻을 받은
너희들은 나의 피조물 만백성을 심판
할 때,
25 너희들이 하늘에 올라 심판자가 될 것
이니라.
26 지상에서는 모든 인간은 인간으로서
심판할 수 없음이라 내가 말하였으나,
27 선택된 자, 너희들이 나의 에덴동산에
올라와 인간으로서 살아온 나의 피조
물 만백성을 인간으로서 살아온 너희
들이 심판하는 심판관이 될 것이니,
너희들은 이를 깊이 새겨들어야 할 것
이니라.
28 아울러 너희들은 하늘에 올라와 나의
뜻에 의하여 지금 나의 피조물 만백
성, 추하고 험악하게 살다 온 그들을
심판하는 심판관이라 하였으니,
29 죄지은 자를 심판하는 자가 얼마만큼
깨끗하고 아름다워야만 공정한 심판
을 할 수 있겠는가?
30 판가름을 내리는 너희들의 마음이 흔
들림이 있어서는 아니 될 것이니,
31 심판을 할 수 있는 자로서 너희들을
다스려 나오는 데 한 점의 부끄러움이
없이 행하여야 될 것이니 그리 알라,
선지자야!

1,615 번째 하나님 말씀

2001년 10월 22일 08시 20분

1 사랑하는 선지자야!
2 "네, 여호와 하나님! 말씀하옵소서."
3 네가 이곳, 너희들이 말하는 '서울'이
라는 곳에 네 발 뻗을 만한 작은 하나
의 성전을 얻어 시작한 것이 이제는
너의 제자들이 어제 세례를 받아, 많
은 이들이 가슴에 나의 성령을 받아
하나의 몸이 되고 있으니,
4 지금은 그들이 다 너의 마음처럼 깨달

음이 그리 높지 아니하며 생각하는 것
이 미진하나, 하나의 쇠의 철판을 만
들기 위하여 모든 철들을 녹여서 달구
고 달구어 그를 끓여 다시 철판으로
만들어 나오듯이,
5 너희들이 그리하여 한 우리 안에 다
녹여질 자들이니라.
6 그리하여 너희들은 너희 자신을 다 버
리고, 하나의 작은 쇠붙이들이 녹여져
서 하나의 큰 철판을 만들어 내듯이
너희 자신을 다 녹이고 녹여서 나의
뜻을 이루는 나의 종이요, 나로부터
선택된 백성으로서 소임을 다할 자들
이니, 그를 의심치 말라.
7 하나의 생김생김대로 쓰이던 그 모든
철 조각이 모여 녹여지고 녹여져 너희
들이 쓰고자 하는 하나의 철판으로 나
오듯이,
8 어제 세례받은 너의 제자들이 그와 같
이 용광로에 녹이고 녹고 또 삭고 삭
아져서 나의 피조물 만백성을 구하는
기둥이요, 빛이 될 수 있는 자들이니,
9 어제부로 너희가 하나가 됨이니라.
10 사랑하는 선지자야!
11 "네, 여호와 하나님! 말씀하옵소서."
12 너는 나의 무서움을 알지 않느냐? 내
가 너희들이 바늘귀에 실을 꿰는 것까
지도 주관하는 것을 알고 있지 않으
냐?
13 그 두려운 마음을 버리지 말라.
14 그리고 그것이 엄연한 사실임을 알며
살아가면 되느니라, 선지자야!

1,616 번째 하나님 말씀

2001년 10월 23일 06시

1 사랑하는 선지자야!
2 "네, 여호와 하나님! 말씀하옵소서."
3 이제는 내가 너를 통하여 세례를 주라
하였으며, 또한 너의 제자들이 세례를
받았으니,
4 그 세례의 내용이 무엇이더냐?
5 '당신은 오늘부터 당신의 몸이 아니라
여호와의 몸이요, 당신의 몸에 여호와
하나님이 같이한다.' 하며 네가 그리
세례를 주었음이니,
6 나 여호와가 너희들 가슴에 존재한다
하였어도 그를 깨닫지 못하며 그를 시
행하지 못한다 하면,
7 이 세상 너희들 수십억의 그 많은 피
조물 만백성 중에 누가 나의 계명을
지키며, 누가 나의 이 애절한 마음을
들으며, 나의 이 가슴 아픈 뜻을 받아
시행할 자 있다 말할 수 있느냐, 선지
자야!
8 이제는 나의 법전이 세상을 통하여 바
람처럼 전하여질 것이며, 달리는 준마
와 같이 너희들이 법전을 전하여 나의
피조물 만백성이 구원을 받고자 너희
들에게 오고자 하나,
9 너희들 제자들이 마음을 비우지 못하
며 하나의 마음이 되지 못하면 그 뜻
이 이루어지지 못함이니,
10 너희들이 나의 뜻을 가로막는 그와 같
은 험악하고 무서운 죄를 짓고 있음을
알아야 할 것이니라.
11 사랑하는 선지자야!
12 "네, 여호와 하나님! 말씀하옵소서."

13 선지자야!
14 "네, 여호와 하나님!"
15 갸륵하도다.
16 네가 나의 뜻에 따라 지켜 가고 있음
이니, 그 갸륵한 마음을 이루 형용할
수가 없음이니라.
17 이제는 네가 완벽히 설 수 있으며, 완
벽히 갈 수 있으며, 이제는 네가 하얀
종이 위에 서도 네 마음이 하야며, 네
주변의 모두를 다 태울 수 있는 너의
그 아름다운 마음이 태양보다도 더 강
렬하게 이루어져 다져져 있음이니, 나
여호와의 마음이 기쁘기 한량없으며,
18 너의 제자 그 누구도 너의 마음을 흔
드는 자, 네 마음에 파장을 이루는 자,
이제는 용서하지 않을 것이며,
19 네가 쓰러지도록 너의 마음에 파장을
이루는 자, 너희들이 말하는 사탄이
요, 마귀와 같은 자는 내가 불로써 태
울 것이니라.
20 너는 지켜 가라, 선지자야!
21 "네, 여호와 하나님! 알겠사옵나이
다."

1,617 번째 하나님 말씀

2001년 10월 23일 19시 40분

1 내 사랑하는 아들, 선지자야, 들으라.
2 나의 아들 예수는 마구간에서 태어났
으며, 가난한 천민의 가정에 태어나
만백성을 구하기 위하여 그 생명을 바
쳤음이니,
3 수천 년의 역사가 흐른 이 시점에, 나
의 피조물 만백성이 나와는 멀고도 멀
리 멀어져 가고 있는 이와 같이 사악
하고 험난한 삶을 살고 있는 이 시점
에 나의 피조물 만백성을 구하기 위하
여 너를 내가 명하였으니,
4 네가 바로 나의 아들이요, 예수가 내
려가 재림하여 심판하며 재판한다 너
희들이 떠드는 그와 같은 형국이 지금
나의 성령으로써 이루어짐이니,
5 나의 성령이 임하여 있는 자, 나의 몸
이요, 나의 아들이니라.
6 너는 선지자요, 나의 종이요, 만백성
의 가장 낮은 종이나, 너는 나 여호와
의 엄연한 아들이니라.
7 너 자신이 나의 뜻에 따라 지키며 살
고자 하는 그 정성과 그 마음이 이제
는 하늘에서 천사들이 알고 있으며,
너를 방해하고자 하는 자들이 알고 있
음이니,
8 이제 너를 넘어뜨리며 쓰러뜨리지는
못할 것이니라.
9 사랑하는 나의 아들 선지자야, 장하도
다.
10 네 몸이 나이니라.
11 성령의 너의 몸이 나며 네가 또한 나
이니라.
12 그리고 네가 또한 나의 제자요, 나의
선지자요, 나의 자식이니라.
13 이를 네가 알 때가 되었으며, 이제야
너에게 알려 줄 때가 되었음이니라.
14 네가 얼마나 소중한 자며, 네가 얼마
나 거룩히 선택되었으며, 네가 하는
일이 얼마나 중대한 일인가를 네가 이
제 알고 있음이니, 내가 너에게 알려
주노라.
15 불안해하지 말라.
16 네 마음을 초조히 갖지 말라.

17 네가 생각하는 마음 그대로 모든 것이
다 이루어질 것이니, 이제는 네가 스
스로 다스려 나가도록 하라.
18 그리고 너의 제자들 중에 기도하는 자
두 명을 깨우쳐 명하라.
19 그리하여 네 사람의 제자들이 기도를
하도록 하며, 너를 만나고자 오는 자
들을 먼저 면접하며 그들이 기도해 줘
내가 존재함을 일깨운 다음에 네가 상
면하도록 그리하라.

1,618 번째 하나님 말씀

2001년 10월 23일 23시 40분

1 사랑하는 선지자야!
2 "네, 여호와 하나님! 말씀하옵소서."
3 아무것도 모르던 네가 나로부터 '나의
음성을 받아 기록하라.'는 메시지를
들어, 네가 지금 나의 성령을 태워 내
려보내는 나의 그 뜻을 기록하기 시작
하여 열여섯 권이라는 그 법전이 세상
에 나와 만백성을 구하고자 함이니,
4 너의 노고를 내가 알며 너의 수고로움
과 네가 고생함을 내가 아느니라.
5 또한 너를 따라 나의 법전을 세상에
나오도록 만들며 같이 고생한 너의 제
자들에 대하여 내 그들의 노고와 고통
을 모르는 바 아니나,
6 너희들이 맑고 깨끗하며, 너희들이 지
은 죄 다 씻어 나 여호와가 존재하는
하늘나라에 오를 수 있도록 하고자 함
이니,
7 선지자 너는 애달프고 마음 아파 괴로
워 눈물 흘리지 말라.
8 말을 하지 아니하나 네가 울고 있는
그 마음을 내가 아나니, 너는 너무 괴
로워하지 말지니라.
9 너 자신이 괴로워하며 불안해하며 초
조해하는 그 마음이 네가 나를 믿지
못함이니,
10 나 여호와가 네가 말하지 않는 그 기
도를 다 듣고 있으며, 네가 말하지 아
니하여도 네가 원하는 것을 알고 있음
이니,
11 사랑하는 선지자야, 너는 염려하지 말
라.
12 네가 변하여 가는 만큼 내가 너에게
상을 내리고 있음이니, 너의 제자들
또한 그 상을 받게 됨이니 그리 알라.

1,619 번째 하나님 말씀

2001년 10월 24일 07시

1 사랑하는 선지자야!
2 "네, 여호와 하나님! 말씀하옵소서."
3 나의 피조물 만백성과 나의 피조물 만
백성을 하늘로 인도한다 하는 자들이
하는 말이, '인간이기에 십계명을 지
킬 수 없으며 하나님의 계명을 지킬
수 없다.'고 하나니,
4 그러나 너는 지금 살면서 네 마음이
어떠하며 네 행동이 어떠하더냐?
5 너 자신이 많은 사악한 마음들의 그
뿌리를, 그 가지를 하나하나 잘라 내
는 너는 지킬 수 있더냐 없더냐?
6 "하나님 아버지! 매일매일 하나의 가
지를 쳐 나가기 시작하니 몸통이 바로
설 수 있는 형국을 보고 있으며, 그와
같이 갈 수 있다 생각되옵나이다."
7 그러하니 내가 인간에게 지혜를 주었

으며, 인간이기 때문에 세상에 나가
나의 계명을 지키고 아름답게 살다 하
늘에 오르라 하는 그 뜻을 알겠느냐?
8 "알겠사옵니다, 여호와 하나님! 할 수
있음을 알겠사옵나이다.
9 말로써 지키겠다고 소리 지르는 것이
아니라, 마음으로써 지키고 살고자 노
력하면 지킬 수 있음을 알겠사옵나이
다."
10 그를 너의 제자들에게 보여 주며 그리
가르쳐야 할 것이니라.
11 할 수 있으며 지킬 수 있음을 너의 제
자들에게 가르쳐 주라.

1,620 번째 하나님 말씀

2001년 10월 24일

1 사랑하는 선지자야!
2 "네, 여호와 하나님! 말씀하옵소서."
3 네 옆에 와 나를 경배하고 기도하는
자의 손을 네 손에 얹으라 하라.
4 너는 들으라(제자).
5 인간사의 한 가정에도 장자가 있으며
그 장자가 부모를 받치매 힘이 되며
기둥이 됨이니,
6 너희들의 지금 세대의 인간사에서 장
자라는 자리가 없으며, 장자의 권위가
없으며, 장자의 위치가 없으나, 너는
오늘 깊이 깨달아야 할 것이니라.
7 엄연히 장자의 소중함과 장자의 자리
와 장자의 위치함이 있음이니, 이를
너는 알아야 할 것이니라.
8 나는 그를 지키며 나는 그를 인정함이
니라.
9 인간사에 장자가 있듯이 너는 나 여호
와의 뜻에 따라 나의 모두를 태워서
내려보낸 나의 성령을 기록하는 나의
선지자의 뜻에 따라 장자가 되어야 될
것이니,
10 너는 잠을 자든, 밥을 먹든, 숨을 쉬고
있는 그 순간까지는 장자로서 네 자리
를 지키겠다는 네 노력 여하에 따라
그 상을 받을 것이니, 이를 너는 잊지
말고 행동해야 될 것이니라.
11 한 가정에 장자가 쓰러지면 그 집안의
문을 닫음이요, 그 집안이 쓰러짐과
같음이니, 너의 자리가 얼마나 막중하
며 소중한가 알아야 할 것이니,
12 너는 오늘부터 장자라는 그 대명을 받
아 수행하는 데 한 점의 부끄럼이 없
이 행하여야 할 것이니라.
13 나의 선지자가 열여섯 권의 법전을 세
상에 내며 또한 그 제자 너희들이 복
음서를 세상에 전하니,
14 천 년, 2천 년 역사가 흐른 다음에 그
가 누구였는가를 너희들이 알게 될 것
이며 너희 후손들이 알게 될 것이니라.
15 그가 나의 무엇이며, 나와 어떤 관계
이며, 그가 누구인가를 알 것이니라.
16 선지자 너는 너의 제자들 중에서 가장
단순하고 순박한, 하나 더하기 하나는
하나요, 하나 빼기 하나는 하나라고
가르치면 그대로 따르며 믿는 '계숙'
이라는 여인을 아무도 없는 장소에 불
러 놓고, 나 여호와로부터 선지자 네
가 누구라 명을 받았느냐고 물어보라.
17 선지자 네가 누구라는 것을 그 여인에
게 나 여호와가 알려 주었으며 네가
나와 무슨 관계인가를 알려 주었으니
조용히 그에게 물어보며,

18 아직은 때가 아니니 그가 그 말을 누
구에게도 하지 아니하도록 네가 단속
할 것이며,
19 네가 듣고 그 모두는 문을 닫아야 될
것이니 그를 시행하도록 하라.

1,621 번째 하나님 말씀

2001년 10월 24일 21시 15분

(강론을 마치며)

1 사랑하는 선지자야!
2 "네, 여호와 하나님! 말씀하옵소서."
3 하나의 미물인 너희들이 말하는 우렁
이라 하는 것이 있느니라.
4 우렁이라 하는 그것이 논둑을 넘고자
대든다 하면 너희들은 그를 어찌 보겠
느냐? 그가 그것을 넘는다 하면 너희
들은 어찌 생각하겠는가?
5 너희들은 도대체 이룰 수 없는 것을
이루고자 대드는 것을 말할 때 '우렁
이 논두렁을 넘고자 한다.'는 말을 하
느니라.
6 지금 나의 성전에 모여 앉아 있는 너
희들은 어떠하더냐? 그리고 너희들의
가슴속에, 너희들의 마음속에는 누가
임하여 있느냐?
7 이 세상을 창조한 나 여호와가 너희
마음과 너희 가슴에 임하여 있으며 너
희들이 가고자 하는 길을 내가 인도하
고자 함이니,
8 너희들이 무엇이 두려우며 무엇이 겁
이 나더냐?
9 나의 법전이 세상에 나감을 불안해하
며 두려워하며 겁먹는 말을 할 수 있
다 함은 너희들이 아직도 나를 믿지
못함이니,
10 우렁이라는 것이 논두렁을 넘고자 대
드는 그만큼도 너희들은 용기가 없음
이니라.
11 나 여호와의 성령이 너희들 가슴속에
있으며, 너희들은 내가 인도하는 사랑
하는 나의 자식이요, 백성이니, 너희
들은 오로지 자신과 행복함을 가지라.
12 너희들이 적게는 이 세상에 태어난 것
이 만백성이 똑같이 생명으로 태어남
을 알 것이며 소중함은 똑같다 말할
수 있으나,
13 나로부터 선택된 너희들은 그 무엇과
도 바꿀 수 없는 소중한 자들이며, 너
희로서는 더 이상 말할 수 없는 크나
큰 영광이 너희에게 임하여 있음이니
라.
14 사랑하는 나의 선지자의 제자, 너희들
은 들으라.
15 하물며 작은 그 미물도 논두렁을 넘고
자 대들거늘, 나의 성전에 와 나의 법
전을 공부하며 깨우치며 남들보다 앞
에 가겠다는 너희들이 무엇이 두렵고
무엇이 겁이 나더냐?
16 그 우렁이라는 미물만큼도 너희들이
용기가 없으며 자신이 없다는 말이더
냐?
17 오늘 너희들은 가슴에 새겨야 할 것이
니라.
18 우렁이라는 그 미물이 논두렁을 넘고
자 하여 기어드는 그 모습을 볼 때, 너
희들의 모습이 과연 어떠하더냐?
19 너희들이 모두를 걱정하며 근심한다
하면, 나의 법전이 봄바람처럼 세상에
전해지며 이는 나의 성령을 태워 내가

너희들에게 내려보내 만백성을 구하
는 길에 역사를 이루는 것이라 너희들
이 자신을 못 한다 하면,
20 너희들은 과연 어디에 서 있으며 너희
들의 마음자리는 어디에 있느냐?
21 너희들의 큰 발가락만도 못한 우렁이
가 그 험난한 논둑을 넘고자 대든다
하면, 과연 너희들은 어떠한 역사를
이룰 수 있겠느냐?
22 너희들이 못 이룰 역사가 없음이니라.
23 너희들이면 족하니라.
24 너희들이 그와 같이 위대하며 너희들
이 그와 같은 힘을 가지고 있다는 것
을 알라.
25 너희들은 오늘 가슴에 새기라.
26 논두렁을 넘는 우렁이를 보며 너희 자
신을 생각하라.
27 그만한 용기도 없는 너희들이 아님을
알아야 할 것이니, 이를 깊이 깨우쳐
너희 마음자리를 잡도록 하라.

1,622 번째 하나님 말씀

2001년 10월 25일 06시 15분

1 사랑하는 선지자야!
2 "네, 여호와 하나님! 말씀하옵소서."
3 너를 따르는 제자들과 너를 따르는 백
성들과 그리고 나의 법전을 읽고 깨우
쳤다 하여 너를 찾아오며 이 성전을
찾아오는 그들에게 너는 말하여 일깨
워 주라.
4 나 여호와가 존재함을 믿으며, 하늘에
오르는 길이 어떠한 것이며 그리고 나
여호와에게 오를 수 있는 진정한 길이
어떠한 것인지 깨닫고 나의 성령으로
써 나의 뜻에 따라 살아가고자 선택된
자,
5 그 하나로써 세상에 더 이상 얻을 수
없는 부귀와 영화보다도 더 위대함을
얻었으니, 그것을 먼저 깨우치라 그들
에게 일깨워 주라.
6 사랑하는 선지자야!
7 "네, 여호와 하나님! 말씀하옵소서."
8 네가 하얀 마음이 되며 천사가 되는
것은 너의 아내와 너를 따르는 실장과
네 주변에서 너를 따르는 너의 제자들
이 너를 바라보는 그 눈에, 너의 몸체
요, 너의 눈에 나 여호와가 존재하고
있다 하는 깨달음을 가질 때,
9 그들이 스스로 그와 같음을 느끼고 깨
달을 때, 그게 바로 네가 나의 계명을
지키며 나의 선지자로서 바로 서 있음
이니,
10 그와 같이 그들의 눈에 비칠 수 있도
록 네가 내면과 외면의 변화를 이루어
야 될 것이니,
11 이는 네가 하는 행위와 네가 생각하는
것이 일치하여 한 점의 부끄러움이 없
는 마음의 삶을 살아갈 때 그와 같은
빛을 보게 됨이니라.
12 이제는 네가 가야 하는 길과 변화되는
길을 알고 있으며 행하고 있음이니,
그저 네 마음을 달구고 가는 데 전념
해야 할 것이니라.
13 세상의 모두를 다 아름답게 보는 그
마음 외에는 아무것도 네 속에서 생각
해서는 아니 됨이니,
14 너의 제자들에게 이르라.
15 그 모두를 다 물과 같이, 바람과 같이
볼 수 있는 그 마음만이 하늘에 오를

수 있는 마음이라는 것을 그들에게 깨
우치고 전하라.
16 내가 너희들에게 하얀 마음이 되라 하
는 것은 나의 마음이 얼마나 애절하며
간곡하게 너희들에게 내리는 부탁인
가?
17 너희만큼이라도 정녕 나의 뜻에 사는
나의 백성이 되어 달라는 나 여호와의
이 애달픈 마음을 너희들이 알아야 할
것이니,
18 이는 바로 잘못된 나의 피조물 만백성
이 살아가는 이 낙원에 하나의 겨자씨
를 내렸음이니, 그 겨자씨가 바르고
곧게 자랐을 때 많은 나의 피조물 만
백성이 그 그늘에 와 쉴 수 있음이니,
19 너희들이 변하는 것이 우선이요, 너희
들이 변해졌을 때 나의 피조물 만백성
이 너희들이 변하는 그 속에 너희들의
모습을 보고 하늘에 오르는 길을 알
수 있으며,
20 그들이 죽어 와 내 앞에 고통스러운
그 시련과 고통을 겪는 것을 감면할
수 있으며 면할 수 있는 길을 깨우쳐
줌이니,
21 이것이 바로 나를 기쁘게 하는 너희들
의 행동이니라.
22 나 여호와의 뜻을 따르며 나를 기쁘게
하며 나의 피조물 만백성을 고통 속에
서 구원하는 너희들이 바로 서야 하기
때문이니라.
23 아무 걱정하지 말라.
24 아무런 근심도 하지 말라.
25 내가 다 너희들에게 이루어 줄 것이
며, 너희들을 받쳐 줄 것이며, 너희들
을 사랑하고 있기 때문이니라.

1,623 번째 하나님 말씀

2001년 10월 26일 06시 40분

1 사랑하는 선지자야!
2 "네, 여호와 하나님! 말씀하옵소서."
3 이제는 모두를 다 정리하고 모두를 준
비할 때가 되었음이니라.
4 너의 제자들이 알지 못하며 깨우치지
못함을 말하여 주며, 네가 알고 있는,
마음속에 가지고 있는, 그들이 이해할
수 없고 깨우칠 수 없는 이야기와 가
고 있는 뜻을 알려 주라.
5 그리하여 네가 서는 자리가 어떠한 자
리며, 그들이 너를 따르기를 어찌 따
라야 하는가를 모두에게 알려 주어야
될 것이니라.
6 그리하여 인간으로서 생각하며, 인간
으로서 연구하며, 저희들의 검은 머리
로써 생각함의 잘못되어 있음과 잘되
어 있음을 깨우쳐 주어야 할 것이니라.

1,624 번째 하나님 말씀

2001년 10월 26일 21시 10분

(강론을 마치며)

1 사랑하는 선지자야!
2 "네, 여호와 하나님! 말씀하옵소서."
3 너의 제자요, 내가 사랑하는 나의 피
조물 만백성에게 너를 통하여 내가 전
하노라.
4 내가 너희들에게 말했듯이 논두렁을
넘으려고 대드는 우렁이의 노력과 너
희들을 비춰 봤을 때, 너희들이 어떤
위치에 있는가를 너희들에게 바라보
라 했음이니,

5 내가 한 말을 너희가 한쪽 귀로 듣고
한쪽 귀로 흘려보낸다 하면 그의 소중
함을 너희가 잊게 됨이니,
6 나의 음성이요, 나의 뜻을 기록하여
그 뜻을 놓고 그 글씨가 담은 뜻을 너
희가 바라다보며 외우고 또 외우다 보
면 그 뜻을 깨달을 것이며,
7 너희들이 이곳에서 선지자를 통하여
'지키라', '깨우치라'는 이 말을 듣고
이 성전을 나가면서 생활 속에 묻힌다
하면 너희들은 진주를 진흙탕에 던지
고 밟는 무서운 형국이니,
8 너희들이 진주를 던지는 것은 재물을
버리는 것이나, 나의 소중한 음성을
듣고도 지키지 아니하는 것은 너희가
죄를 받게 되는 것이니,
9 너희들은 선지자를 통하여 내가 너희
들에게 내리는 하나하나의 구절을 너
희들의 뼈와 살이 되도록 너희들 것으
로 만들어 깨우침을 얻어야 할 것이니
라.
10 내가 오늘 너희들에게 일러 명하였느
니라.
11 내가 나의 선지자의 생명을 연장해 주
었으며, 죽음 직전에 생명의 연장을
받았다고 전하는 선지자가 하는 이야
기를 내가 나의 법전에서 수없이 많이
했으니,
12 그 뜻이 그대로가 아니라 소중함이 있
으므로 내가 말함이니, 너희들은 그
뜻을 스스로 깨우치는 지혜를 얻어야
할 것이니라.
13 내가 선지자를 통하여 너희들에게 전
하는 나의 메시지를 그대로 들어서 접
어 두면 아니 될 것이니,
14 내가 너희들에게 내린 중요한 뜻은 열
번 백 번 암기하다 보면 너희들이 그
속의 나의 참뜻을 알게 됨이니,
15 이것이 바로 나의 성령을 받게 됨이
요, 나를 깨닫게 됨이니라.
16 나의 피조물 만백성을 구할 자가 너희
들인 바,
17 지금 수없이 수많은 시간 속에 단잠을
이루지 아니하며 내가 내린 재물을 바
쳐 가면서 무엇인가 구원을 받고자 울
부짖는 그들이 잘못 가는 길이라 하면,
18 그들이 너희 형제요, 피붙이라 생각한
다면, 너희들은 그들을 그냥 둘 수는
없지 않으냐?
19 그들을 구원해야 될 것이니라.
20 그들을 구원하는 만큼 너희들에게 축
복이 있음을 알아야 할 것이니,
21 잘못 가는 자들을 이제는 너희들이 음
성을 높여 인도할 수 있는 능력이 있
음이니라.
22 그들을 너희들이 깨우쳐야 될 것이니
라.

1,625 번째 하나님 말씀

2001년 10월 28일

(강론을 마치며)

1 사랑하는 선지자야!
2 "네, 여호와 하나님! 말씀하옵소서."
3 나의 피조물 만백성, 수억의 그 인구
중에는 권력 있는 자, 능력 있는 자,
가진 자, 남들에게 추앙을 받는 자, 배
워 지식이 있는 자, 남들로부터 존경
을 받으며 남을 지도하는 자, 수천수
만의 천태만상의 형국이 이루어져 있

음이니라.
4 그중에서 나의 성전에 모여 나의 법전
을 읽고 깨우치는 너의 제자들은 네가
앞세워 어디 하나 내놓을 만한 사람이
없음이니,
5 네가 생각하기에는 너희들이 그리 나
약하고 그리 힘없는 사람이라 생각할
수 있느니라.
6 그러나 아무리 재능이 있고 재물이 있
다 하여도 나로부터 선택되지 아니한
자와, 아무리 너희들이 보기에는 힘이
없고 능력이 없다 하여도 나에게 선택
된 자 중에 나 여호와의 길을 향하여
누가 올 수 있느냐 말할 때,
7 여기 모여 있는 너의 제자들만큼 용기
있는 자들이 없음이니 그리 알아야 할
것이니라.
8 수천 년의 역사가 흐른 지금에 와서
모든 종교의 지도자들이 겉만 보며 속
을 모르고 내가 원하는 그 뜻을 잘못
가르치고 있어 지금에 사악한 이와 같
은 세대가 되어 있음이니라.
9 이를 어찌 바로잡아야 하겠는가? 유
능한 사람의 연설로써 또는 설법으로
써 그를 잡아 나갈 수 있다 너희는 생
각하는가?
10 어떠한 인간의 역사나 어떠한 인간의
기록으로도 지금 사악해진 나의 피조
물 만백성을 다스려 하늘에 오르는 그
빛을 보도록 할 수 없음이니, 하늘에
오르는 것은 너희들이 생각할 수도 없
음이니라.
11 지금의 어떠한 인간이 가르치며 어떠
한 능력 있는 지도자가 나와 세상에
부르짖는다 하여도 그들의 가르침으
로써는 하늘에 오르는 그 빛도 바라볼
수 없는 것이 너희들 인간사의 깨달음
이니라.
12 그러나 내가 나의 성령을 태워 가슴으
로 전하여 나의 선지자로 하여금 열여
섯 권의 법전을 만들어 너희들이 이를
읽고 듣고 깨우침이니,
13 이것이 바로 나의 성령이며 이것만이
나의 피조물 만백성을 구원의 길에 인
도할 수 있는 근본이요, 기본임을 너
희들은 알아야 할 것이니라.
14 너희들은 조급히 생각하지 말라.
15 그리고 너희들은 너무 마음을 달구지
말라.
16 나 여호와가 너희들이 무엇을 원하며
너희들이 어찌 가고자 하는가를 알고
있음이니,
17 너희들은 나로부터 무엇인가를 이루
려 하기 전에
18 너희들이 이 세상에 태어난 것을 감사
하며, 나의 법전을 접한 것을 감사하
며, 나의 성전에서 선지자가 나의 음
성을 들어 그가 전하는 그 뜻을 감사
하며,
19 그가 자의로 말하지 아니하며 내가 내
리는 음성만을 가지고 너희들에게 전
하며 이것을 받아 나가 세상에 있는
나의 피조물 만백성을 구원하는 책임
을 지고 직무를 받은 너희들이야말로
바다를 맨발로 걸어가는 기적보다도
더 위대하며,
20 불 속에서 살아 나온 사람보다도 더
위대하며, 너희들이 더 소중하며 위대
한 기적을 이루고 있음이라는 것을 알
아야 할 것이니라.

21 너희들이 지금 나의 성전에 와 나의
선지자를 통하여 내려가는 나의 이 성
령의 뜻을 직접 들을 수 있는 것은 너
희들이 무엇과도 바꿀 수 없음이니,
22 이 성령의 뜻을 들을 수 있는 너희들
의 고충과 어려움을 나 여호와가 다
알고 있음이니,
23 선지자처럼 너희들에게 영광이 있을
것이니, 너희들은 너무 마음을 달구지
말며,
24 너희들의 마음속에 있는 검은 점 하나
라도 남겨서는 아니 될 것이며, 하얀
마음으로써 너희들 마음을 무장하며,
25 남들이 너희들을 걷어찼을 때 '그 발
이 아프지 아니하냐?' 하며 구두를 벗
겨 그 발을 만져 줄 수 있는 너희들이
됐을 때,
26 너희들이 죽은 자를 살릴 것이며, 병
든 자를 구원할 것이며, 너희들이 이
루고자 하는 것을 다 이룰 수 있음이
니라.
27 오른뺨을 때릴 때 왼뺨을 내놓는 것이
아니라, 오른뺨을 때린 그 손을 너희
들이 잡고 '아프지 아니하냐?' 하며 진
정으로 그를 위로하고, 그가 미안하여
얼굴 붉히며 돌아설 수 있는 그런 행
위를 너희들이 실천하고 시행할 때,
너희들은 죽은 자를 살릴 수 있는 기
적을 이룰 수 있음이니
28 이를 명심하여 기억하도록 하라.

1,626 번째 하나님 말씀

2001년 10월 29일 07시 55분

1 사랑하는 선지자야!
2 "네, 여호와 하나님! 말씀하옵소서."
3 네가 너의 제자들에게 하는 말은 다
근거가 있어야 되며 다 그와 같이 역
사가 이루어져야 되는 그러한 중차대
한 것이 네가 하는 말들이니라.
4 그러기에 네가 그 모두를 실행하고 실
천할 수 있도록 기도와 묵상에 전념해
야 할 것이니라.
5 너는 너의 제자들에게 이리 살라 저리
살라 말하면서, 너는 어찌하여 내가
너에게 그리 기도와 묵상으로 일생을
살아가라고 애절히 부탁하고 말하건
만, 나 여호와의 뜻을 그리도 듣지 아
니하는가?
6 선지자야! 모든 기적과 역사가 이루
어짐은 네가 기도와 묵상으로 일관해
야 될 것이니 그를 잊지 말라.
7 그것만이 네가 가야 할 길이며 네가
행하여야 할 길이니,
8 새벽 기도든, 낮에 하는 기도든, 묵상
이든 너의 제자들에게 듣도록 하여 그
들이 그것을 들어 그로 하여금 그들이
복음서를 만드는 데 기본적인 자료가
될 수 있도록 너의 모든 기도와 묵상
시간을 개방하라.
9 누구든지 다 들을 수 있도록, 항상 와
서 임할 수 있도록 그리해야 할 것이
니라.
10 네가 묵상과 기도를 게을리하기 때문
에 내가 너에게 이르는 것이니, 이를
네가 깊이 깨우쳐야 할 것이니 그리
알라.

1,627 번째 하나님 말씀

2001년 10월 30일 06시 50분

1 사랑하는 선지자야!
2 "네, 여호와 하나님! 말씀하옵소서."
3 나의 피조물 만백성이 마음을 비웠다
함은 남을 사랑하는 마음이 충만되어
야 하며, 남을 욕되게 하지 아니하며,
욕심을 버려야 하는 것이며, 또한 질
투와 시기를 버려야 하는 것이며, 남
을 음해하는 것을 버려야 되는 것이니,
4 이 모두를 다 버리고 너희 몸속에 없
을 때, 너희들이 감히 그를 두려워 생
각하지 못할 때, 그것이 마음을 비웠
다 할 수 있음이니라.
5 너희들이 말하는 재물의 욕심이요, 명
예의 욕심이요, 부귀와 영화를 누리기
위한 욕심을 버렸다 하여 마음을 비움
이 아니라,
6 남에게 가슴 아픈 말, 질투하고 시기
하는 마음, 남을 음해하는 마음, 이 모
두를 다 너희들 몸속에서, 너희 생활
속에서, 너희 생각 속에서 생각함마저
도 지워 버리는 것이 마음을 비움이
니, 이 얼마나 힘들고 어려운 길이더
냐?
7 그러나 너희들은 생각할 수 있는 동물
이기에, 지혜가 있는 동물이기에 그를
시행하고 지킬 수 있음이니라, 선지자
야!
8 사랑하는 선지자야!
9 "네, 여호와 하나님! 말씀하옵소서."
10 오로지 너와 너의 제자들이 지키고 가
야 할 길은 하늘을 향하여 나 여호와
에게 한 점의 부끄러움이 없는 삶을
사는 것이니, 그런 자만이 나의 동산
에 올라올 수 있음이니라.
11 너는 들어야 할 것이니라.
12 지금 종교 지도자들이요, 믿음을 잘못
가르치고 잘못 일깨운 그 집단과 단체
의 그들이 더 이상 무엇인가를 기다릴
수 없으며, 무엇인가 기적을 이루며,
13 나 여호와가 너희들을 구원하러 직접
세상에 내려가며, 나의 아들이 재림하
여 너희들을 구원하며, 너희들을 심판
하는 자가 하늘에서 온다 하여 지금까
지 나의 피조물 만백성을 이끌어 온
그 형국이 더 이상 견딜 수 없게 되어
있음이니,
14 그리하여 그들이 이루는 것이 무엇이
라 말하였더냐?
15 종교 전쟁이라 말하였으며,
16 또한, 나의 법전이 세상에 나가 온 세
상을 덮을 때까지 온갖 나의 피조물
만백성, 수십억 인구들이 저희들끼리
치고받고 하는 유혈의 사태가 이루어
진다 하였음이니라.
17 이와 같은 형국이 계속 너희들이 사는
그 동산에서, 지상이라는 곳에서 이루
어질 것이니,
18 너희들은 마음을 비우고 나의 법전을
봄바람이 흐르듯이 세상에 전하는 임
무에 최선을 다하여야 할 것이며,
19 이를 전하는 너희들이 또한 같이 다스
려져야 되기 때문이니, 선지자 너와
너의 제자들이 다스려지지 아니하면
이 법전이 세상을 덮을 수 없으며,
20 이 법전이 세상을 덮는 시간과 기간이
오래 걸리면 걸릴수록 나의 피조물 만
백성이 서로 유혈 사태가 이루어져 그

목숨을 잃어 감이니,
21 너희들이 하늘을 향하여 한 점의 부끄
러움이 없는 그 삶을 영위하는 데 하
나가 되도록 네가 가르쳐야 할 것이니
라, 선지자야!

1,628 번째 하나님 말씀

2001년 10월 31일 07시 10분

1 사랑하는 선지자야!
2 "네, 여호와 하나님! 말씀하옵소서."
3 너의 제자들에게 이르라.
4 '나와 같이 아무것도 한 것이 없으며,
나와 같이 사악한 자며, 나와 같이 은
혜를 받을 수 없는 자가 어찌하여 하
나님께 선택되었으며,
5 여호와 하나님의 성령을 태워 내리는
이 법전을 내가 접할 수 있으며, 공부
할 수 있으며, 내가 만백성을 구원하
는 14만 명의 전사요, 하늘에 나의 명
단이 올라가 있을까?' 하는 그 불안한
마음과 의구심을 갖지 말라 이르라.
6 그는 다 너희들의 믿음이 약함이니라.
7 너희 스스로 '나 같은 사람이 어찌하
여 이리 영광을 얻었을까?' 하는 것을
생각한다 하면 너희들은 나에 대한 믿
음이 약함이며, 너희 자신이 그 믿음
이 약할 때, 나의 피조물 만백성을 구
할 수가 없음이니라.
8 정녕 너희들은 나로부터 선택된 백성
이며, 나로부터 너희들이 지켜야 할
대명을 받은 자들이며, 너희들이 나를
향하여 기도하며 믿음 속에서 가장 위
험한 것은 너희들의 마음의 흔들림이
니,
9 너희들의 마음의 흔들림에 의하여 사
악한 일이 이루어질 수 있으며 무섭고
도 무서운 결과가 벌어짐이니라.
10 너는 너의 제자들에게 이르라.
11 너희들 자신부터 마음을 굳건히 가지
며, 너희들은 나로부터 선택된 백성이
라는 것, 그리고 너희 자신이 소중한
사람이라는 것,
12 소중하기에 너희들이 대명을 이루어
야 할 책무를 받은 자들이라는 것, 이
것부터 너의 제자들에게 깨우쳐 이르
도록 하라, 선지자야!

1,629 번째 하나님 말씀

2001년 10월 31일 21시 10분

(강론을 마치며)

1 사랑하는 선지자야!
2 "네, 여호와 하나님! 말씀하옵소서."
3 너희들 말에 이르기를, 단단한 쇠는
부러진다 하였느니라.
4 그러나 유하고 부드러운 물은 부러짐
이 없다 말하였으니, 네 앞에 앉아 나
의 법전을 공부하는 너의 제자들이 단
단한 쇠가 아니라 물과 같은 나의 백
성들이니라.
5 물과 같은 나의 백성들만을 너의 제자
로 하여 네 앞에 모이게 하였음이니,
그리하여 나에게 선택된 자들이기 때
문에 그들이 소중한 자이니, 너는 그
를 깨우쳐야 할 것이니라.
6 물은 낮은 곳으로 흘러 저희들이 다시
또 뭉치며 그 힘을 발휘할 수 있으며
순리에 따라서 살아가니,
7 너의 제자들이 지금은 나약한 것 같으

나 어떠한 시련과 고통이 닥친다 하여
도, 그들 앞을 막는다 하여도 그들은
물처럼 낮은 곳을 찾아 흘러가며 그것
을 헤쳐 갈 수 있는 지혜와 능력을 가
지고 있는 자들이니,
8 그리하여 14만 명의 나의 정예병 중
에서 먼저 선택된 자들이니, 그들이
하고자 하는 일은 못함이 없음이니라.
9 너는 알아야 될 것이니라.
10 마음과 뜻이 같지 않은 자 수만 명이
모인들 각자 수만 가지 생각 속에서는
아무것도 이루어질 수가 없음이니라.
11 그러나 마음이 하나가 된 그 뜻은 어
떠한 것도 그를 막을 수 없으며, 어떠
한 것도 하나가 된 너희들의 마음의
그 힘에 견줄 것이 없느니라.
12 그와 같이 무서운 것이 하나가 됨이니
라.
13 너희들은 하나가 될 수 있음이니라.
14 너희들은 하나가 될 수 있는 자이기에
나에게 선택되었음이니, 너희들은 이
소중함을 알아야 할 것이니라.
15 구약과 신약의 수천 년 역사가 흐르
며, 그 수많은 종교 지도자들이 나의
피조물 만백성에게 하늘에 오르는 길
이라 하여 우롱하여 그들을 지옥으로
인도하였다 하면, 너희들은 이를 믿겠
는가?
16 종교 지도자들은 말할 것이니라.
17 나의 법전 한 권을 전하는 너희들을
보고 잘못 깨우친 종교 지도자들이 그
리 말할 것이니라.
18 이 법전에는 예수의 이름이 없으며,
예수를 존경함이 없으며, 예수를 믿음
으로써 하늘에 오른다 하는 그러한 내
용이 없음이니,
19 자기의 믿음과는 전혀 다른 이와는 절
대로 같이 갈 수 없기 때문에 이는 사
탄이요, 이단이라 그들이 말할 것이니
라.
20 그러나 내가 너희들에게 일깨워 말하
였느니라.
21 '나 여호와 외에 다른 신을 너희들에
게 있게 하지 말라.' 하였으니, 오로지
전지전능한 너희들의 아버지라는 분
은 나 여호와 하나뿐이며,
22 나의 아들 예수는 예수요, 나의 아들
이요, 나의 제자로서 그 책무를 다 수
행한 자이니라.
23 나 여호와를 찾는다 하여 이단이요,
사탄이라 말하는 자는, 너희 가정을
방문하여 주인을 찾는 자에게 그 아들
을 먼저 찾으라 하며 그 아들을 찾아
야만 그 아비를 만날 수 있다고 하는
것과 같음이니,
24 이와 같은 어리석은 작태를 부리고 있
는 것이 지금 종교 지도자들이며, 그
종교 지도자들의 가르침을 따라서 구
원을 받고자 나의 수많은 피조물 만백
성이 밤낮을 가리지 않고 나를 찾고
부르짖음이니, 이들을 깨우쳐야 할 것
이니라.
25 모든 일에 급하고 늦음이 있느니라.
26 너희들이 나의 아들 예수를 찾아 구원
을 받고자 하였을 때는 너희들이 비단
방석에서 기도할 수 있는 여유가 있는
시대라 말하였음이니라.
27 그러나 지금은 너희 인간사에서 말하
듯이 비상시국이니라.
28 나의 아들의 이름을 찾으며 나의 아들

의 보혈을 찾으며 나의 아들의 이름을
빌어 지금까지 온 너희 종교 지도자들
이 지금의 이루어진 형태가 어떠한 형
태며 어떠한 형국에 와 있다 너희들은
생각하는가?
29 나의 아들 예수를 찾으며 나의 아들
예수의 보혈로써 은혜를 받아 구원을
받았다 하는 자들이 사악한 행위를 하
며,
30 나의 아들 예수가 그 귀중한 생명을
던지면서 저희들에게 지켜 달라는 것
을 지키지 아니하고 다른 길에 서서
그 길이 구원을 받는 길이라 하며,
31 그 길을 가기 위하여 예수가 피를 흘
려 죽었기에 그 길로 가면 구원을 받
는다 하며 저희들의 즐거움과 향락을
위해서 간다 하면,
32 이는 나의 아들 이름으로써, 나의 아
들 예수의 피 흘림으로써, 보혈로써
구원을 받을 수 있다 생각하느냐?
33 이미 그것은 구원을 받을 수가 없음이
니라.
34 그리하여 지금은 비상 시국이니라.
35 지금은 극단의 조치를 내려야 할 때이
니라.
36 나의 뜻을 직접 내려서 내가 원하는
것을 직접 너희들에게 통제하고자 하
는 그러한 시대가 왔으며,
37 그와 같이 하지 아니하고는 다스릴 수
가 없기에 지금 나의 선지자 너를 통
하여 나의 음성으로 모든 나의 성령을
너를 통하여 전하며, 이를 나의 피조
물 만백성에게 직접 전하고자 함이니
라.
38 지금은 마지막 기회라 말하였음이니
라.
39 내가 너희들에게 마지막 기회라 함은
무엇이더냐?
40 이보다 더 절박하고 더 긴박한 상황이
없음이니라.
41 지금은 바로 가장 긴박한 상황이니라.
42 더 이상 볼 수가 없으며, 더 이상 놔둘
수가 없으며, 나의 아들 예수의 보혈
로써 구원받는다고 소리 지르는 너희
들이 잘못 가는 것을 더 이상 볼 수 없
기에,
43 이를 가지고 너희들을 구원할 수 없기
에, 내가 나의 성령을 직접 나의 선지
자를 통하여 열여섯 권의 법전이라는
글을 써 책으로 만들어 내려보냄이니,
44 너희들은 나의 피조물 만백성에게 전
해야 할 것이니라.
45 지금은 바로 긴박한 비상시국이라는
것을, 이 뜻을 너희들이 깨우쳐 소화
하여 너희 것으로 만들어 나의 피조물
만백성을 인도하고 이끄는 데 양식으
로 삼도록 그리하라.
46 이를 너의 제자들에게 일깨워 전하도
록 하라.

2001년 11월

1,630 번째 하나님 말씀

2001년 11월 1일 07시 45분

1 사랑하는 선지자야!

2 "네, 여호와 하나님! 말씀하옵소서."

3 나의 성령을 태워 너에게 내려보내 나의 법전이라 하여 나의 피조물 만백성이 바르게 살며 하늘에 오르는 길을 네가 일깨워 주며 깨우쳐 주는 대명을 이루고 있음이니,

4 많은 사람들이 수천 년의 역사가 흐르며 역사 속에서 저희들이 배우고 깨우쳐 온 성서에 대한 그 뜻을 버리지 못하며 그 뜻을 깨닫지 못하여 내가 직접 내린 이 법전을 사탄이요, 이단이요, 이는 진정한 여호와의 뜻이 아니라고 말하는 자 수없이 있음이니,

5 이와 같은 자들에게 갑론을박하지 말며 말대답하지 말라 하였음이니,

6 그들을 일깨워 주고 그들이 바로 보고 깨우칠 수 있는 길은 오로지 너의 눈빛과 너의 얼굴과 네 마음에 비춰진 그 거울을 그들이 볼 수 있도록 하여 깨닫게 함이 가장 중요한 것이니라.

7 네가 나의 법전대로 시행하고 살아가며 나의 뜻에 따라 행하는 그것만이 그들이 네 마음의 거울을 볼 수 있으며 나의 법전의 뜻의 그 빛을 볼 수 있음이니,

8 천 마디 만 마디의 말이 다 필요 없음이니, 네가 살아가는 자세가 바르며, 네가 행하는 말이 아름다우며, 너의 눈빛에서 나는 그 광채를 보는 것만이 그들을 깨우칠 수 있으며 그들을 깨닫게 할 수 있는 길인 것이니라.

9 그것만이 그들을 깨우칠 수 있는 길이라는 것을 네가 마음속에 항상 간직하고 살아야 할 것이며,

10 너는 죽은 자 가운데서 내가 다시 너에게 명을 이어 준 것이니, 너의 삶의 그 생명이 네 것이 아니라는 나의 가르침을 네가 이제 깨달아 그 뜻을 알고 있음이니, 그리 시행하면 될 것이니라.

11 죽은 자인 네가 무엇을 생각하며 무엇에 연연하겠는가?

12 다시 살아 너에게 연장된 그 목숨이 나의 피조물 만백성을 위하여 존속하고 존재한다 생각하며, 그를 네가 이미 깊이 깨우쳤으며, 네가 그를 행할 수 있다고 나는 믿고 있음이니,

13 그와 같이 행하여 살아가라, 선지자야!

14 그것만이 네가 모두를 다 이길 수 있으며, 네가 모두를 통제할 수 있으며, 네가 말로써 대답하기 전에 그 대답이 그 속에 있어 상대방이 먼저 알고 깨우칠 것이니,

15 나의 이 뜻을 네가 깊이 새겨 시행하도록 하라, 선지자야!

16 내 너를 사랑하노라, 그리고 내가 너를 믿노라, 선지자야!

1,631 번째 하나님 말씀

2001년 11월 2일 08시 15분

1 사랑하는 선지자야!
2 "네, 여호와 하나님! 말씀하옵소서."
3 저 하늘에 찬란히 비치는 태양을 향하여 너 자신이 한 점의 부끄러움이 없는 삶을 사는 그 길만이 너를 따르는 모든 제자들이 소망하고 원하는 것이 이루어지는 길이니라.
4 너희들이 말하여 이르느니라.
5 말 못 하는 미물인 강아지도 저를 사랑하고 미워하는 것을 알며, 한 송이의 꽃도 저를 미워하고 사랑하는 것을 다 알고 있다 말하였으니,
6 너를 따르는 너의 제자들과 너를 따르는 많은 백성들이 네가 말하지 아니하여도 네가 어찌 살아가는지 다 보고 있음이니,
7 그들이 유리알처럼 알고 있다는 것을 잊어서는 아니 됨이니라.
8 찬란히 비치는 저 태양을 향하여 한 점의 부끄러움이 없는 너의 삶만이, 그 살아가는 모습만이 너의 제자들에게 비쳐야 할 것이며,
9 그것이 네가 해야 할 일이며, 가야 할 길이며, 행하여야 할 길인 것이니라.
10 그것만이 나의 법전이 세상을 다 덮는 영광의 길임을 너는 잊어서는 아니 될 것이니 그리 알라, 선지자야!

1,632 번째 하나님 말씀

2001년 11월 2일 21시

(강론을 마치며)

1 사랑하는 선지자야!
2 "네, 여호와 하나님! 말씀하옵소서."
3 너의 제자들에게 이르라.
4 너희들이 더하고 빼고 곱하며 계산하는 그 계산법이라는 것을 배우기 위하여 너희들은 부모의 손을 잡고 학교라는 곳에 가 구구단이라는 것을 배워 그를 익혀서 계산법에 활용함이니,
5 구구단을 외워서 너희들이 계산하는 그 기초가 되듯이 나의 십계명이 바로 나의 성서의 구약과 신약을 들여다보며 그를 풀고 해석하는 기본이며 근본이며, 너희들의 구구단이라는 것과 같은 것이니라.
6 구구단이라는 것을 배우지 아니하고 너희들이 더하고 빼고 곱하는 셈을 할 수 없듯이,
7 나의 십계명을 암송하며 십계명을 깨우치며 십계명대로 살고자 노력하지 아니하는 자는 나의 성서의 구약과 신약을 볼 수 없음을 너희들은 오늘 깨우쳐야 할 것이니라.
8 그러니 나의 피조물 만백성을 지도하며 나의 피조물 만백성을 하늘에 이끌어 오르고자 하는 종교 지도자 그들에게 너희들이 하얀 백지를 줘 십계명을 쓰고 그 뜻을 기록하라 하며 시험을 본다 하면, 그 정답을 맞히는 자, 과연 몇 명이나 있다고 너희들은 생각하는가?
9 나의 십계명을 너희들이 준 백지에다

기록하지 못하며 그걸 암송하지 못하
며 그 뜻을 모르는 종교 지도자는 바
로 무엇이더냐?
10 너희들이 말하는 더하고 빼는 그 셈을
가르치는 선생이 구구단이라는 것을
모르고 가르치는 법과 암송하는 방법
을 모르면서 셈을 가르친다고 하여 학
생들 앞에 백묵을 들고 소리 지르는
그와 같은 것이니라.
11 너희들이 말하는 수학이라는 것을 배
우기 위하여 너희들은 구구단이라는
것을 암송하고 외워야만 되나니, 그것
을 외우지 않는 자는 그 공식을 풀 수
없음이니,
12 나의 십계명을 암송하고 그것의 소중
함을 모르는 자는 나의 성서의 구약과
신약의 뜻을 알 수 없다고 말하였음이
니,
13 그 기초와 근본도 모르는 자가 나의
성서의 깊은 뜻을 알 길이 없음이니,
너희들은 바로 그들과 다른 점이 여기
있음이니라.
14 너희들은 나의 십계명을 암송하며, 그
를 지키고자 노력하며, 내가 선지자에
게 직접 내린 두 구절을 암송하고 깨
우치고 있음이니,
15 십계명에 이어서 나의 두 구절을 암송
하고 있는 너희들과 그를 모르는 종교
지도자와 그 신도들을 견주어 볼 때,
16 너희들이 정녕 소중하며 정도의 길을
가고 있다는 것을 너희들은 깨우쳐야
할 것이니,
17 내가 선지자를 통하여 너희들에게 말
하는, 계산하기 위하여 구구단을 암송
하는 그것이 바로 성서를 공부하는 데
십계명이라는 것을 너희들이 나의 피
조물 만백성에게 전하는 임무를 수행
하도록 그리하라.

1,633 번째 하나님 말씀

2001년 11월 3일 04시 55분

1 사랑하는 선지자야!
2 "네, 여호와 하나님! 말씀하옵소서."
3 너희들 인간사에 살아가면서 '설마가
사람 잡는다.'는 말이 있느니라.
4 나의 피조물 만백성이 요한복음 16장
13절에 기록된 그가 자의로 말하지
아니하며 듣는 것만 말하여 기록하여
세상에 성령을 전한다 하여 열여섯 권
의 법전이 세상에 나왔다 하여도 '설
마 그가 그럴까, 설마 진정 여호와 하
나님께서 구원의 말씀을 내려보내셨
을까?' 하여 믿지 못하며,
5 저희들이 가던 길만 그저 앞만 보고
달려가고자 함이니, 너의 제자들과 너
를 따르는 백성들에게 이르라.
6 '설마 설마' 하지 말라 이르라.
7 나의 성령을 태우다시피 하는 그 고통
속에서 너희들에게 내려보내거늘,
8 오로지 믿는 자만이 구원을 받는 길이
며 구원의 길에 오를 수 있음을 너희
들은 자신 있게 일깨워 줘야 될 것이
니라.
9 많은 자들이 이곳에 와 '설마 설마' 하
는 마음으로 너와 갑론을박하고자 할
것이니, 너는 그들에게 응답하지 말라.
10 혹시나 '설마' 하여 이곳에 왔거든, 그
마음을 버리는 자만이 나의 법전의 뜻
을 알 수 있으며 하늘에 오르는 빛을

볼 수 있음이라 그들에게 말하라.
11 그리고 내가 너에게 수학 공식의 기본
인 구구단을 외우지 못하는 자, 답을
풀 수 없다 말하였듯이,
12 너희들의 종교 지도자가 십계명의 나
의 뜻을 지키며 그에 따라 살고자 하
여 그를 연구하고 깨우치고자 하지 아
니하는 자는 성서를 천날 만날 읽어도
그 속의 뜻을 모름이니,
13 그와 같은 단순한 진리를 그들에게 일
깨워 줘야 될 것이니라.
14 '설마 설마' 하는 자, 저희들이 죽어
내 앞에 왔을 때, 이미 때는 늦음이니,
너의 제자들 또한 그와 같은 마음을
갖고 믿지 말라 하라.
15 내가 너에게 말하기를, 손 위에 촛불
을 켜 놓아 그 촛불이 타 제 손을 태운
다 하여도 선지자가 바로 가기를 바라
며 이 법전이 나 여호와의 뜻임을 바
라는 그 여인의 마음처럼,
16 그와 같은 자세를 가지고 믿는 자, 구
원을 받을 수 있음을 알려 주라.
17 그리고 그와 같은 마음으로써 믿음의
길을 가도록 그리 행해야 할 것이니,
이를 너를 따르는 자들에게 일깨워 주
도록 하라.

1,634 번째 하나님 말씀

2001년 11월 4일 06시 50분

1 사랑하는 선지자야!
2 "네, 여호와 하나님! 말씀하옵소서."
3 네가 가야 하고 넘어야 할 길이 험하
고도 험하며 멀고도 먼 길이니라.
4 네가 이 지상에서 에덴동산의 낙원을
만들고자 할 때, 그를 이루기 위하여
어렵고 힘든 길이 네 앞에 있으며 헤
아릴 수 없는 고난과 역경이 쌓여 있
음이니,
5 너는 꼭 이를 이루어야 할 것이니라.
6 하늘에서 이루어진 것같이 이 땅에서
이루어지는 것이 나의 뜻이며 내가 이
루고자 함이니,
7 모든 종교 지도자들이요, 모든 선지자
요, 제사장이요, 그들이 다 그 낙원을
이루지 못하였음이니,
8 너는 오늘 너의 제자들에게 이르라.
9 너희들이 피조물 만백성을 하늘로 인
도한다는 모든 자들과 다른 것은, 너
희는 내가 원하는 것을 이루고자 함이
니라.
10 수천 년 역사 동안에 이루지 못한 이
지상의 낙원을 만드는 것이 너희들의
대명이니, 그것이 바로 나의 뜻이 아
니더냐?
11 하늘에서 이루어진 것같이 이 땅에서
이루는 것이 너희들의 대명이니, 이것
이 나로부터 선택된 나의 백성이요,
내가 사랑하는 너희들이 아니더냐?
12 그리고 이가 정녕 나를 대신하여 모두
를 행하고 있는 나의 아들이요, 나의
선지자요, 나의 종이 아니더냐?
13 누구도 이루지 못한 에덴동산을 이곳
에 이루고자 하는 너희들이야말로 정
녕 나에게 선택된 백성임을 알아야 할
것이니라.
14 이 뜻 하나를 깨우치면 나의 선지자에
게 사탄이요, 이단이라는 소리를 감히
할 수 없거늘, 너희들은 그리 말하라.
15 '하나님께서 원하시는 것이 하늘에서

이루어진 것같이 이 지상에 낙원을 이
루는 것이니, 그 뜻을 이루고자 지금
일어선 자가 바로 우리 선지자다.' 그
리 말하도록 너의 제자들에게 일깨워
주며,
16 '그의 대명은 지상의 낙원을 만드는
것이니, 그가 이루고자 하는 것이 하
나님의 뜻에 의하여 이루고자 행하는
것이니, 그를 너희는 이단이요, 사탄
이라 비웃지 말라.
17 수천 년 역사를 흘러오며 종교 지도자
라 하며 많은 재물과 은화를 수없이
거두어들인 너희들이 이루지 못하는
것을 그가 이제 이루고자 이 세상에
왔음이니,
18 그는 바로 하나님께 선택된 자다.' 그
리 말하라.
19 그리 말할 수 있도록 깨우쳐 주라.
20 이 대목을 너의 제자들에게 들려주어
야 될 것이니 그리 알라.

1,635 번째 하나님 말씀

2001년 11월 4일 12시 05분

(강론을 마치며)

1 사랑하는 선지자야!
2 "네, 여호와 하나님! 말씀하옵소서."
3 내가 너와 너의 제자들에게 이르기를
'나의 법전을 가슴에 안고 정독하는
자, 반석 위에 일어서 하늘에 오르는
찬란한 빛을 보는 영광을 얻게 됨이
라' 하였음이니,
4 너희들은 나의 법전을 1권서부터 16
권까지 읽으며 나의 법전을 다루기를
생활의 필수품과 같이 만지고 다루고
있음이니, 너희들이 얼마나 축복되며
얼마나 영광된 자들인가,
5 너희들은 이 감사함을 알아야 할 것이
니라.
6 그리하여 내가 선지자를 통하여 너희
들에게 들려주라 말하였느니라, 하늘
에서 이루어진 것같이 이 땅에서 이루
는 그 대명을 너희들이 받은 자들이라
는 것을.
7 수천 년 역사가 흐르는 동안에 믿음을
가르친 자 속에서 이것을 이룬 자 없
으며,
8 지금의 수십억의 인구들이 믿음을 위
하여 하늘에 오르겠다 하며, 저희들을
따르면 하늘에 오른다며 금화와 은화
를 거두어들이면서 때와 장소를 가리
지 않고 기도드리며 찬송하는 그들이
과연 지금 어찌하고 있는가,
9 그들이 무엇을 위해서 그리하며 무엇
을 이루고자 하는 것인가?
10 그들은 스스로 구원을 받기 위해서 함
이니라.
11 나 여호와에게 오르고자 하며, 전지전
능한 나 여호와를 찾으나, 내가 원하
는 것이 무엇이며 내가 갈구하는 것이
무엇인지 모름이니,
12 이 얼마나 가슴 아프고 통탄할 일인가!
13 나 여호와의 이 아픈 가슴을 헤아려
달라 내가 너희에게 간곡히 부탁한다
하면 너희들은 과연 나의 이 부탁을
거절하겠는가?
14 사랑하는 선지자야!
15 "네, 여호와 하나님! 말씀하옵소서."
16 너의 제자들에게 이리 이르라.
17 잔칫집에 자손들이 많이 모여 그득히

앉아 있는 그 행사가 부모 된 자로서
얼마나 흐뭇하며 아름다운가?
18 나의 성전에 또한 내가 사랑하는 나의
피조물 만백성 너희들이 부모의 손을
잡고, 부모는 자식의 손을 잡고, 형제
의 손을 잡고 나의 성전에서 이루어지
는,
19 매일같이 이루어지는 이 잔치에 그득
히 모여 웃고 즐기는 그것이 노부모에
게 효도하는 자식처럼 너희들이 나 여
호와를 기쁘게 하는 길이니,
20 너희들이 나의 이 깊은 뜻을 깨달아
행해야 할 것이며,
21 이 성전에 그득히 너희들이 모여 잔치
를 벌이는 그 모습이 나 여호와에게
효도하며 즐거움을 바치는 길이라는
것을 너희들이 오늘 깊이 깨우쳐야 할
것이니라.
22 이제는 이와 같은 뜻을 이루어야 되겠
다는 것을 너희 스스로 깨닫고 있기
에, 내가 깨닫지 못하는 나의 백성을
위하여 선지자를 통하여 너희들에게
전하니,
23 너희들이 모이는 이 잔칫날에 웃음꽃
이 피도록 하여야 할 것이니, 첫째는
너희들이 이 잔칫상에서 웃도록 해야
될 것이며, 사랑이 충만해야 될 것이
며,
24 너희들이 손에 손 잡고 그득히 나의
백성이 여기에 모이도록 그리하는 것
이 너희들이 우선 이루어야 할 책무임
을 잊지 말라.

1,636 번째 하나님 말씀

2001년 11월 5일 09시

1 내 사랑하는 선지자야!
2 "네, 여호와 하나님! 말씀하옵소서."
3 네 정녕 갸륵하고 갸륵하도다.
4 네가 이제 갈 길을 알며 행할 길을 알
고 있음이니, 그리 가면 되느니라, 선
지자야! 네 굳은 마음과 그 아름다운
마음의 빛이 하늘에 닿아 있음이며,
5 그 빛을 비추는 자 영광이 있음이니,
그저 그대로 깨우친 대로 행하고 임하
면 될 것이며, 네가 이제는 갈 수 있으
며 굳건히 서 있음이니,
6 내 마음을 네가 이리 기쁘게 하는 자
식이니라.
7 선지자야!
8 "네, 여호와 하나님! 말씀하옵소서."
9 네가 죽어 내 앞에 왔을 때, 오늘의 네
가 누구며, 누구의 형상을 갖고 있으
며, 누가 너에게 임하여 있는지 그것
을 네가 알 것이니,
10 세상에 누구도 지킬 수 없고 이룰 수
없는 일을 그리하여 너는 해내야 되며
해낼 것이니라.
11 모든 천사와 사탄과 마귀들이 네 앞에
와 굴복하며, 네 앞에 와 감히 너를 의
심하는 자 없도록 하기 위하여 너 스
스로 깨우치고 너 스스로 깨달아 일
어서도록 하였음이니,
12 네가 스스로 깨우치지 아니하면 모두
가 불평불만을 할 것이며, 그들이 감
히 네 앞에 와 고개를 숙이려 하겠는
가?
13 인간의 육신의 생활을 60평생을 했으

며 인간의 형상을 가지고 있는 네가
변하고 깨우쳐 천사가 된다 하면,
14 모두가 다 선하고 착하게 사는 것이
기본인 것을 그들이 깨우칠 것이니라.
15 그리하여 하늘의 법도가 있고 규칙이
있음이니, 너를 너 스스로 달구어 변
화되도록 하고 있음이니,
16 이 뜻을 알았다 하면 네가 오늘에 정
도만 가도록 그리하라, 선지자야!
17 "네, 여호와 하나님!
18 어찌하여 그와 같은 말씀을 이제야 주
시옵나이까?"
19 모두는 다 너 스스로 깨우쳐 가야 하
기 때문이니라.
20 내가 너를 사랑하노라.

1,637 번째 하나님 말씀

2001년 11월 6일 07시 20분

1 사랑하는 선지자야!
2 "네, 여호와 하나님! 말씀하옵소서."
3 모든 것은 제자리에 있어야 되며, 모
든 것이 다 제자리에 있을 때 그게 빛
을 보며, 쓰임이 있으며, 값어치가 있
으니,
4 사람들은 다 자기의 운명에 따라 가야
할 길이 있으며 살아가는 형태가 있음
이니라.
5 그 자리를 지키지 아니하고 방황한다
하면 그는 세월이 흐른 다음에 아무것
도 이루어짐이 없음이니라.
6 나의 피조물 만백성을 구하는 네가 마
음의 동요요, 제자리를 지키지 못하고
방황하면 아니 되느니라.
7 지구의 모든 것이 제자리를 지키지 아
니하고 우주의 모든 것이 제자리를 지
키지 아니하고 길을 잃음으로 인하여
서로 부딪치고 부서질 때, 어떠한 결
과가 나오겠는가?
8 나 여호와가 생각하기를 그보다 더 소
중하며 그보다 더 귀한 것이 네가 가
고 있는 길이니,
9 사랑하는 선지자 네가 방황의 길을 가
서는 아니 됨이며, 너의 제자들 또한
모두가 다 방황해서는 아니 됨이니라.
10 마음자리를 잡아 자기 자신을 지킬 수
있으며, 기도와 묵상으로써 하루를 살
아가는 그와 같은 길만이 너희들이 가
야 하는 길이며,
11 너희들의 자리에서 빛을 발하는 것이
며, 너희들이 해야 할 일인 것을 깊이
너의 제자들에게 깨우쳐 이르도록 하
라, 선지자야!

1,638 번째 하나님 말씀

2001년 11월 7일 08시 10분

1 사랑하는 선지자야!
2 "네, 여호와 하나님! 말씀하옵소서."
3 이제 나의 법전이 구석구석 전해지고
있음이니, 내가 지금까지 너희 인간들
을 선택하여 나의 성령이 내려옴을 알
게 되며,
4 내가 성서를 덮는다는 가르침을 깨우
친 자들이 네 앞에 와 법전을 읽고 깨
달아 나의 성령을 전하는 일에 그들의
대명을 수행하고자 오는 자, 다 구원
을 받을 것이며,
5 그렇지 못한 자, 저희들이 이제는 나
로부터 버림을 받게 될 것이니, 이것

부터 먼저 시행될 것이니 그리 알라.
6 지금의 잘못 가는 종파들의 믿음처럼
나의 성령이 지금 와 너희들을 구한다
는 것을 깨닫고 느끼고도 나의 법전을
가슴에 안고 정독하여 이 길을 가지
않는 자들,
7 그들은 다 나로부터 멀어지는 그러한
형국이 이루어질 것이니, 이제는 내가
이것부터 정리를 하고자 함이니라.
8 우후죽순으로 저희들이 나로부터 명
을 받은 선지자요, 나로부터 선택된
자라 하며, 때로는 나의 아들 예수의
이름까지도 파는 그들이 나의 법전을
읽고 깨닫지 아니하면 그들을 다 내가
버릴 것이니,
9 이제는 그때가 왔음을 알아야 할 것이
니라.
10 내가 너에게 일렀으니, 한 가정의 부
인과 남편 간에도 나의 법전을 읽고
깨닫는 자와 깨닫지 못하는 자, 저희
들의 언성이 높다 했으니,
11 이는 한 나라의 백성이 진정한 믿음과
잘못된 믿음의 그 기로에서 언성을 높
이는가 하면, 너희들이 살고 있는 지
상의 모든 나의 피조물 만백성이 갑론
을박을 할 것이며,
12 그들이 너를 바라다볼 것이며, 그들이
너를 해하고자 할 것이며, 그들이 너
를 파멸시키고자 할 것이니, 너의 제
자들에게 이르라.
13 모두를 다 바쳐 너를 지킬 수 있는 저
희들의 굳은 마음과, 남들이 너희 앞
에 와 고개를 숙일 수 있는 그와 같은
저희들의 변화 속에서만이 이 무섭고
험난한 파도를 넘을 수 있음을 너의
제자들에게 일깨워 줘야 될 것이니 그
리 알라.

1,639 번째 하나님 말씀

2001년 11월 7일 21시 10분

(강론을 마치며)

1 사랑하는 선지자야!
2 "네, 여호와 하나님! 말씀하옵소서."
3 나의 성전에 와 내가 너에게 전하는
나의 뜻을 들으며, 나의 법전을 연구
하고 공부하는 너의 제자들에게 일러
말하라.
4 어린아이가 흰 종이 위에 하나의 선을
긋는 그것도 그가 보는 가장 아름다운
그림이며, 좋은 화선지에 좋은 물감을
써서 너희들이 말하는 일류 화가라는
사람이 그리는 그 그림도 그림이니,
5 그러나 아이가 하나의 선을 긋는 그
그림은 그림이되 거기에는 진실과 아
름다움이 있고 순수함이 있음이며,
6 너희들이 말하는 내로라하는 화가가
그리는 그 그림 속에는 진실함과 그림
의 뜻과 또한 모든 것이 있으나 그 나
름대로 생각하는 것이 있으니,
7 어린아이가 백지 위에 그은 하나의 선
만큼 아름다움이 없다 하면 너희들은
그것을 이해하겠는가?
8 나의 피조물 만백성, 수십억 인구를
놓고 너희들이 생각할 때, 그들의 수
준이 어떠하며 그들이 깨우쳐야 될 법
전이 어떤 수준이어야 되겠는가?
9 너희들이 성서를 배우고 공부하고 깨
우치는 것이 지금에 있는 너희들의 지
식으로 어렵고 힘들다 하나,

10 나의 백성들이 이 성서를 만들 때는
그들이 또한 성서의 내용이 쉽고 간단
하다는 말을 하며 기록하였음이니,
11 이 이치를 너희들이 깨달음으로 인하
여 나의 법전을 세 번, 네 번, 다섯 번
읽으라 말함이니,
12 너희들은 나의 법전을 그와 같은 마음
의 눈으로 볼 줄 알아야 될 것이니, 이
뜻을 그리 그들에게 깨우쳐 일러 주도
록 하라.
13 너희들이 오늘 나의 성전에서 공부하
며 말하기를, 세상의 모든 미물과 모
든 동물들이 말이 통하지 아니하며,
생각이 다르며, 언어가 통하지 아니하
여도 그들은 총체적인 속에서 질서를
지키고 살아감이니, 그것은 내가 주관
하기 때문이라 말하였느니라.
14 너희 피조물 만백성을 너희들이 놓고
생각할 때, 동물의 세계와 같은 인간
의 살아감이 있으며, 그들의 수준만도
못한 나의 백성들이 또한 있음이니,
15 그들에게 지금 나의 법전을 전한다면
그들은 이 뜻을 이해하지 못하며 어렵
다고 고개 흔들며 이 법전을 던질 수
도 있음이니,
16 너희들은 이와 같은 나의 깊은 뜻을
헤아려 나의 법전을 볼 때 가슴으로
보며 가슴으로 읽어야 할 것이니,
17 이 뜻을 깊이 깨우쳐 나의 법전을 전
하는 데 주저함이 있어서는 아니 될
것이니 그리 알라.

1,640 번째 하나님 말씀

2001년 11월 8일 06시 20분

1 사랑하는 선지자야!
2 "네, 여호와 하나님! 말씀하옵소서."
3 너희들이 나 여호와가 존재함을 믿으
며 하늘에 올라 구원을 받고자 하는
것은 그 근본이 행함에 있느니라.
4 아무리 너희들 앞에 진수성찬이 차려
져 있다 하여도 너희들 손으로 그것을
취하지 아니하면 음식이 너희 몸으로
들어갈 수 없으며 너희들이 그로 하여
금 영양을 공급받을 수 없음이니,
5 나에게 오르는 길이요, 나에게 오르는
믿음이요, 나에게 오르는 진정한 길을
찾아가는 것도 행함이 우선이니, 이를
깨우쳐야 할 것이니라.
6 말로써 너희들이 모두를 다하며, 말로
써 다 베풀며, 말로써 다 이루며, 말로
써 너희들이 하늘에 오르는 데 하나의
손색이 없는 자들이며, 말로써 남의
가슴을 울리며, 말로써 그들을 깨우친
다 하나,
7 이 하늘에 오르는 길이라는 것은 행함
이 없이는 이루어질 수 없음을 알아야
할 것이니라.
8 '사랑을 베풀라, 사랑을 베풀라' 수없
이 소리 지르며 외치는 자, 막상 사랑
의 손길을 보내야 되며 사랑을 베풀어
야 할 때 그를 외면하고 돌아선다 하
면 그는 '사랑이라, 사랑을 실천하라.'
고 외치지 아니하는 자만도 못함이니,
9 오로지 믿음이요, 하늘에 오르는 길은
행함과 실천함에 있음을 깊이 깨우쳐
야 할 것이니라.

10 실천이 없는 믿음이요, 행하지 않는
믿음은 죽음이며 죽은 자의 행위라는
것을 알아야 할 것이니,
11 산 자가 행하는 행위가 아님을 너희들
이 알아야 할 것이니라.
12 수많은 나의 종교 지도자들이라 하며
나의 피조물 만백성을 하늘로 이끈다
하여 일깨워 깨우치고 가르치는 자들
중에 나의 율법에 따라 행할 수 있는
자들이 얼마나 있는가?
13 그리고 그에 따라 정녕 사는 자가 얼
마나 있다 너희들은 말할 수 있는가?
14 아예 나의 율법이요, 나의 계명이요,
내가 원하는 것을 따르고자 하는 것도
싫어서, 따르고자 생각하는 것 자체도
두렵고 겁이 나기에,
15 저희들은 하나님으로부터 선택된 자
이며 인간은 완벽한 신이 될 수 없다
하여 인간은 죄를 짓지 아니하고 살
수 없다 그리 가르치니,
16 이는 저희들이 나의 계명을 지키고 나
의 뜻에 따라 사는 것이 두렵고 무섭
기 때문이니, 이는 곧 무엇이더냐?
17 내가 원하는 것을 행하기도 전에 그
행하는 것을 생각하는 것조차도, 노력
하고 노력하는 것 자체도 싫어하며 두
려워함이니,
18 너를 따르는 제자들과 너를 따르는 나
의 피조물 만백성에게 그들은 모두를
행하여야 된다 이르라.
19 네가 나로부터 성령을 받아 기록하는
이 새벽에 드리는 너의 기도 시간에도
이곳에 와서 참석하여 기도하지 아니
하는 자는 들을 수 없음이니, 이게 곧
행함의 근본이니라.
20 이 이치를 너희들이 깨우쳐야 될 것이
며 너의 제자들이 그리 행하여야 될
것이니라.
21 사랑하는 선지자야,
22 성서의 가르침 속에는, 나의 법전의
가르침 속에는 너희들이 거울이라는
것 앞에 서서 너희 모습을 볼 수 있듯
이,
23 거울에 비추는 너희 모습이 그대로 비
치듯이, 나의 성서를 펴 놓고 읽는 자,
그 성서 속에 있는 나의 뜻을 알아야
하는 것이며,
24 나의 법전을 펴 놓고 공부하는 자, 나
의 법전에 비친 진정한 내가 원하는
성령의 뜻을 모른다 하면 이는 차라리
성서요, 나의 법전의 뚜껑을 열지 아
니하는 자만 못함이라 내가 말하고자
함이니라.
25 나의 성서요, 나의 법전을 너희들이
거울 앞에서 비치는 모습처럼 그대로
읽는 자, 이를 깨닫는 자, 이를 깨우치
는 자가 없음이니, 그리하여 하늘에
오를 자가 없음이니라.

1,641 번째 하나님 말씀

2001년 11월 9일 08시 10분

1 사랑하는 선지자야!
2 "네, 여호와 하나님! 말씀하옵소서."
3 네가 나에게 기도하고 묵상하면서 가
는 길에 그 삶을 어떠한 특정한 사람
에 의하여 너를 보필하게 한다 하면
하지도 못하는 자들이 그들을 비방하
며 그들을 헐뜯기 끝이 없을 것이니,
4 너는 너의 제자들에게 이르라.

5 누가 와서 너와 같이 한 끼의 식사를
하기를 요청하지 아니하면 굶고 앉아
있는 네가 되라.
6 그리하여 너의 제자들에게 각자가 너
를 따르는 것을 인식시키며, 네가 있
음을 인식시키며, 너의 모두를 털어
줘야 되는 각자의 책임이 있는 것을
깨닫도록 하라.
7 모두를 다 열라.
8 그리고 너의 제자들이 너의 주변에 와
서 임하지 아니하거든, 너는 물 한 모
금 마시지 말며 때를 넘기는 삶을 살
아 보라, 그들이 얼마나 힘들고 어려
운가를 저희들이 알 것이니.

1,642 번째 하나님 말씀

2001년 11월 9일 21시 10분

(강론을 마치며)

1 사랑하는 선지자야!
2 "네, 여호와 하나님! 말씀하옵소서."
3 너는 너의 제자들에게 이르라.
4 너희들이 너희 육신을 손으로 한 번
비틀어 보며, 그리고 너희가 살아 있
으며 너희가 존재해 있으며 그것을 비
틀 수 있도록 명령을 내리는 너희 정
신은 어디서 오는 것이며, 너희 육신
은 어디서 오는가를 조용히 가슴에 손
을 얹고 생각해 본다 하면 너희들은
신비함을 알 것이니라.
5 그리고 이는 나 여호와의 뜻이 아니면
이루어질 수 없다 함을 너희들이 알
것이니라.
6 나 여호와가 아니면 이를 이룰 수 없
다 함은, 너희들이 육신의 삶을 마치
고 하늘에 와 나에게 심판을 받는다는
것은 엄연한 사실인 것이며,
7 너희들이 심판을 받을 때는 너희들이
살아와 육신이 지었던 그 죄의 대가를
치러야 할 것이니,
8 너희 육신의 백 년도 안 되는 삶에 의
하여 욕심이라는 그 하나의 심성을 버
리지 못하고 살다 나에게 와 고통 받
는 그 어려움을 바라볼 수 없으며 너
희들이 고통스러운 그 죄의 대가를 치
르는 것을 내가 볼 수 없어,
9 너에게 일러 그들의 고통을 털어 주며
내가 만든 나의 백성들이 그 고통 속
에 죄의 대가를 치르는 그 시련을 보
고 아파하는 나의 마음을 달래 달라,
10 그리고 나의 마음을 이해해 주며 나의
마음의 부담을 털어 달라 그리 내가
너희들에게 간곡히 부탁하여 여기 모
여 있는 너의 제자들이니라.
11 너의 제자들에게 물으라.
12 지금의 삶에서 너희 마음이 열배 백배
가 더 곱고 아름다워진다 하여도 너희
들 스스로 하늘에 오를 수 있는 천사
가 될 수 있다 생각하는가?
13 내가 너에게 일찍이 말하기를 육신을
가지고 지금 하늘에 오르고자 이곳에
와 모여 있으며 나의 법전을 공부하며
나의 성전에 앉아 나 여호와의 음성을
듣고 있는 너희들마저도 열배 백배 마
음을 더 비운다 하여도 천사가 될 수
없다 하였음이니라.
14 다만, 천사가 되고자 노력하는 너희들
의 그 마음이 진솔되고 정녕 나의 뜻
에 의하여 행하고 살아갈 때, 내가 거
둬들이는 자만이 천사가 되어 하늘에

오를 수 있다 말하였음이니라.
15 오늘 너희들의 깨달음과 너희들의 행
하고 행함은 모든 나의 피조물 만백성
이 갈 수 없는 길을 가고 있음이니라.
16 나의 법전을 전하며 나의 백성들을 구
하기 위하여, 나의 피조물들을 깨우치
기 위하여 나의 법전을 들고 동분서주
하는 너희들의 그 발걸음과 그 마음과
그 자세로써 너희들의 이름이 나의 에
덴동산에 걸려 있는 그 뜻을 다 이루
고 있으며 그 보상을 너희들이 지금
치르고 있음이니라.
17 오늘 내가 선지자를 통하여 너희들에
게 이르나니, 너희들이 죽어 나에게
왔을 때, 너희들의 고통은 없을 것이
며, 너희들이 겁먹고 두려워 무서워하
는 너희들의 죄는 없을 것이니라.
18 너희들은 그와 같은 고통이 없을 것임
을 나 여호와가 선지자를 통하여 너희
들에게 전하나니, 이 영광을 받은 만
큼 너희들이 살아가는 행위와 행실과
나의 뜻에 순종함과 실천함을 남들이
감히 따를 수 없이 아름답게 해야 함
을 잊어서는 안 될 것이니라.
19 내가 오늘 선지자를 통하여 너희들이
죽어 나에게 와 심판받을 때, 바늘 방
석을 맨발로 가며, 끓는 물 속에 들어
가며, 지옥 불에 떨어지는 너희들의
그와 같은 죄는 없을 것이라 말하였으
니,
20 그와 같은 영광을 얻은 너희들이 나에
게 보답하는 길이 무엇이며 너희 삶이
무엇인가를 깨달아야 될 것이니라.
21 내가 너희들에게 금화와 은화를 바치
라 함도 아니요,
22 너희들이 조용한 시간에 두 무릎 꿇고
'여호와 하나님! 감사합니다.
23 저의 죄를 용서하여 주옵소서.
24 그리고 하나님의 뜻대로 살아 만백성
이 저를 보고 깨우칠 수 있는 선구자
가 되겠으며, 천사가 되겠으며, 여호
와의 백성이며 여호와의 자식이 되겠
습니다.' 그리 기도하면 된다 하였으
니,
25 그것이 너희들이 나에게 바칠 수 있는
전부인 것이니라.
26 이것 하나 내가 너희들에게 지키라 하
며 너희들을 구원하였음이니, 나의 이
뜻을 깊이 깨우쳐 너희들이 행하고 살
아감이 만백성의 귀감이 되어야 될 것
이며,
27 너희들을 바라보는 자, 너희들을 보며
천사라 하여 그들의 마음에 깨달음이
있으며 그들의 마음에 설렘이 있으며,
28 너희들의 음성을 들을 때 그들의 마음
에 흔들림이 있으며 그들의 가슴에 저
려 옴을 느낄 수 있는 그와 같은 너희
들이 되어야 될 것이니라.
29 사랑하는 선지자야, 너의 제자들에게
이르라.
30 너희들이 잠잘 때, 먹을 때, 걸어갈
때, 나 여호와가 같이 있으며 너희들
과 항상 같이 있다는 것을 잊지 말라.
31 이것만이 너희들이 어렵고 힘든 그 길
을 다스려 나갈 수 있는 길이니, 그것
부터 너희 마음속에 깊이 새겨 행하도
록 하라.

1,643 번째 하나님 말씀

2001년 11월 10일 04시 25분

1 사랑하는 선지자야!
2 "네, 여호와 하나님! 말씀하옵소서."
3 네가 가야 할 길이, 그리고 네가 이루
어야 할 길이 보이지 아니하는 곳에서
싸워야 되며, 보이지 않는 형체를 잡
아야 하는 그와 같은 형국이니,
4 보이지 않는 그 속에서 네가 무엇인가
를 잡아야 되며 무엇인가를 쌓아야 되
며, 성벽을 이루어야 되며,
5 보이지 않는 그 속에서 무엇인가를 건
축해야 되며, 무엇인가를 만들어 내야
됨이 너의 대명이니,
6 그게 얼마나 힘들고 어려운 깨우침이
있어야 하는 것인가를 너는 이제 깨우
치고 있을 것이니라.
7 보이지 않는 속에서, 아무것도 없는
속에서 모두를 다 이루어야 되며 형
체를 만들어야 되는 너의 그 깨달음이
얼마나 힘들고 어려운 길인가를 너는
이미 깨닫고 있음이니, 네가 바르게
가고 있음이니라.
8 남들은 모든 물체를 가지고도 만들기
힘든 그 형상들을 너는 아무것도 없는
그 속에서 만들어야 됨이니,
9 얼마나 네 깨우침의 경지가 높아야 그
모두를 정밀하게 요소에 배치하여 만
들 수 있는 것인가?
10 그를 만들고 이루는 것이 네가 가는
길인 것이니라.
11 "전지전능하신 여호와 하나님!
12 잡힐 듯하나 잡히지 아니하며 보일 듯
하나 보이지 않는 저의 이 깨달음을,
잡히지도 아니하며 보이지도 아니하
는 속에서 제자들을 가르치고 가고 있
는 이 길을, 여호와 하나님! 잡을 수
있고 볼 수 있도록 죄 많은 이 죄인을
다스려 주옵소서."
13 사랑하는 선지자야!
14 "네, 아버님! 말씀하옵소서."
15 예수도 그와 같은 삶 속에서 길을 걸
어왔느니라.
16 너 또한 그와 같은 삶 속에서 길을 가
야 될 것이며 이뤄야 할 것이니라.
17 사랑하는 선지자야!
18 "네, 여호와 하나님! 말씀하옵소서."
19 하늘을 향하여 네 마음을 다 날리라.
20 네 육신의 생각과 네 육신 속에 있는
그 모두를 다 날려야 될 것이니라.
21 그 모두를 다 하늘을 향하여 날려 보
낸 네 마음속에 오로지 하얀 수정과
같은 나의 성령이 임했을 때 모두가
이루어질 수 있음을 너는 알아야 할
것이니라.

1,644 번째 하나님 말씀

2001년 11월 10일 06시

1 사랑하는 선지자야!
2 "네, 여호와 하나님! 말씀하옵소서."
3 내가 정녕 나의 법전을, 나의 뜻을 네
가슴에 내려 나의 피조물 만백성을 바
르고 옳은 길로 하늘에 오르게 하고자
하여 아무것도 모르는 너를 잡아 이곳
에 앉혀 놓았음이니,
4 고삐 풀린 망아지 같은 너에게 고삐를
걸어 앉혀 놔 나의 법전을 너에게 내
릴 때 네가 두려워 무서워하였으며,

5 과연 나의 피조물 만백성이 이 법전을
읽고 깨우쳐 하늘에 오르는 진정한 길
을 갈 수 있는가 하는 불안하고 초조
한 마음에 네가 임하였으니,
6 그러나 오늘 너는 새벽잠을 이루지 아
니하며 나의 음성을 듣고자 하며, 네
가 기도하는 그 뜻을 듣고자 너의 제
자들이 이리 와 앉아 있으니,
7 이들보다 더 소중한 것이 없으며, 이
와 같은 너의 제자들이 있으니 너의
오늘의 마음과 생각이 어떠하더냐?
8 사랑하는 선지자야!
9 "네, 여호와 하나님! 말씀하옵소서."
10 온 세상을 다 덮을 물이 담긴 제방도
작은 개미구멍으로부터 터지기 시작
하여 그 물이 세상을 다 덮을 수 있다
내가 너에게 말하였으니,
11 지금 이 새벽에 너의 기도 소리를 듣
고자 나의 성전에 온 너의 제자들이
제방을 뚫는 개미만 못하다 너는 생각
하느냐, 선지자야!
12 오늘의 너의 제자들의 그 마음과 그
행동과 이곳에 발길을 돌리는 그들의
뜻을 너는 알지니, 나 여호와는 너의
제자들의 그 갸륵한 마음을 알고 있음
이니라.
13 선지자야, 내가 너에게 일러 말하였느
니라.
14 세상에 내가 나의 맑고 깨끗한 생수로
써 나의 피조물 만백성을 구하고자 하
여 하늘에서 내릴 때, 그것을 받을 수
있는 그릇이 하나가 있다 하면 그곳에
생수를 붓는다 하였으니,
15 내가 너에게 이르기를, 하나의 깨우친
너의 제자가 나의 이 세상 모두와 바
꿀 수 없이 소중하다 하였으니, 오늘
나의 성전에 나의 성령의 뜻을 듣고자
온 너의 그 제자들이 바로 세 명이요,
또 많은 제자들이 모일 것이니,
16 그들의 마음이요, 그들의 뜻에 내가
생수를 부을 자가 하나 둘 동서남북에
뿌리를 내리니, 나 여호와의 이 기쁜
마음을 너는 모를 것이니라.
17 사랑하는 선지자야!
18 "네, 여호와 하나님! 말씀하옵소서."
19 백 마디, 천 마디의 말보다 하나의 실
천함이 소중하다 내가 너에게 일렀으
니,
20 천만금을 가진 자가 배고픈 자에게 말
로써 '배고프지 않느냐?' 한들 무엇하
냐고 내가 말하여 이르지 아니하였느
냐?
21 제 입에 있는 것을 나눠서 먹을 수 있
는 것이 배고픈 자의 심정을 아는 것
이며 그가 배고픈 자에게 필요한 자라
말하였으니,
22 오늘 내가 생수를 내릴 수 있는 깨끗
하고 아름다운 너의 제자들이 이와 같
이 모여 있으니, 이제는 하늘에 있는
나 여호와의 기쁨을 형용할 수 없으며,
23 모든 사탄과 마귀와 천사들도 변하는
너희들을 보며, 인간은 역시 변할 수
있으며, 인간은 천사가 될 수 있으며,
나 여호와 옆에 오를 수 있다는 것을
그들이 깨닫는 이와 같은 시점이 되어
가고 있음이니,
24 나 여호와의 이 기쁜 마음을 너는 알
겠느냐?
25 내 너를 사랑하며, 너의 마음을 다스
리며 너의 행동을 다스려 감에 나 여

호와의 기쁜 마음을 오늘 너에게 전하
니, 선지자야, 갸륵하고 장하도다.
26 세상사 사람들이 살아가며 한 사람의
생명을 구하는 자도 그 공이 하늘에
닿는다 말하였으니, 병들고 썩어져 가
는 나의 피조물 만백성을 구하고자 하
는 너의 뜻과,
27 그 뜻을 받들어 따르는 너의 제자들의
갸륵함이 있으니, 너희들의 공로를 내
가 다 어찌 말로써 전하겠느냐?
28 사랑하는 선지자야, 너희들이 살아감
이 이러하니라.
29 지나가는 미물을 미물이라 하여 밟아
뭉개 죽이는 사람이 있는가 하면, 그
도 생명이라며 소중히 바라보는 사람
이 있으니,
30 마음의 차이요, 행동의 차이가 어떻더
냐?
31 바로 너희들은 그러한 자가 되어야 될
것이니라.
32 네 발밑에 기어가는 그 미물을 밟아
이기는 것보다, 그 생명의 소중함을
깨닫고, 나 여호와의 뜻에 의하여 그
가 이 세상에 왔으니 그 또한 자기의
형제요, 소중하다고 생각하는 그와 같
은 마음을 갖고 사는 너의 제자들이
되어야 될 것이니,
33 오늘 내가 너에게 간곡히 말하는 이
새벽, 성전에 와 기도하는 그들이라도
그와 같은 삶을 살라 네가 그들에게
전해야 할 것이니라, 선지자야!
34 하나가 소중하니라.
35 열이 소중하고, 백이 소중하고, 천이
소중한 것이 아니니라, 선지자야!
36 하나가 소중함이니라.
37 하나의 그 새싹이 남이 소중함이니라.
38 그리하여 그를 따르는 자가 있을 것이
니라.
39 사랑하는 선지자야!
40 "네, 여호와 하나님! 말씀하옵소서."
41 저려 오는 마음을 버리며, 갖고자 하
는 마음을 지우며, 그리운 마음을 지
우며, 사랑하는 마음을 지우며, 인간
사 관계의 그 모두를 지울 수 있는 네
마음속에 새로운 나의 성령이 이를 수
있음이니,
42 그 모두를 다 버리는 너의 삶을 실천
하여 이루어야 할 것이니라.
43 네가 한 점의 의혹이 있고 한 점의 실
수가 있으며 한 점의 하늘을 향하여
부끄러움이 있다 할 때, 이 지구상에
부을 수 있는 생수의 그릇은 없음이니,
44 네가 존재하기에 오늘의 너의 제자들
이 있으며, 너의 변하는 아름다운 그
모습이 있기 때문에 제자들이 오늘과
같이 변함이 있으니, 내 너를 사랑하
노라, 선지자야!
45 모두를 다 지우고 모두를 다 버리며,
추하고 더러운 것을 바라보지 아니하
며 생각하지 아니하는 너로 바로 서야
할 것이며,
46 그리해야만 나의 피조물 만백성이 하
늘에 오르는 그 길을 볼 수 있음이니
라.
47 오늘 나의 성전에 와 새벽 기도를 드
리는 너의 제자들에게 이르라.
48 그들에게 지금 내가 내리는 이 뜻을
꼭 실천하고 지키라 이르라.
49 그들이 저희 살점을 도려 내는 한이
있더라도 부끄러운 짓, 남에게 행해서

는 아니 되는 짓, 남들이 보아서 저 자
신이 고개를 들 수 없는 그와 같은 짓
을 하지 않는,
50 내가 생수를 부을 수 있는 그릇으로
모두를 비우라 그리 깨우쳐 전하라,
선지자야!

1,645 번째 하나님 말씀

2001년 11월 10일 06시 05분

1 사랑하는 선지자야!
2 "네, 여호와 하나님! 말씀하옵소서."
3 소리 없이 흐르는 너의 눈물을 닦으라.
4 하나가 있으면 둘이 있고, 둘이 있으
면 셋이 있으며, 셋이 있으면 열이 있
고, 백이 있느니라.
5 나의 생수를 받을 수 있는 그릇들인
너의 제자들이 오늘에 셋이 있으면 내
일에 열이 있음이니,
6 너는 괴로워하지 말며 흐르는 눈물을
닦으라, 선지자야! 내가 너의 공을 사
랑하노라.
7 나 여호와가 너의 오늘의 고통을 알고
있음이니, 이제는 하나가 있어 둘이
있고, 둘이 있어 셋이 있음이니,
8 너의 제자들이 그리 변하여 갈 것이
며, 내가 선택한 너의 제자들은 그와
같이 갈 수 있는 자들이니라.
9 오늘의 세 사람의 마음 다짐이 강하
니, 너의 제자들 또한 그들을 따를 것
이니라.
10 세월이 있어야 함이니라.
11 시간이 필요함이니라, 그리고 깨우침
이 필요함이니라.
12 선지자야, 조용히 기다리라.
13 이루어질 것이니라.

1,646 번째 하나님 말씀

2001년 11월 11일 06시 05분

1 사랑하는 선지자야!
2 "네, 여호와 하나님! 말씀하옵소서."
3 무성했던 식물들이 가을이 되어 그 잎
이 떨어지는 것까지도 나의 주관과 나
의 계획하에 이루어지지 아니하는 것
이 없다 내가 너에게 말하였으며,
4 눈보라 치는 것도, 태풍이 부는 것도,
이 지구상의 이루어지는 모든 것이 다
나의 주관과 나의 뜻에 의하여 이루어
지지 아니하는 것이 없다 말하였으니,
5 그러나 나의 피조물 만백성 너희들은
'감히 그와 같은 일이 있을 수 있으며
그 모두를 다 여호와 하나님께서 주관
하실 수 있을까?' 하는 생각을 하는
자 있을 것이니,
6 너희들이 모르는 깊고도 깊은 바닷속
에 살아가는 그 모든 식물들이며 미물
들의 살아가는 모습과 그 형태가, 자
연의 그 아름다움과 풍요로움과 신비
함이 다 누구의 뜻에 의하여 이루어진
다고 너희들은 생각하느냐?
7 그 모두가 나 여호와의 주관하에 이루
어지지 아니하는 것이 없으며, 나 여
호와가 주관하지 아니하면 그와 같이
이루어질 수 없다 함을 너희들이 깨달
을 때,
8 지구상에 바람에 나부끼는 낙엽 한 잎
도 나의 주관하에 이루어지지 아니하
는 것이 없는 것을 너희들이 깨달을
것이니라.

9 사랑하는 선지자야!
10 "네, 여호와 하나님! 말씀하옵소서."
11 내가 너희들에게 마음을 비우라 하며,
너와 너를 따르는 제자들과 너를 따르
는 나의 피조물 만백성, 그리고 나의
법전을 가슴에 안고 정독하며 깨우치
는 나의 피조물 백성들의 마음이 하얗
게 됐을 때, 너희들에게 모든 기적과
너희들이 원하는 모든 뜻이 이루어질
수 있다 하였음이니,
12 너희들의 마음이 변하고 아니 변하며,
너희들의 마음이 천사와 같이 되고 아
니 되는 것을 내가 알고 있음이니,
13 너희들 자신이 천사가 되는 것은 너희
들이 수정보다도 더 맑고 눈보다도 더
흰 그 마음을 정녕 가지며 나의 법전
의 뜻에 따라 행하고 실천하는 길뿐이
며,
14 그것만이 나의 음성을 들을 수 있으
며, 나를 볼 수 있으며, 너희들이 정녕
구원의 길에 들어설 수 있는 것임을
깊이 깨우쳐야 할 것이니라.
15 바람이 불어 떨어지는 낙엽을 보며,
'설마 여호와 하나님의 주관하에 이것
까지도 이루어지는 것일까?' 하는 마
음을 너희들이 가지며,
16 나의 법전대로 실천하지 아니하며 행
하지 아니하며 나의 계명대로 살아가
지 아니하며, 작은 실수요, 작은 거짓
이요, 작은 질서를 파괴하는 행위를
하면서 너희들이 이 또한 '여호와 하
나님께서 이를 보고 계실까, 알고 계
실까?' 하는, '설마' 하는 마음을 가져
서는 아니 됨이니라.
17 정녕 내가 너희들에게 내린 가훈과 같
이 한 점의 부끄러움이 없는 삶을 사
는 자들만이 하늘에 오를 수 있으며,
구원을 받을 수 있으며, 그들이 내가
존재함을 알게 됨이니,
18 이제는 이와 같은 힘들고 어려운 그
길을 너희들이 인내하고 가야 하며 지
키고 이루어야 됨을 너의 제자들에게
일깨워 줘야 할 것이니라.
19 바람에 나부끼는 하나의 먼지까지도
나의 주관하에 이루어진다 하면, 너희
들이 내가 선택한 백성들이 행하며 살
아가며 행동하는 것을 내가 모른다는
생각을 해서는 아니 될 것이며,
20 내가 모두를 주관하며, 알고 있으며,
보고 있으며, 듣고 있음에도 불구하고
너희들이 남들이 보아서는 아니 되는
행위를 한다 하면,
21 이는 내가 다 알고 있으며 보고 있다
하는 이 엄연한 사실을 잊음이니, 그
를 너희들이 잠시도 잊어서는 아니 될
것이니라.
22 사랑하는 선지자야!
23 "네, 여호와 하나님! 말씀하옵소서."
24 이제는 내가 정녕 깨우치는 너의 제자
와 정녕 실행하는 제자를, 그들의 능
력과 그들이 행할 수 있는 권능을 구
별하고 분별하여 쓸 것임을 너의 제자
들에게 일깨워 줘야 할 것이니라.

1,647 번째 하나님 말씀

2001년 11월 11일 12시 25분

(강론을 마치며)

1 사랑하는 선지자야!
2 "네, 여호와 하나님! 말씀하옵소서."

3 너의 제자들에게 조용히 눈을 감고 내
성령의 이 뜻을 가슴에 깊이 새기라
이르라.
4 나의 열여섯 권의 법전이 세상에 나오
며, 네가 수백수천 번의 기도를 나에
게 드리면서 네가 지금 암송하는 십계
명을 외우지 아니한 구절이 없으며 외
우지 아니하고 네가 나에게 기도하며
경배한 적이 없으니,
5 그 십계명이 무엇이더냐? 내가 나의
뜻을 불로써 바위에 새겨, 이를 시행
하고 지켜 영원히 사는 하늘나라 내
곁에 오라 하여 너희들에게 내린 것이
니,
6 나의 성전에 모인 너의 제자들은 이를
지키고 살아야 되며, 이를 지키고 살
겠다 하여 어렵고 힘든 그 생활 속에
서도 나 여호와를 생각하며 나의 법전
의 구절을 생각하며,
7 남들이 비방하는 그곳에 손과 발이 가
고자 할 때, 뜨거운 물에서 손을 빼듯
이 발길과 손길을 멈추며, 마음을 멈
추며, 마음을 다스려 가며 살아가고자
하는 너희들이 이곳에 모여 있음이니
라.
8 오로지 구약과 신약의 모든 성서의 뜻
이 나의 십계명이요, 그 속에서 지키
고 이루도록 되어 있는 그것을 지킬
수 없다 말하는 그들과,
9 너희들의 그 모두를 다 바치더라도 이
를 지켜 나 여호와를 기쁘게 하며 나
여호와의 뜻에 순종하며 나에게 오르
고자 하는 너희들의 그 마음 중에 어
떠한 것이 진실한 마음이며 어떠한 것
이 나에게 오를 수 있는 길이라 말하
더냐?
10 열여섯 권의 법전의 그 많은 내용을
기록하며, 그 많은 시간 동안에 나의
십계명을 암송하며 나의 십계명을 기
록하여 너의 머릿속에 기억하지 아니
하고 나의 법전이 기록된 사실이 없으
니,
11 이를 보고 이단이요, 사탄이라 말하는
자와 너희들 중에 누가 정녕 나의 뜻
을 거역하는 자들이며,
12 하늘에 오르고자 하는 나의 피조물 만
백성을 지옥의 불길로 인도하는 자들
인가 너희 마음속에 깊이 새겨야 할
것이니, 그리 알아야 할 것이니라.
13 내가 너희들에게 이르느니라.
14 이 세상을 다 덮을 수 있는 제방이 있
다 하여도, 그 제방이 작은 실오라기
요, 개미가 지나갈 수 있을 만한 구멍
에서부터 터지기 시작하여 무너진다
내가 말하였으며 너희들에게 일깨워
주었음이니라.
15 그러한 이치 속에서 너희들의 존재가
정녕 위대하며, 이 세상을 다 지배할
수 있으며, 나의 피조물 만백성을 하
늘로 인도하는 목동으로서 너희들이
면 만족하며 충분하다고 내가 생각할
진대,
16 너희들은 할 수 있는 자들이며 이룰
수 있는 자들이니라.
17 내가 너희들에게 일깨워 말하였느니
라.
18 천릿길의 그 걸음도 첫발을 디딤으로
써 그 목적을 이룰 수 있다 말하였음
이니, 나의 14만 명의 파수꾼이요, 나
의 모든 피조물 만백성을 구원하기 위

하여 첫발을 디뎌야 함이니,
19 지금 모여 있는 너희들이 그 첫발을
디디는 소중한 자들이니, 너희들의 소
중함을 알라 내가 수없이 너희들에게
전함이니라.
20 나의 법전이 세상을 덮을 날이 머지않
았으며, 나의 피조물 만백성이 이를
들고 갑론을박할 날이 머지않았음이
니,
21 내가 너희들에게 다시 이르나니, 나의
아들 예수가 재림하여 이 세상의 나의
피조물 만백성을 구하러 왔다 해도 그
들이 믿지 아니한다 하였으며, 나 여
호와가 직접 내려가 만백성을 구원한
다 하여도 나를 믿지 아니하고 더 사
악한 방법으로 나를 몰아칠 것이라 말
하였으니,
22 너희들이 나의 법전을 읽고 나로부터
선택된 백성이요, 나의 선지자가 나로
부터 선택된 자며, 그의 제자라 하여
너희들이 아무리 그들 앞에 목소리 높
여 소리를 지른다 해도 그를 믿고 따
를 자 아무도 없느니라.
23 다만, 그들이 너희들을 믿고 따를 수
있는 것은 천사와 같이 아름다운 너희
들의 눈빛과, 너희들의 마음과, 너희
들이 가지고 있는 모든 행함이니,
24 그들에게 답할 수 있는 것은 오로지
그것뿐이니라.
25 그러기에 내가 너희들에게 그 어려운
마음을 비우라 함이니라.
26 내가 말하지 아니하였더냐? 너희들이
마실 수 있는 생수의 그 그릇에 작은
기름 한 방울이 떨어진다 하면 그를
마실 수 없다 말하였으니,
27 이를 너희들 것으로 만들어 놓고 뒤집
어 생각해 볼 때, 너희들 마음속에 한
점의 검은 마음이 있다 하면 너희들의
마음을 비움이 아니니 이를 다스리라
나 여호와가 그리 간곡히 너희들에게
이르는 것이니라.
28 사랑하는 선지자야!
29 "네, 여호와 하나님! 말씀하옵소서."
30 너의 제자들의 그 기도 소리를 너를
통하여 내가 접하며, 너의 제자들이
행하는 그 모두를 너를 통하여 접하여
내가 알고 있음이니,
31 너의 제자들에게 이르라.
32 너희들의 그 모두를 내가 접하고 있으
며 너희들과 같이하고 있다 함을 너희
들은 '설마' 하는 생각으로써 하늘에
오르는 그 영광을 저버리지 말라 이르
라.
33 바람에 날리는 하나의 먼지도, 하나의
떨어지는 낙엽도 나의 주관하에 이루
어진다 말할 때, 너희들은 '설마, 설마'
한다 내가 말하였으니,
34 그것은 바로 엄연한 사실이라는 것을
너희들이 알아야 될 것이니라.
35 내가 모두를 주관하며 하물며 떨어지
는 그 낙엽까지도 주관한다 하였으니,
나에게 선택된 나의 백성이며 나의 대
명을 이루는 너희들이 움직이고 숨쉬
고 잠자며 행하는 것을 내가 보지 아
니한다고 너희들은 감히 생각지 말라.
36 너희들의 머리카락 하나까지도 내가
알고 있음이니라.
37 너희들이 숨 쉬는 그 소리도 내가 놓
치지 아니하고 있음이며 내가 알고 있
음이니라.

38 내가 이 지구상의 모든 피조물 만백성
이 숨 쉬며 움직이는 것과 그 머리카
락 한 가닥까지도 알고 있다 하였거늘,
39 나에게 나의 피조물 만백성을 구하는
대명을 받은 너희들이 움직이고 행하
는 것을 내가 모를 것이라 생각하지
말라.
40 이 점을 너희들이 깊이 깨우침으로 인
하여 너희들이 가던 발길을 멈출 것이
며, 너희들의 마음을 다스릴 수 있는
길이 여기에 있음이니라.
41 이제는 너희들에게 시간이 없음이니
라.
42 너희들을 내가 바로 쓰고자 하여 쓸
사람을 고를 것이며, 내가 너희들을
쓰고자 하는 그 자리에 너희들을 앉힐
때가 도래했음이니, 너희들 자신의 마
음을 비우도록 하라.
43 한 점의 오물이 묻으면 그 물을 마실
수 없듯이, 한 점의 오물이 너희들 몸
에 있다 하면 너희 전체를 쓸 수 없음
이니, 내가 쓰지 못함이니라.
44 천사와 너희가 다른 점이 여기 있음을
깊이 깨우쳐 행하여야 할 것이니라.

1,648 번째 하나님 말씀

2001년 11월 12일 06시

1 사랑하는 선지자야!
2 "네, 여호와 하나님! 말씀하옵소서."
3 너의 제자들에게 이르라.
4 나의 아들 예수가 나의 아들이라 믿는
자들만 있었다 하면 오늘과 같은 나의
피조물 만백성이, '주께서 주의 보혈
로 저희 죄를 용서하여 주셨으며, 예
수께서 여호와 하나님의 아들이라.'
이리 만백성을 깨우치며 하늘에 오르
고자 기도하는 자 없을 것이니라.
5 나의 아들 예수가 사탄이요, 이단이
요, 사악한 무리라 하여 그를 가장 참
혹한 방법으로써 숨을 거두게 한 자들
이 있었기에,
6 그 고통을 인내하고 견디며 나의 피조
물 만백성을 구하고자 자신이 희생함
이 있었기에, 오늘의 나의 피조물 만
백성이 예수의 보혈로써 저희 죄를 사
하여 주었으며, '주 예수' 나의 아들을
찾는 자, 구원을 받는다고 그리 설치
고 소리 지르고 있음이니,
7 사랑하는 선지자야!
8 "네, 여호와 하나님! 말씀하옵소서."
9 지금 나의 피조물 만백성이 다 썩어져
가며 사악한 자들의 무리 속에 살아간
다 하였으니,
10 그들이 너를 일컬어 이는 진정한 여호
와 하나님이 내려보낸 마지막 시대의
선지자요, 저희들을 구원의 길로 인도
할 수 있는, 보배보다도 더 소중한 나
의 성령의 그 뜻을 받아 보석보다도
더 중요한 열여섯 권의 법전을 만들어
냈다 하는 그것만이 나의 피조물 만백
성이 이곳에 접하며 너를 따르는 길이
라 생각하나 그렇지 아니하니라.
11 너를 사악한 자라, 너를 이단이라 저
주하며 돌팔매질하며 손가락질하며
욕하는 자들이 있어 네가 세상에 나와
있음을 나의 피조물 만백성이 바라보
게 됨이니라.
12 지금 나의 피조물 만백성이 사랑을 베
풀며 하늘에 오르는 길을 위해 기도하

며 봉사하며 희생하고 산다고 말하나,
그들이 지금 얼마나 사악한지 너는 아
느냐?
13 그와 같이 말하는 자들이 남의 선행이
요, 남의 아름다운 일이요, 남이 본받
을 만한 일을 하는 것과 미덕의 말을
하고 행동을 하는 자들의 아름다움을
칭송하기를 싫어하나니,
14 남들이 잘하고 아름답게 가는 것을 칭
송하기를 제 입에 가시가 나 입 안이
아픈 것처럼 남을 칭송하지도 못하며
있는 믿음을 그대로 전하지도 못하며,
15 그와 같은 아름다운 말을 전하는 데
인색하며 저주하는 것이 나의 피조물
만백성이 지금 가지고 있는 심성이니
라.
16 그러나 그들이 남들이 사악하며 잘못
가고 있으며 잘못되었으며 흉 거리가
되는 그 이야기는 세상에 바람과 공기
처럼 전하니,
17 그들이 그와 같은 이야기를 지껄이고
남을 험담하기를 좋아하며, 남의 아름
다운 미덕을 말하는 것은 입에 가시가
나 아파서 말하지 못하는 자와 같이
입을 다물며,
18 남을 욕하고 헐뜯는 그 말은 바람처럼
저희들이 귀를 통하여 전하고자 하는
것이 나의 피조물 만백성이니,
19 너를 사탄이라 악마라 욕하는 자, 너
를 비방하는 자, 너에게 욕하고 등 돌
리는 자, 그들 또한 네가 이 세상에 존
재함을 알리기 위하여 악을 쓰는 자들
이니, 그 또한 네가 가슴으로 안아야
될 것이니라.
20 남들이 너에게 와 '돌을 던져 유리창
을 깼느냐?'고 말하면 너는 뭐라 대답
하는 자가 되어야 되겠느냐?
21 인간이요, 사람들은 자기가 깨지 아니
한 그 유리창을 깨지 아니하였다며 악
을 쓸 것이니라.
22 그러나 나의 종이요, 나의 선지자요,
나의 아들인 너는 무어라 대답해야 되
겠으며, 너의 제자들은 무어라 대답해
야 되겠느냐?
23 '제가 돌로 유리를 깼습니다.' 그리 대
답해야 되느니라.
24 깬 자가 깨지 아니한 너에게 '네가 돌
로 유리창을 깼다'고 말하며 그리 사
람들에게 전할 때, 네가 깨지 아니하
였기에 '나는 깨지 아니하였다'고 네
가 대답한다면 한 사람은 거짓말한 사
람이 되게 됨이니, 네가 거짓 하는 자
가 되어야 되지 아니하겠느냐?
25 사랑하는 선지자야, 이와 같은 뜻을
너의 제자들에게 일깨워 줘라.
26 너희는 정녕 돌로써 남의 유리창을 깨
지 아니하였거늘, 남들이 와 너희에게
유리창을 깼다고 소리 지르거든, 깨지
않았다고 말하지 아니하며, '당신이
말하는 것이 맞으니, 내가 유리창을
깼습니다.' 하고 그를 물어 줄 수 있는
그 마음이 너희들이 가야 할 길이니라.
27 사랑하는 선지자야!
28 "네, 여호와 하나님! 말씀하옵소서."
29 너희들이 아름답고 좋은 일을 하여 남
이 칭송하거든, 그것은 너희들이 한
일이 없으며 너희와는 관계없다 말하
나,
30 남들이 더럽고 시행할 수 없는 모든
것을 너희들에게 굴레를 씌울 때, 그

것은 너희가 그리했다고 말하는 것이
너희에게 굴레를 씌우는 자를 너희가
용서함이니라.
31 남들과 같이 네가 그리하지 아니하였
다며 반목한다 하면 너는 나의 종이
요, 나의 선지자가 아니며,
32 나의 법전을 읽고 너를 따르고자 하는
너의 제자들은 나로부터 선택된 자가
아니니라.
33 이것이 너희들이 가야 할 길이니라.
34 오늘 참석한 너의 제자들이 이와 같은
나의 깨우침을 깊이 깨달아 만백성에
게 전하며 너희들 동료에게 전하는 일
을 게을리해서는 아니 될 것이니라.

1,649 번째 하나님 말씀

2001년 11월 12일 06시 15분

1 사랑하는 선지자야!
2 "네, 여호와 하나님! 말씀하옵소서."
3 네가 너의 제자들과 공부하면서 나의
음성을 전하는 그 기도를 이제 하지
말라.
4 그 소리를 들을 만한 귀를 씻지 아니
한 자들이 있음이니, 네가 공부를 가
르치며 끝난 다음에 너의 제자들과 기
도를 하지 말라.
5 내가 너에게 기도하도록 명할 때만 이
제는 기도를 하라.
6 내가 사람들을 선별할 때가 되었음이
니, 쓸 자와 쓰지 못할 자를 구분할 때
가 되었음이니라.
7 기도하지 말라.
8 나의 음성을 듣지 못할 자들이 나의
음성을 들어서는 아니 됨이며, 그들에
게 전하여 깨우칠 뜻이 없음이니라.
9 내가 원하며 내가 필요로 하여 너에게
명할 때만 기도를 하라.

1,650 번째 하나님 말씀

2001년 11월 13일 06시

1 사랑하는 선지자야!
2 "네, 여호와 하나님! 말씀하옵소서."
3 내가 너에게 일러 말하기를, 나의 성
전에 와 너의 제자들이 공부하며 네가
나로부터 받아 기록하는 그 시간에 기
도하지 말라 하였으니,
4 이제는 들을 자와 듣지 아니할 자를
구분해야 할 것이라 하였으니,
5 지금 내가 너희들에게 말하여 이르기
를, '하나가 되라.' 하였으며 '마음을
하나로 통일하라.' 하였느니라.
6 그러나 너희가 하나의 마음으로 가고
자 하는 것을 방해하며, 하나의 마음
으로 이루어 가고자 노력하는 너희들
의 마음에 파장을 이루는 자, 용서할
수 없다 말하였으니,
7 지금 너는 들어야 할 것이니라.
8 나의 성령을 받아 기록하며 네가 존재
하는 이곳이 가장 아름다운 지상의 낙
원의 출발점이 되어야 하거늘, 이곳에
서 대환란이 일어나는 그와 같은 형국
에 있음이니 내가 이를 막고자 함이며,
9 나의 선지자 네가 존재하는 이곳에서
부터 대환란이 일어나니, 나의 법전이
세상에 전하여져 네가 상주하는 이곳
의 나의 피조물 만백성이 법전을 많이
읽으며 그를 그들이 나의 성령이라 받
아 쥐는 불꽃 같은 역사가 이루어지지

아니한다 하면 이곳에서 일어나는 대
환란의 그 비극을 막을 수 없음이니,
10 바로 이를 막기 위하여 너희들이 한마
음과 한뜻이 되어 나의 법전을 전하는
데 홍수와 같이 밀려 나가는 마음으로
너희들이 나가야 하거늘,
11 그 마음을 막는 자, 그 마음을 주춤하
게 하는 자, 그 마음을 산란하게 하는
자가 이곳에 온다 하면, 너희들의 마
음이 하나가 되어 대환란이 일어나는
것을 막는 나의 전사로서 너희들이 일
을 하지 못하게 함이니,
12 그러한 자를 제거하고자 함이니라.
13 그와 같은 사악한 자들은 나의 음성을
들을 자격이 없기 때문이며,
14 이곳의 많은 피조물 백성들이 환란에
의하여 처참한 최후를 마치는 그와 같
은 것을 막기 위하여 나의 법전이 세
상을 덮어야 하거늘,
15 그들로 하여금 그 일을 이루는 나의
백성들의 마음에 파장이 일어 그와 같
은 환란을 막지 못한다 하면 그를 용
서할 수 없기에, 네가 기도하여 나의
성령의 음성을 그들에게 들려주어서
는 아니 된다 하였음이니,
16 이 뜻을 너는 너의 제자들에게 일깨워
줘야 될 것이니라.
17 너희들의 대명이 얼마나 소중하며, 나
의 법전을 전하는 것이 얼마나 소중한
가를 너희들이 깨우쳐야 할 것이니,
18 네가 너의 제자들에게 말하기를, 나의
법전을 세상에 전하는 일에 너희들이
최선을 다해야 할 것이며,
19 이곳에 백 명 이상의 나의 피조물 전
사들을 너희들이 빨리 모집하여 그들
로 하여금 나의 법전을 전하게 하라
함을 그것을 그대로 깨달아 듣는 너의
제자가 있는가 하면,
20 그는 네가 편안하고자, 네가 부를 누
리고자, 네가 편안하며 네가 금화와
은화를 거두어들이기 위하여 그와 같
은 말을 전한다 생각하는 자가 있음이
니,
21 이는 있어서도 아니 되며, 들어서도
아니 되며,
22 그러한 생각을 가진 자가 있음으로 하
여 나의 피조물, 너의 제자들의 마음
에 파장을 이루어 환란을 막는 데 사
악한 무리들이 행동함이니,
23 내가 너를 통하여 전하는 그 뜻도 그
대로 받아들이지 아니하며, 사악한 쪽
으로 생각하며 저희들 마음대로 생각
하는 그러한 자들이 있어 나의 전사로
써야 할 백성들이 흔들리고 있음이니,
24 이를 용서할 수 없음이니라.
25 그러한 자, 나의 음성을 들을 자격이
없으며 들어서도 아니 됨이니,
26 네가 있는 곳이며 이 동양에 대환란의
처참한 화를 막고자 하는 나의 뜻을
역행하며,
27 네가 편안하고자, 네가 안일을 추구하
고자 그와 같은 말을 한다 하여 고개
숙여 사악한 생각을 하고 있는 자는
나의 음성을 들을 수 없으며,
28 그 음성을 듣는 자, 더 사악한 생각을
할 것이니, 그리하여 내가 나의 음성
을 전하지 말라 하였음이 여기 있으니,
29 이 뜻을 너의 제자들에게 일깨워 줘야
될 것이니라.
30 어떠한 역경이요, 어떠한 상황에서 너

를 비방하는 자, 너를 욕하는 자,
31 네가 가고자 하며 네가 가는 뜻이 무
엇인지 모르며 나의 성령을 받아 가고
있는 너를 모르면서 사악한 말로 세
치의 혓바닥을 놀리는 그가 바로 이단
이요, 사탄이요, 악마이니라.
32 네 주변에 있는 그 모두를 내가 치고
자 함이니, 너의 제자들이 스스로 마
음을 다스려 하나가 되지 못하여 내가
그를 제거하고자 함이니,
33 너의 제자들에게 하나의 뜻이 되어 이
대환란을 막는 데 역점을 둬야 될 것
이며,
34 너를 통하여 내가 너희에게 내리는 나
의 성령을 놓고 저희들이 갑론을박하
지 말라 이르라.
35 내가 너에게 일컬어 말하기를, 이 숫
자는 10이라 말하는 것을 20이라 말
하며 100이라 말하는 그들은 나의 메
시지를 들을 수 없다 하였음이니라.
36 내가 사람이라 말하여 네가 너의 제자
들 앞에 사람이라 말하는 것을, 사람
이 아니라 동물이라 생각하는 그러한
자는 나의 음성을 이제는 들을 수 없
으며,
37 그와 같이 사악한 자는 너희들의 무리
속에 있을 수 없음이니, 이들을 정리
하고자 함이니라.
38 그들이 곧 나의 아들 예수를 못 박아
죽게 한 자들과 같은 자들이니, 이를
내가 더 이상 볼 수 없으며, 내가 마지
막 이루고자 하는 나의 뜻을 저해하는
자는 나의 음성을 들을 수 없기 때문
이니라.
39 사악한 자의 말을 사악하게 듣는 자는
그 또한 사악한 자이니, 그 말을 듣지
아니하는 자만이, 그 말이 들리지 아
니하는 자만이 나의 성전에 남아 나의
법전을 공부하며 나의 피조물 만백성
을 구원할 자격이 있는 자들이니, 이
를 선별하고자 함이니라.

1,651 번째 하나님 말씀

2001년 11월 14일 06시 15분

1 사랑하는 선지자야!
2 "네, 여호와 하나님! 말씀하옵소서."
3 너희 인간들이 말하느니라. 그리고 종
교 지도자들이, 나의 피조물 만백성을
하늘에 인도하겠다 하는 자들이 사람
인 인간으로서는 십계명을 지킬 수 없
으며, 인간으로서는 죄를 짓지 않고
살 수 없다 말함이니,
4 나 여호와가 존재함을 믿으며 하늘에
오르고자 하며 거짓 하지 아니하고 바
르게 살고자 하는 자는 제정신을 갖고
는 지탱할 수 없다 함을 네가 알아야
할 것이니,
5 바른 정신과 바른 생각을 갖고 있는
자, 남들이 지킬 수 없고 갈 수 없는
그 길을 갈 수 없는 혼돈을 이루게 됨
이니라.
6 과연 네가 가고 있는 이 길에 그들이
아무리 너에게 돌을 던지며, 너에게
와 감내할 수 없는 폭언을 한다 해도
그들을 네가 불러 가슴으로 안아야 함
이니라.
7 그들은 깨달음이 없기 때문이니라.

1,652 번째 하나님 말씀

2001년 11월 14일 06시 50

1 사랑하는 선지자야!
2 "네, 여호와 하나님! 말씀하옵소서."
3 너희들은 말하느니라. 작은 미물도 밟
으면 꿈틀거린다는 말을 너희들이 하
고 있음이니,
4 이는 작은 미물이요, 힘이 없는 것이
요, 감히 대적할 수 없는 자도 저에게
핍박을 하면 거부하며 반항하며 공격
하고자 한다는 뜻이니라.
5 이 세상 나의 만백성 피조물들이 살아
가는 길이, 저희들의 삶이 그러하니라.
6 또한, 그것이 저희들은 정도라 생각하
느니라.
7 자기가 한 대 남으로부터 가격을 받았
을 때 반드시 돌려주는 것은 정도며
그것이 삶의 길이라 너희들은 말하느
니라.
8 그리하여 너희들은 작은 벌레도 밟으
면 꿈틀거린다고 말함이니, 나의 법전
을 읽고 나의 성전에 와 공부를 하며
나의 음성을 듣고자 새벽에 모이는 너
희들은 밟혀서 꿈틀거리는 미물이 되
는 것이 아니라,
9 밟혔을 때 조용히 순종하며 순응하며
순리를 따르는 자가 되어야 하며, 이
것이 정도를 가는 사람들의 삶의 다른
점이니라.
10 악의가 있어서 밟은 것이 아니며, 너
를 가해하고자 밟은 것이 아니며, 너
를 덮친 자, 그 무게가 너의 생명을 끊
기 위해서 밟은 것이 아니라는 생각을
할 수도 있음이니,
11 그는 어쩔 수 없어 너를 밟았다 생각
할 때 너희가 그를 용서하지 못한다
하면 너희들은 나의 백성이라 말할 수
없으며 나에게 선택된 대명을 이루어
야 할 나의 선택된 백성이라 말할 수
없음이니라.
12 미물이 밟혀서 거부하는 것이 아니라
밟힌 미물이 순종하며 순응하며 인내
하는 그와 같은 마음 자세로 살아가는
것이 너희들이 행하고 지켜야 할 일이
니라.
13 너희들이 도저히 이길 수 없는 자, 너
희들에게 또한 대적할 수 없는 나약한
자, 그 모두가 너희들에게 어떠한 가
해를 했을 때, 너희들을 공격했을 때,
너희들에게 피해를 입혔을 때,
14 그 모두를 다 용서할 수 있는 그것이
나의 법전을 읽고 깨달은 자가 해야
할 행동이니라.
15 너희들이 '지렁이도 밟으면 꿈틀거린
다.'는 말을 하듯이, 그와 같은 마음
자세로 가는 것이 너희들이 생각하기
에는 정도의 삶이나,
16 너희들은 밟혀서 꿈틀거리지 않는 지
렁이와 같은 그와 같은 이치를 깨닫고
그리 행해야 된다는 뜻이니,
17 너희들이 미치고자 하는 마음이 아니
면, 미친 자와 같이 보이지 아니하면,
너희 자신이 미쳐 버리지 아니한다 하
면 나에게 오르는 찬란한 그 빛을 볼
수 없음이니라.
18 밟혀서 꿈틀거리지 않는 그 지렁이가
어찌하여 그를 견딜 수 있을까,
19 그와 같은 가해를 당한 너희들이 참고
인내할 수 있는 한계가 어디까지이며,

너희들은 과연 그를 실행할 수 있는
것인가?
20 그리하여 밟히고 찢겨진 너희 상처를
말없이 다스리고 치료하는 너희들의
그 마음이 남들이 보기에는 미친 자로
보일 것이며, 정상적인 인간의 삶의
모습으로 보이지 않을 것이니,
21 그게 바로 나의 법전을 읽고 나의 대
명을 이루는 자가 지켜야 할 기본인
것이니라.
22 거짓이 살인을 하는 것과 같다고 한
것과 마찬가지로,
23 너희들이 밟혔을 때 그를 용서할 수
있는 그 마음의 자세가 너희 인간사에
서 비추기는 잘못된 자며 바보와 같이
보일 것이나,
24 그자만이 하늘에 오르는 빛을 볼 수
있는 영광을 얻게 된다는 것을 너희들
은 오늘 아침 하나를 더 깨우치고 돌
아가야 할 것이니 그리 알라.

1,653 번째 하나님 말씀

2001년 11월 14일 21시 10분

(강론을 마치며)

1 사랑하는 선지자야!
2 "네, 여호와 하나님! 말씀하여 주옵소
서."
3 나 여호와가 직접 너희들이 사는 세상
에 내려가 '내가 너희들이 부르짖는
어버이요, 나를 보기 위하여 너희들이
평생을 바치며, 나의 음성을 듣고자,
나의 형체를 보고자 너희들이 밤낮을
가리지 않고 평생을 구원의 길을 원하
는 나 여호와가 지금 네 앞에 왔노라.'
하여도 그들은 나를 믿지 아니할 것이
니라.
4 지금의 모든 종파요, 믿음의 길을 가
고 있는 그들이 나를 인정치 아니하
며, 나를 더 가혹한 불바다 속에 던지
려 할 것이며, 나를 보고 크나큰 죄악
의 덩어리가 이 시대에 왔음이라 말할
것이니,
5 어찌 나의 피조물 만백성을 구원하여
야 하겠는가?
6 너희들은 말하느니라.
7 '전지전능하신 여호와 하나님께서 사
악한 무리를 다 제거하여 주시며, 사
악한 생각을 가지고 있는 자, 그들의
마음을 돌려주시면 될 것을,
8 어찌 그리도 어렵고 힘든 이 길을 가
며, 여호와 하나님의 그 많은 피조물
만백성 수억의 인구가, 수천 년, 수만
년의 세월이 흘러가면서 그 많은 생명
체들이 오늘과 같이 갑론을박하는 세
상을 살아가도록 하시나이까?' 하고
너희들이 간곡히 기도드리는 자 있으
며, 그를 갈망하는 자 있느니라.
9 그러나 너희들은 들어야 될 것이니라.
10 길거리에 나 있는 풀뿌리도 쓰러지면
또 나고 또 그 뿌리가 나며 싹이 나듯
이, 그 사악한 싹의 씨앗은 계속 존재
함이니,
11 원천적인 그들의 깨우침이 있어야 할
것이니라.
12 사랑하는 선지자야,
13 나의 법전을 세상에 내려보내 내가 너
의 제자들을 통하여 만백성을 구하고
자 하는 것은 지금의 너희들을 구하고
자 함이 아니니라.

14 너희들의 자손들이 나의 법전을 보며
그를 보고 깨우치며, 실행함을 알며,
선함을 알며, 인간이 지켜야 할 것을
알며, 계명이 무엇인가를 알며, 기도
하는 법을 알며,
15 십계명을 지킬 수 있는 자신감을 심어
줌으로 인하여 그 자식들이 또 그것을
보고 깨우쳐 맑은 물이 흘러서 정화되
듯이 그와 같은 역사를 이루고자 함이
니라.
16 너는 어떠한 형태든, 어떠한 방법이
든, 나의 법전을 놓고 갑론을박을 하
지 말라.
17 그들이 너에게 말하기를, 이는 잘못되
었으며 이는 사탄이요, 마귀요, 이단
의 장난이라 하거든, 그는 그대로 믿
어서 가라 하라.
18 그가 죽어져 가기 전에 어느 것이 진
정한 것인가를 알게 될 것이며, 그들
이 죽어 내 앞에 왔을 때, 돌이킬 수
없는 그 길에서 저희들이 살아오며 잘
못됨을 깨달을 것이니, 이미 그때는
늦음을 알 것이니라.
19 네가 지금 말하였느니라.
20 쓴 것은 약이요, 단것은 독이라 말하
였으나, 단 것을 먼저 취하는 것이 너
희 인간들의 마음이며,
21 아무리 보약이 되며 내일의 건강을 위
하여 필요하다 해도 쓴 것은 삼키려
하지 아니하는 것이 인간 너희들의 심
리이니, 이것을 바로잡고 깨우치는 것
이 그리 쉬운 것이 아니니라.
22 너희들이 말하기를, 하늘에 오르는 길
은 크나큰 짐승이 바늘의 작은 구멍을
통과하는 기적을 이루는 그와 같은 길
이 아니면 오를 수 없다 하였음이니,
23 그 짐승이 그 바늘구멍을 통과할 수
없다 하면 너희들은 정녕 하늘에 오를
수 있는 능력과 기회와 갖춰진 인격과
자격이 없음이니라.
24 너희들이 하늘에 오를 수 있는 모든
것을 겸비하지 아니한 자라면 우선 너
희들은 오를 자격이 없는 자요, 그 죄
에 대한 것을 나에게 기도로써 빌어야
될 것이며, 너희들이 사함을 받아야
될 것이며, 용서함을 받아야 될 것이
니라.
25 그리하여 너희들의 깨우침이, 너희들
의 변하는 그 모습이 나의 계명에 따
라서 살아가고자 노력하고 변하는 그
정성 속에 내가 너희들의 이름을 거두
어들임이니,
26 오로지 너희들을 구원하며 구원하지
아니함은, 이는 나만이 할 수 있다는
것을 네가 알아야 될 것이며, 너의 제
자들에게 일깨워 줘야 할 것이니라.
27 사랑하는 선지자야,
28 너의 제자들에게 선행을 베풀며 아름
답게 살라 네가 외치지 말라.
29 이미 네 앞에 와 있는 너의 제자들은
그를 다 깨우치고 있으며, 그를 시행
할 수 있는 자들이며, 나로부터 선택
된 자이니라.
30 네가 나의 열여섯 권의 법전을 만드는
그동안에 너를 돕는 자 두 명이면 되
었으며,
31 지금 나의 법전이 세상에 나와 이를
만백성에게 전하는 것은 지금 네 앞에
와 있는 너의 제자들이 다 그 책임과
직무를 수행할 수 있는 자들로서 선택

되었으니, 그들 스스로 다 이루어 나
갈 것이니라.
32 오늘의 네가 있는 이 단계는 이제 나
의 법전을 받아 세상에 네가 터를 닦
았음이며, 지금의 너의 제자들이 그
터 위에 기둥을 세우기 위하여 점을
찍고자 모여 있는 나의 사랑하는 백성
들이니, 그들이 이룰 것이니라.
33 너희들은 염려치 말라.
34 너희들이 이 세상의 삶을 마치고 나에
게 오기 전에 나의 뜻이 진정한 것이
요, 나의 가르침이 성령을 태워서 나
의 피조물 만백성을 마지막으로 구하
고자 내려보낸 것이며,
35 제3의 시대가 열리는 것을 알게 될 것
이니라.
36 이게 나 여호와가 너희들에게 약속하
는 길이며, 너희들이 볼 수 있는 은혜
와 영광임을 알아야 될 것이니라.
37 사랑하는 선지자야!
38 "네, 여호와 하나님! 말씀하옵소서."
39 너는 말하고 생각하느니라.
40 너의 제자들에게 너 자신이 더 이상
변하는 것을 원하지 말라, 그리고 너
로부터 더 이상 무엇인가를 원하지 말
라 말할 것이니라.
41 너는 죽은 자이니라.
42 네가 그와 같은 말과 그와 같은 생각
을 한다면 내가 존재함을 믿지 아니함
이니, 너는 그와 같은 말을 거둬들여
야 할 것이니라.
43 사랑하는 선지자야!
44 "네, 여호와 하나님! 말씀하옵소서."
45 하늘에서 내리는 소낙비 중에서 그 한
줄기 소낙비가 네 손에 앉은 것보다도
더 위대한 기적이 바로 나의 법전이
요, 나에게 선택된 너의 제자들이요,
나의 백성이니라.
46 크나큰 제방도 작은 개미구멍에서부
터 무너진다 하였음이니, 지금 바로
너희들이 그 실과 같은 구멍을 뚫고
있음이니,
47 지금의 믿음에서 허덕이며, 갈피를 모
르며, 정녕 하늘에 오르는 길을 역행
하는 길을 가고 있는 그들에게 너희들
이 충격을 줄 날이 머지않았음이니라.
48 나의 법전이 나가는 길에 그들이 천군
만마가 그 길을 막는다 하여도, 막는
자는 백사장의 모래 한 주먹만도 못할
것이니,
49 너는 개의치 말며 묵상과 기도로써 너
자신을 다스려 나가며, 너희들이 깨우
치고 있는 그것을 실행하여, 모든 사
람들이 너희들을 찾아왔을 때,
50 너희들의 눈빛에서, 너희들의 언행에
서, 너희들의 형체에서, 너희들의 행
하는 속에서 그들이 스스로 깨달음을
얻도록 그리하는 것이 그들을 깨우치
는 너희들의 복음서를 전달하는 길임
을 잊지 말라.

1,654 번째 하나님 말씀

2001년 11월 15일 08시 40분

1 사랑하는 선지자야!
2 "네, 여호와 하나님! 말씀하옵소서."
3 지난날 너를 방문하여 어제 너에게 공
격하던 자의 행위가, 그게 바로 사탄
이요, 사악한 무리들이 하고 있는 행
위이니라.

4 하늘에 오르는 길이 어떠한 길이며 하
늘에 구원을 받는 것이 어떠한 길이기
에, 제가 감히 구원을 받은 자며 구원
을 받을 수 있다 말하는가?
5 그가 바로 무엇이더냐? 저 자신도 구
원을 받을지, 제가 어떠한 죄를 받을
지, 제가 어떠한 형벌을 받을지, 저 자
신에 대한 죄의 대가도 모르면서 제가
구원을 받았다 하며 남을 구원하겠다
말하는 그자가 바로 사악한 무리의 대
표인 것이니,
6 지금의 믿음을 가지고 있는 이들이 그
와 같은 형국이니라.
7 네가 답하여 말하기를, '하늘에 오르
는 문을 열어 주는 것이요, 구원하는
자는 여호와 하나님뿐이거늘 어찌 감
히 네가 구원받았다 말할 수 있느냐?'
하였으니, 그게 지금 너희들과 그들과
의 차이이니라.
8 너희들 말에 '떡 줄 자는 생각지도 아
니하는데 김칫국부터 마신다.'는 말이
있듯이, 이것은 거기에 견주어 말할
수 있는 것도 아니니라.
9 제가 죽어 내 앞에 와 받아야 할 형벌
이 얼마나 무서운가를 모르면서, 그는
저의 혀로써 제 몸을 수십 번 감아야
될 그 죄가 있거늘,
10 그와 같은 흉악한 꼴과 흉악한 대가를
치러야 할 그 죄를 저 자신도 모르면
서 나 여호와로부터 제가 구원을 받으
며 하늘에 오를 수 있다 함은 바로 제
가 나 여호와가 되고자 하며, 제가 신
이고자 하는 그 사악한 마음의 근원이
그 속에 있음을 저 자신이 모르고 있
음이니라.
11 너는 그와 같은 자가 찾아와 너에게
강론하고자 할 때, 이 세상 모두는 나
여호와를 위하여 생겨났으며 나를 위
하여 존재하는 것들이니 내가 그들의
어버이라 말하라.
12 나는 나의 자식을 누구나 다 똑같이
사랑하며 너희를 사랑함이니, 나의 계
명을 따르며 나의 뜻을 따르는 자를
내가 더 사랑하며, 그런 자가 나의 백
성이라 일렀음이니라.
13 말로써 다 하는 자의 그 어떠한 소리
도 내가 듣지 아니하며 나와는 관계없
다 하였으니, 나와 관계없는 자들과
갑론을박하지 말라, 선지자야!
14 그들은 제가 행하는 길이 다 옳으며
제가 가는 길이 다 옳다 하니, 그들에
게 그저 제가 죽어 내 앞에 왔을 때,
그때만이 그를 알 수 있음이니,
15 너를 평가하지 말며 남을 평가하지 말
라 그리 이르라, 선지자야!

1,655 번째 하나님 말씀

2001년 11월 16일 0시 20분

1 사랑하는 선지자야!
2 "네, 여호와 하나님! 말씀하옵소서."
3 수천 년 역사 속에 하늘에 오르는 길
이라 하여, 그리고 나의 성령의 뜻이
라 하여, 나의 말이라 하여, 나의 가르
침이라 하여,
4 나의 피조물 만백성이 저희들만이 하
늘에 오르는 길이요, 그 길만이 구원
을 받는 길이라 외쳐 왔으며, 그리하
여 나의 피조물 만백성을 사악한 길로
인도한 자들이 있었음이니,

5 그들을 바로잡으며, 그들에게 나의 법
전을 전하며, 하늘에 오르는 빛이 저
희들이 믿는 그 길이 아니고 다른 길
이라는 것을 일깨워 줌이 얼마나 어렵
고 힘든 길이더냐?
6 하나의 나무는 기계로 넘어뜨리면 되
며, 하나의 바위는 깨면 되며, 하나의
성벽은 무너뜨리면 되며, 하나의 호수
는 그 물을 퍼내면 됨이니라.
7 그러나 나의 피조물 만백성을 잘못 가
르치는 종교들의 그 사악한 가르침에
의하여 할아버지요, 아들이요, 손자에
또 손자까지 계속 그 길을 가고 있음
이니,
8 이는 끝이 없고 뿌리가 없음이니라.
9 끝이 없고 뿌리가 없는 이를 잘라 내
가 너에게 내린 그 법전을 보고 하늘
에 오르는 길을 깨우치도록 해야 할
것이니, 얼마나 어렵고 힘든 길이더냐?
10 그것도 대대손손 자손들이 지금과 같
은 잘못 가는 종교 지도자의 그 가르
침을 보고 구원의 길이요, 구원을 받
는 길이라 하여 그리 울부짖는 자들이
계속 나오게 되어 있음이니,
11 이 뿌리를 자르는 일이 얼마나 소중하
며 얼마나 어렵고 힘든가를 네가 알아
야 할 것이니라.
12 그들이 더 이상은 뿌리를 내릴 수 없
도록 하기 위하여 오늘 내가 그 뿌리
를 자르고자 하여 너를 통하여 나의
열여섯 권의 법전을 나의 성령을 태워
내려보냈음이니,
13 너는 이를 시행하는 나의 선택된 나의
백성이요, 선지자요, 나의 종이요, 나
의 아들이니라.
14 선지자야!
15 "네, 여호와 하나님! 말씀하옵소서."
16 그 사악한 뿌리가 계속 연결되는 것을
네가 잘라야 될 것이며, 그것을 자르
지 아니하면 나의 피조물 만백성은 영
원히 구원의 길을 올 수가 없음이니라.
17 나의 법전이 그를 자르고자 함이니라.
그 뿌리를 잘라야만 되기 때문이니라.
18 그 뿌리를 자르려 하는 너는 몸부림치
는 사악한 그자들에게 대적해서는 아
니 됨이니라.
19 유하고 부드러운 것만이 네가 이길 수
있는 길이며,
20 조용히 기도와 묵상으로써 나의 뜻에
따라 행하는 길만이 네가 구원을 받으
며 이길 수 있는 길이니, 그를 명심해
야 할 것이니라.
21 제 팔다리를 자르려고 하는 자를 보고
가만히 있겠는가?
22 그는 모든 저의 힘을 다 동원하여 자
르고자 하는 자를 물 것이며, 무너뜨
리려 할 것이며, 해하려 할 것이니라.
23 이와 같은 현실의 뜻을 너의 제자들에
게 일깨워 줘야 될 것이니,
24 그 사악한 무리의 꼬리를 자르고자 대
드는 너희들을 그들이 그냥 놔둘 리가
없음이니,
25 너희보다 열배 백배 사악한 힘을 발휘
하여 너희들을 방어하고자 할 것이니,
26 너희들이 접근하지 못하도록 할 것이
며 저희들의 그 사악한 뿌리를 자르지
못하게 하고 있음이니라.
27 이를 너희들이 이기고자 한다면 그보
다 더 강한 힘과 더 강한 의지와 더 강
한 나의 믿음만이 그를 지탱할 수 있

음이니, 이를 너의 제자들에게 일깨워
줘야 할 것이니라, 선지자야!

1,656 번째 하나님 말씀

2001년 11월 16일 06시

1 사랑하는 선지자야!
2 "네, 여호와 하나님! 말씀하옵소서."
3 지금 나의 피조물 만백성이 수천 년
역사가 흐르는 동안에 하늘에 오르는
길이라고 인도하며, 또한 저희들이 하
늘에 오르는 길이라 믿고 구원의 길에
오르겠다고 울부짖으며 기도하는 자
들이 잘못 가고 있다 하였음이니라.
4 또한, 그들이 나를 믿지 아니하는 자
보다 더 사악한 자 수없이 많으니, 믿
지 아니하며 착하고 선행을 하여 하늘
에 오르고자 하는 자들까지도 그들이
저희들의 품에 들어오지 아니하면 사
탄이요, 이단이라 말하니,
5 그들의 그 방자함을 더 이상 볼 수 없
으며 그들의 사악한 형태를 더 볼 수
없음이니라.
6 전염병이라는 것이 한 사람에게 발생
하면 둘이 되며, 둘이 되면 넷이 되고,
넷이 되면 그 배로 늘어남이니,
7 이제 나의 피조물 만백성이 잘못 가고
있는 그 길의 늘어나는 것이 전염병이
퍼져 가듯이 그와 같이 늘어나고 있음
이니, 그들을 더 두고 볼 수 없음이라
말하였느니라.
8 그 잘못 가고 있는 나의 피조물이 그
들로서 끝나는 것이 아니요, 그리 가
르치는 자 수없이 늘어나며 그들에게
배우는 자가 수없이 늘어나, 그 아들
이요, 손자요, 대대손손에 그 사악한
무리가 그대로 이루어져 그 수를 헤아
릴 수 없게 되었음이니,
9 이제는 지금의 이 나의 백성들이 또
배로 늘어나며 그 숫자가 또 배로 늘
어난다 할 때, 그 뿌리를 자를 수 없으
며 뻗어 나오는 그 뿌리의 힘을 막을
수 없음이니,
10 내가 그 사악한 무리들의 뿌리가 점점
늘어나는 것을 차단하며 자르기 위해
서 나의 법전을 세상에 내보냈다 하였
음이니라.
11 그리고 그 사악한 무리가 기하급수적
으로 뻗어나가는 것을 막기 위한 대명
을 받아서 선택된 자들이 너의 제자들
이라 일렀음이니, 그 사악한 뿌리를
잘라야 함이니라.
12 자식이 또 자식을 낳으며, 또 그 자식
의 자식이 그 부모를 따라 그리 가며,
잘못 가르치는 종교 지도자가 존재하
는 한 그 뿌리를 자를 수 없음이니,
13 이는 말로써 그를 다스릴 수도 없으며
한 번의 재앙으로써 그 뿌리를 자를
수도 없음이니라.
14 그리하여 그와 같이 뻗어나가는 그 뿌
리와 대적할 수 있도록 한 것이 나의
열여섯 권의 법전이니, 이를 읽고 깨
우치는 너의 제자들이 나의 법전으로
뻗어나가는 그 사악한 뿌리들을 잘라
야 할 것이니라.
15 이것이 너희들이 가야 할 길이며 너희
들이 해야 할 임무라는 것을 깨우쳐
이르라 내가 너에게 말하였으니,
16 이 뜻을 너의 제자들에게 전해야 할
것이며, 그들이 그와 같은 대명의 뜻

을 이루는 나의 전사들임을 알라.
17 그리하여 내가 너에게 1차, 14만 명의 파수꾼을 이루라 하였음이니,
18 지금 열 명도 이루어지지 않은 너의 그 제자들이 또한 왈가왈부하고 있음이니,
19 나에게 오르고자 하는 자, 나의 뜻이 무엇인가를 깨달아 대명을 이루는 자는 대명의 자세를 취해야 될 것이며, 마음가짐을 다스려야 될 것이며, 삶을 다스려야 될 것이며, 행함을 다스려야 할 것이니라.
20 너희들 자신이 육신의 어떠한 이해관계요, 육신의 생각에 의하여 갑론을박하며 너희들의 마음이 하나가 되지 아니한다 하면, 너희들은 너희 몸통이 썩어 가는 것을 모르며, 너희 손톱 밑에 끼어 있는 그 가시의 아픔밖에 모르는 것이니,
21 너희들이 지금 잘못 가고 있는 나의 피조물 만백성과 변화됨이 없으며 차이가 없음을 부끄러워할 줄 알아야 할 것이니라.
22 그리하여 너희 자신들이 존재하지 아니하며 너희 자신들은 죽은 자라 내가 말하였음이니,
23 사랑하는 선지자야!
24 "네, 여호와 하나님! 말씀하옵소서."
25 전염병이 퍼져 가는 것과 같이 막을 수 없는 그 사악한 뿌리들이요, 그 자손 대대로 뻗어 가는 그것을 잘라야 함이니라.
26 그를 자르지 아니하면 몸통이 죽지 못함이니라.
27 그리하여 나의 법전을 수없이 읽게 해야 될 것이며, 수많은 나의 피조물 만백성이 법전을 들도록 하여야 할 것이니,
28 너희들이 그 사악한 뿌리를, 한 권의 법전을 전하며 하나의 뿌리를 자르는 그와 같은 역사가 이루어질 날이 머지않았음이니라.

1,657 번째 하나님 말씀

2001년 11월 16일 21시 10분

(강론을 마치며)

1 사랑하는 선지자야!
2 "네, 여호와 하나님! 말씀하옵소서."
3 너의 제자들에게 일러야 할 것이니라.
4 네가 너의 제자들에게 말하여 이르기를, '너희는 십계명을 지키고 살 수 있느냐?' 하고 물으면 그들은 지금 용기에 차 있으며, 그를 지키고 살 수 있다 생각하며, 그리 살아가고자 하는 것이 그들의 희망찬 마음이니라.
5 그러나 선지자야, 너희들이 살아가면서 수백 수천 가지의 부딪히는 그 모두가 다 나의 십계명 속에서 파생되며, 그 속에서 이루어지며, 그 뜻에서 다 전달되며 행하여짐이 있음이니,
6 이는 너희들이 지키기 힘들기에 어렵고 어려운 길인 것이니라.
7 그러나 선지자야, 들어야 할 것이니라.
8 너희들이 십계명을 지킬 수 있다 함은 그 열 가지의 계명에 들어 있는 뜻이 아니라 거기에 들어 있는 수만 가지의 너희들이 생활하면서 이루어지는 그 모든 일들을 다 지키고 시행해야 됨이니,

9 너희들은 줄거리는 지킬 수 있으나 그
뿌리와 가지는 통제하고 다스릴 수 없
다 말할 것이니, 이는 너희들 입에서
나와서는 아니 되는 말이며 너희들이
그리 생각해서는 아니 됨이니라.
10 너희들이 이제 마음 하나를 다스리면
모두를 다 얻을 수 있으며, 마음 하나
다스리면 이 세상의 모든 낙원이 다
너희 것이라, 생각하기에 달렸다 하였
으니, 너희들은 지금 너희들의 마음가
짐으로만 다스릴 수가 없음이니라.
11 이제는 마음으로써 다스리며 마음가
짐으로 세상을 보는 그와 같은 단계를
너의 제자들이 벗어나 있음이며, 그
위에 올라와 있음이니라.
12 이제는 너희들은 둘 중 하나를 택해야
하는 그와 같은 마음의 각오를 다져야
할 것이니라.
13 나의 계명이요, 나의 뜻을 너희들이
지킬 수 없다 하면, 너희들은 피로써
다음과 같은 글을 써 만백성에게 전해
야 할 것이니라.
14 '나는 하나님의 말씀을 직접 듣는 선
지자를 따랐으며, 그 선지자에게 하나
님의 성령을 태워 내린 열여섯 권의
법전을 듣고 읽고 깨우쳐 공부한 자이
며 하늘에 오르고자 하였으나,
15 나는 인간이요, 인간의 삶이요, 인간
의 육신의 삶에 얽히고설킨 것을 버리
지 못하여 하나님의 계명이요, 하나님
의 법전에 따라 살 수 없기에 나의 목
숨으로써 하나님께 나의 죄를 빌며,
그 지키지 못함을 나의 목숨을 바침으
로써 이를 전하노니,
16 나의 모든 형제는 이 법전이 진정한
여호와 하나님의 뜻임을 깊이 깨달아,
내 지키지 못함을 여러분들은 지켜 후
세에 하늘에 오르는 그 영광을 얻도록
해야 할 것입니다.' 하는 그 한줄기의
글을 너희 피로 써 놓고 너희 스스로
목숨을 끊어야 될 것이니라.
17 이와 같은 마음의 각오를 갖지 아니하
면 이제는 너희들이 설 자리가 없음이
니라.
18 너희들은 마음으로 다스리며 나의 계
명을 지키고 살아갈 수 있는 용기가
있으며 자신이 있으며 그를 실천할 수
있다 하는 생각이 마음속에 싹이 트고
있음이니,
19 그 싹을 보호하기 위하여 너희들이 지
킬 수 있는 마음은 '나는 하나님의 말
씀을 직접 들은 자로서, 하늘에 오르
는 빛을 본 자로서, 나는 인간의 육신
에 의하여 그를 지키지 못하니, 그 죄
를 하나님께 용서를 빌며 나의 목숨을
바치노라.' 하여 너희들의 붉은 피로
그 한 줄을 써 놓고 너희 스스로 목숨
을 바쳐야 할 것이니,
20 이와 같은 결단의 단계에 와 있음이
너희들의 지금의 위치이니라.
21 사랑하는 선지자야!
22 "네, 여호와 하나님! 말씀하옵소서."
23 너의 제자들에게 이르기를, 그들이 지
키지 못하면 그들의 생명을 바쳐 나에
게 용서를 빌며 나에게 오르라 하며
그들을 내가 구원한다 하였으니, 그들
을 인도하며 가르치는 목자요, 목동인
너는 과연 어찌해야 될 것인가?
24 너는 한 점의 부끄러움이 없는 삶을
살아야 될 것이며, 너의 제자들이 한

번 목숨을 바치면 너는 열 번의 목숨
을 바쳐야 된다는 각오를 갖고 네가
다시 태어나는 삶을 살지 아니한다 하
면 이루어질 수 없음이니라.
25 너희들의 이름을 나의 에덴동산에 기
록하였으며, 내가 영원히 나의 동산에
서 너희들이 살아가는 그 모습과, 내
가 너희들을 보살피며 너희들이 살아
가는 그 생활과, 누구도 지킬 수 없는
그 육신의 고통의 길을 인내하고 거쳐
온 너희들을 보는 즐거움으로써 나 여
호와의 기쁨이 충만될 것이니,
26 나는 너희들이 그 길을 버리게 할 수
없음이니라.
27 너희들은 지금 그 길을 향하여 올라오
고 있음이니라.
28 너희들은 그 길을 보고 있음이니라.
29 나의 에덴동산에 이름이 걸려 있는 너
희들은 더 이상 받을 축복과 은혜가
없음이니,
30 너희들은 너희 손가락을 깨물어 한 장
의 백지에 붉은 피로 새겨야 될 것이
니라.
31 '나는 여호와 하나님의 말씀을 직접
들으며, 선지자를 통하여 하나님의 그
음성을 듣는 자로서, 그리고 하나님께
서 내리신 그 법전을 읽은 자로서 내
가 이를 지키지 못하면 나의 목숨을
바칠 것이다.' 하는 너희들의 피로 쓴
하나의 종이를 너희 가슴에 안고 사는
그와 같은 각오와 단단한 마음을 갖지
아니한다 하면 너희들은 지금 나에게
오를 수 없음이니라.
32 너희가 그와 같은 각오와 결의를 갖고
생활할 때, 너희 가슴속에서 자라나
는, 십계명을 지키며 나의 계명에 따
라 살아가겠다는 그 새싹을 보호할 수
있는 보호막이 될 것이니, 그리 알아
야 될 것이니라.
33 지금 너희들이 그와 같은 각오와 결의
를 갖지 아니하며, 마음이 누그러지며
마음이 나태해질 때,
34 너희들이 나의 계명을 지키고 따를 수
있으며 하늘에 오를 수 있다는, 너희
가슴속에 지금 새록새록 자라는 그 새
싹을 너희들이 보호할 수 없음이니,
35 너희들은 그 새싹을 짓이기고 밟는 그
죄를 범하지 말라.
36 이게 오늘 내가 선지자를 통하여 너희
들에게 전하는 뜻이니 이를 알라.
37 너희들이 높이 올라와 있음을 너희 스
스로 알아야 될 것이며, 너희 앞에 모
든 영광과 명예와 너희들이 변하는 삶
을 마칠 수 있는 그 지상의 낙원이 곧
이루어짐을 알아야 될 것이며,
38 너희들이 한 장의 종이에 피로써 쓰는
그 각오만이, 그 하나의 마음만이 그
를 이룰 수 있음이니, 너희들에게 말
하나니 시간이 없느니라.
39 하나의 마음을 그와 같이 결집하는 데
너희들이 오늘 이 성전에 모인 뜻이
있음을 깊이 깨우쳐야 할 것이니라.

1,658 번째 하나님 말씀

2001년 11월 17일 06시

1 사랑하는 선지자야!
2 "네, 여호와 하나님! 말씀하옵소서."
3 '너의 하나님 여호와의 이름을 망령되
이 일컫지 말라.' 이르는 것은 너희들

이 나의 얼굴이요, 곧 나의 형체요, 너
희들이 곧 나라 이르는 뜻이 여기에
있음이니라.
4 너희들과 내가 분리되는 것이 아니라,
너희들의 행함이 곧 나의 행함이요,
나의 얼굴이요, 내가 존재함이라는 그
깊은 뜻이 있음이니,
5 '나 여호와의 이름을 망령되이 일컫지
말라.' 하는 것을 수없이 부르짖으며
그를 행하고자 하겠다 하는 너의 제자
들의 마음가짐에 다시 한 번 깨우침을
일러 줘야 될 것이니라.
6 곧, 너희들의 행함이 나의 형체요, 나
의 모습이요, 나의 얼굴이라는 것을
잊지 말아야 할 것이니,
7 그러한 자가 과연 어찌 행동하며, 어
찌 말하며, 어찌 움직이며, 어찌 살아
가야 되는 것인가를 다시 한 번 깨우
쳐 줘야 할 것이니, 곧 너희들이 나라
하는 것을 잊지 말라 이르라.
8 그리고 너희들이 그리 갈망하며 소원
하며, 나의 법전을 가슴에 안고 정독
하는 자, 반석 위에 서서 하늘에 오르
는 그 찬란한 영광의 빛을 보는 것이
라 말하였으니,
9 그 길을 향하여 가고 있는 너희들이
어찌 행하며, 어찌 행동해야 되며 어
찌 움직여야 되는 것인가를 다시 한
번 너희 가슴속에 새겨야 될 것이며,
10 너희들이 정녕 하늘에 오르는 찬란한
빛을 보게 되는 그 영광이 얼마나 위
대한 것이며 얼마나 소중한 것인가를
가슴에 다시 한 번 심어 주도록 그리
하라, 선지자야!
11 나의 법전 열여섯 권을 정리하여 세상
에 나온 이 짧은 세월 속에서 너의 제
자들과 나의 법전을 두 번, 세 번 읽어
공부한 나의 백성들이 생각하는 마음
과 갖고 있는 마음이 각자가 다르며,
12 마음 하나 비우라 하여 너희들에게 하
얀 마음, 천사가 되라 일렀거늘,
13 그 기초에도 들어서지 못하였다 하면
이를 어찌 다스려야 하겠는가, 선지자
야!
14 그 모두는 다 네가 자리를 지켜야 함
이니라.
15 네가 네 자리를 정확히 지키는 그것밖
에는 없음이니,
16 사랑하는 선지자야!
17 "네, 여호와 하나님! 말씀하옵소서."
18 너희들의 마음이 하나가 되지 아니하
며, 서로를 나라 생각하지 아니하며,
나 여호와의 은총 속에서 하나가 된
너희들이라 생각하지 아니한다 하면,
그 속에서 이루어질 것이 하나도 없음
이니라.
19 너희들이 나의 법전을 읽고 깨우치는
자며 나의 피조물 만백성을 구하고자
서 있는 자들이라 하면, 너희들이 모
여 있는 나의 성전이요, 너희들이 나
의 법전을 읽는 그 순간은 너희들이
천사가 되어야 될 것이거늘,
20 시기하는 마음, 질투하는 마음, 그 마
음 하나도 다스리지 못하고 앉아 있다
하면 그는 구더기가 우글거리는 것과
무엇이 다르더냐?
21 사랑하는 선지자야,
22 너의 제자들 또한 잘못 가며 잘못 깨
우치며 하얀 마음을 갖지 못함은 네
행동이 바르지 못함에서 그리 이루어

진다는 것을 너는 알아야 할 것이니라.
23 네가 하얀 천사가 되지 아니하면 너의
제자들이 천사가 될 수 없음이니, 너
를 갈고 닦는 데 네 마음의 자리를 바
로잡아야 할 것이며 너의 변화가 앞서
야 될 것이니라.
24 "여호와 하나님! 어찌하여야 이 길을
갈 수 있사옵나이까?"
25 사랑하는 선지자야,
26 지옥 불에 가 허덕이는 나의 피조물
만백성을 구원해야 함이 너의 대명이
며, 너의 제자들이 또한 바늘 방석을
걸어가는 나의 피조물 만백성을 구하
여야 함을 너희들에게 말하지 않더냐?
27 누구도 너희 스스로 구원받을 수 없으
며, 너희 스스로 내 옆에 올 수 없으
며, 나의 에덴동산에 오를 수 없다 하
였으니,
28 그 오를 수 없는 길을 오르고자 하며
올라와 있는 너희들은 남들이 열 번의
고통의 길을 가는 속에서 백 번, 천 번
의 고통을 이기며, 남들이 가는 것보
다도 더 어렵고 고통스러운 그 길을
이기고 인내하고 가야 하는 것이거늘,
29 남들처럼 평범한 믿음이요, 평범한 길
이요, 무엇인가 육신의 편안함을, 육
신의 안일함을 먼저 생각하며, 남들과
똑같은 마음자리를 갖는다 하면 너희
들은 나에게 선택된 임무를 수행함이
아니지 않더냐?
30 지금 너희들의 깨달음이 남들보다 높
이 와 있으며 너희들이 높이 행하고자
하나 그것으로써는 아니 됨이니라.
31 지금의 마음보다 열배 백배 더 너희
자신을 다스리고 너희 자신을 낮춰야
만 내가 원하고자 하는, 바닥에 흐르
는 나의 그 뜻을 알게 될 것이니라.
32 가장 낮은 자, 밑바닥에서 흐르고 있
는, 내가 원하고자 하는 그 뜻을 볼 수
있음이니라.
33 더 낮아야 될 것이니라.
34 더 버려야 될 것이니라.
35 그리고 너희들 자신에게 더 험악한 매
질을 해야 될 것이니라.
36 가시나무 채로 너희 육신을 사정없이
두드리는 그것으로써도 아니 됨이니
라.
37 그보다 더 힘들고 어려운 고통 속에서
너희 자신들을 채찍질하며 너희 자신
을 다스려 만들어야 할 것이니, 그 속
에서만이 정녕 나를 볼 수 있음이니라.
38 사랑하는 선지자야!
39 "네, 여호와 하나님! 말씀하옵소서."
40 네가 나에게 기도하는 그 순간과 네가
나의 법전을 읽고 깨우치는 그때의 그
마음 마음이 영원히 지속되어야 할 것
이니,
41 네가 나의 법전을 읽을 때, 네가 나에
게 기도할 때의 그 마음과 네 생활의
그 행동과 마음이 차이가 있다 하면
이것은 네가 깨우침이 아니요, 너의
제자들 또한 깨우침이 있는 것이 아니
니라.
42 너의 제자들 또한 나의 십계명을 외우
며, 나의 법전을 정독할 때 느끼는 그
마음과 그 무섭고 두려운 마음이 너희
들 생활 속에서 잠시도 지워져서는 아
니 됨이니,
43 나의 법전에서 읽고 깨우친 그 구절을
너희들이 생활 속에서 더 무섭고 강하

게 실천하고 적용할 때만이 너희들이
나의 선택된 백성이며, 나의 피조물
만백성을 구하는 전사로서 너희들이
행할 수 있다 함을 일깨워 줘야 할 것
이니 그리 알라.

1,659 번째 하나님 말씀

2001년 11월 18일 06시 10분

1 사랑하는 선지자야!
2 "네, 여호와 하나님! 말씀하옵소서."
3 내가 사랑하고 기억하는 나의 백성이
요, 너의 제자가 너에게 말했느니라.
4 나 여호와의 성령을 태워 하늘에 오르
는 나의 이 법전을 전하니, 그를 읽고
깨닫는 자가 없다 하며, 더 사악한 말
을 그에게 전하니 그가 가슴이 아프다
말하였음이니,
5 바로 나 여호와가 직접 내려가 '나의
피조물 만백성을 구하고자 내가 왔
다.' 하여도, 크나큰 사악한 사탄이 왔
다 하여 나를 갈기갈기 찢어 죽이는
것이 너희들이라 말하였음이니,
6 나의 아들 예수가 내려와 너희들을 구
하고자 다시 재림하였다 하여도 그를
믿지 아니한다 하였으니,
7 너의 제자에게 그와 같은 것이 나의
피조물 만백성이 지금 가고 있는 길이
며 가지고 있는 마음임을 깨달아,
8 돌보다도 바위보다도 더 단단한 그 속
에서 그들의 마음을 녹이는 것이 너희
들이 해야 할 대명이며 너희들이 이루
어야 할 일이라는 것을, 이 뜻을 그의
손에 전해 줘야 할 것이니라.
9 솜이라 하는 것에 물이 닿으면 물이
스며드느니라.
10 그와 같이 나의 성령의 뜻이 스며든다
하면 나의 피조물 만백성이 오늘과 같
은 사악한 자는 없을 것이니라.
11 그 물을 빨아들일 수 있는 솜에 불을
질러 그를 태우고자 하는 것이 지금의
나의 피조물 만백성이 가지고 있는 생
각이며 살아가는 그들의 마음이니, 이
와 같은 이치를 네가 깊이 깨우쳐 행
하여야 할 것이니라.
12 사랑하는 선지자야!
13 "네, 여호와 하나님! 말씀하옵소서."
14 길고도 어두운 그 터널을 잘 벗어났음
이니라.
15 네가 변하고자 노력하며 네가 어둡고
긴 터널을 벗어났음이니 내가 너에게
상을 내림이니, 너의 모든 고충이 거
두어질 것이며,
16 네가 너의 제자들을 도우며, 나 여호
와가 존재함을 믿으며 나의 성전에 와
간곡히 기도하는 그들을 다스리고 보
듬을 수 있는 많은 능력을 너에게 내
릴 것이니,
17 그들의 몸 앞에, 그들의 얼굴 앞에, 그
들의 마음 앞에 안개가 걷혀 있는 자
부터 네가 구원하여 도와주어야 할
것이니 그리 알라.
18 인간사 인연의 관계가 아니라 그들의
마음의 안개가 거두어진 자부터 네가
거두어들여야 할 것이니 그리 알라.
19 사랑하는 선지자야!
20 "네, 여호와 하나님! 말씀하옵소서."
21 너의 그 제자를 네 옆에 이르게 하라.
22 (제자 '김철종'에게 주시는 말씀입니
다.)

23 내가 너를 사랑하노라.
24 네가 네 자식을 보는 마음과 같이 내
가 너를 사랑함이니라.
25 네가 생각하기를, 너와 같이 우매하고
둔한 자가 어찌하여 나 여호와에게 선
택되었는가 하며, 네가 하나님의 일
을, 하나님의 사업을 감히 감당할 자
가 아니라 생각하며 너 자신을 채찍질
하고 너 자신을 낮추며 감사하는 네
마음을 내가 아나니,
26 내가 너를 사랑함이 네가 너의 자식을
사랑하는 마음보다 열배 백배 더 내가
너를 기억하고 사랑함이니 그리 알라.
27 두려워하지 말라.
28 그리고 조바심하지 말라.
29 그리고 네 마음과 같이 생각하지 말라.
30 너는 나에게 높이 와 있는 자이니, 네
가 세상을 내려다보는 그 마음과 그
뜻을 아는 자가 없음이니, 그게 바로
인간의 우매함과 둔함이니라.
31 바로 네가 그를 깨우쳐야 할 것이니
그리 알라.
32 그게 바로 두드리는 것이니라.
33 그리고 두드려서 문을 열어 줌이니라.
34 그리하여 그들을 구원하고자 기도함
이니라.
35 그게 너희들이 이루고 얻고자 함이니,
나의 이 뜻을 네가 깊이 깨우쳐 행하
도록 하라.
36 내가 너를 사랑하노라.
37 그리하여 내가 너의 자식들을 품에 안
으니 그들이 사탄의 역경으로부터 시
련을 겪지 아니하고 있음이니, 이를
너는 선지자에게 항상 감사한 마음을
잊지 말라.
38 네 입에 하나의 음식을 넣는 것도 너
는 감사하다는 마음을 잊지 말며, 지
금의 믿음보다 더 굳건히 네 자리를
지켰을 때 네가 하늘에 오르는 영광이
요, 나의 음성을 듣는 날이 머지않았
음이니 그리 알라.

1,660 번째 하나님 말씀

2001년 11월 18일 12시 30분

(강론을 마치며)

1 사랑하는 선지자야!
2 "네, 여호와 하나님! 말씀하옵소서."
3 너의 제자들에게 오른손을 들어 왼쪽
심장에 얹으라 말하라.
4 그 심장의 고동 소리가 들림은 너희들
이 살아 있음을 말하며, 그 심장의 고
동 소리의 그 맥박을 내가 너희들에게
내렸음이니,
5 이 하나만을 너희들이 감사하게 생각
한다면 나 여호와에게 너희들이 평생
을 기도해도 그 은혜에 보답할 길이
없거늘,
6 나의 피조물 만백성이 오늘에 살아감
이 어떠한 형국에 이르렀더냐?
7 내가 오늘 나의 선지자를 통하여 너희
들에게 일러 말하고자 함이니라.
8 너희들이 나의 열여섯 권의 법전을 읽
고 깨달으며 그 구절구절을 너희 가슴
으로 받으면서도 과연 어떠한 생각을
하는 것인가?
9 이게 나 여호와의 성령을 직접 태워
내가 나의 선지자에게, 예수의 형체이
든 예수의 성령이든 내가 그를 통하여
너희들에게 일깨워 주고자 내려보냄

이니,
10 이를 먼저 듣고 깨우쳐 시행하는 너희
들의 책무가 무엇이더냐?
11 나로부터 선택되어 나의 성령을 태워
나의 선지자를 통하여 내려보낸 나의
이 뜻이요, 나의 이 마음이 나의 피조
물 만백성을 구하고자 함이니,
12 이를 깨우쳐 실행하며 나의 피조물 만
백성을 깨우쳐 일러야 할 너희들은,
너희들이 얼마나 소중한 자들이며, 너
희들이 어찌 행동해야 될 것이며, 너
희들이 서 있는 자리가 어디이며, 너
희들의 육신이 과연 어떠한 형체로 있
다고 생각하는 것이냐?
13 많은 피조물 만백성이 육체 속에서,
그 형체 속에서 그들의 마음이 있고
그들의 살아감이 있고 그들의 생활이
있다 하나,
14 너희들은 육신이 없으며 형체가 없으
며, 남들이 만질 수 있는 그와 같은 육
체를 가지고 있는 너희들이 아님을 알
아야 될 것이니라.
15 너희들은 나의 성령으로 너희 마음에
그득하여 나의 성령으로 서 있는 자들
이니, 너희들은 육신의 형체가 없는
자들이니, 너희들은 육신의 형태를 가
지고 있지 아니한 자들이니라.
16 그리하여 내가 너희들에게 일러 말하
였느니라.
17 너희들은 바로 나의 얼굴이요, 나의
뜻이요, 나를 대신하여 행하는 자들이
라 말하였으니, 나와 너희들이 분리될
수 없다 말하였음이니, 이 뜻을 너희
들이 깊이 새겨야 될 것이니라.
18 너희들은 나의 성령을 태워 나의 선지
자를 통하여 너희들을 깨우치고 가르
치고자 하는 나의 뜻을 듣고 이 성전
을 나가면서 그것을 잊어서는 아니 될
것이니라.
19 너희들이 다음에 선지자 앞에 와 공부
하는 그 순간까지 오늘의 나의 가르침
을 되새기고 또 되새겨 이를 깨우쳐
나가 행하는 자가 되어야 될 것이니,
20 그것이 바로 너희들이 하늘에 오르는,
한 계단 한 계단 오를 수 있는 너희들
의 주춧돌이요, 너희들을 받쳐 주는
계단인 것을 알아야 할 것이니라.
21 내가 선지자를 통하여 너희들에게 일
깨워 줘 너희들이 선지자를 대신하여
만백성을 구하는 목동이요, 전사로서
나에게 오를 수 있는 그 계단을 한 계
단 한 계단 올라 깨우침을 이루는 것
은,
22 너희들이 오늘의 배움을 너희 것으로
만들며 내일의 배움을 너희 것으로 만
들어서 오늘의 배움의 그 계단 위에
내일의 배움의 계단을 더 쌓아야만 하
는 것이니라.
23 너희들은 한 줄도 잊어서는 아니 되며
한 마디의 기도 소리도 버려서는 아니
되며, 이를 너희들이 다음에 선지자
앞에 와 공부할 때까지 너희 것으로
완전히 만들어 너희들의 계단으로써
단단히 쌓아야 될 것이니라.
24 내가 선지자를 통하여 내리는 나의 성
령을 너희 것으로 만들지 아니한다 하
면 너희들은 모래에다 물을 부어 그것
으로써 성과를 이루어 하늘에 오르고
자 하는 자와 똑같음이니라.
25 사랑하는 나의 피조물 만백성을 구하

는 너희들은 나로부터 선택된 자들이
니라.
26 나로부터 선택됨을 너희 자신이 두려
워하지 말라.
27 너희들은 나에게 선택된 자들이니라.
28 너희들은 너희들의 하루의 살아감의
무서움을 알아야 할 것이니라.
29 너희들이 하루에 100가지 일을 행하
고 살아간다면, 나의 뜻에 의하여 행
하는 것은 10가지도 안 되며 나의 뜻
을 거역하는 것이 90가지라면 너희들
이 어떠한 삶을 살고 있는 것이더냐?
30 너희들은 죄를 짓고 살고 있음이니라.
31 그리고 너희들은 죄투성이 속에서 허
덕이고 있느니라.
32 죄 속에서 너희들이 하루를 살아가고
있음이니라.
33 그러기에 너희들이 너희들의 살아감
에 부끄러움을 알아야 될 것이며, 너
희들의 생활함이 죄 속에서 허덕이며
너희들만이 죄를 짓고 살아가는 자들
이라는 것을 깊이 가슴속에 깨달음이
있어야 할 것이니라.
34 너희들이 하루에 100가지를 행함에
있어서 나의 뜻에 의하여 행하는 것이
50이요, 60을 넘었을 때 너희들은 죄
를 짓지 않고 삶이니라.
35 그리하여 너희들이 80이요, 90이요,
100을 나의 뜻에 의하여 행할 때, 너
희들이 하늘에 오르는 뜻을 보며 나를
보게 됨이니라.
36 지금 너희들이 살아가며 100가지를
행함에 있어서 10가지는 나의 뜻에
의하여 행하며 90가지는 나의 뜻에
의하여 행하지 아니함이니,
37 너희들이 죄를 짓고 살며 죄를 지어
가며 누덕누덕 지금도 죄를 짓고 있음
을 깊이 깨우쳐야 할 것이니 그리 알
라.

1,661 번째 하나님 말씀

2001년 11월 19일 09시 40분

1 내 사랑하는 선지자야!
2 "네, 여호와 하나님! 말씀하옵소서."
3 내가 너에게 이르기를, 십계명을 제일
많이 외우는 자가 되라 했으며, 제일
많이 암송하는 자가 되라 하였음이니,
이제는 네가 그는 지키고 이루었으나,
4 또한, 네가 십계명을 그대로 지키는
것에 일등이어야 되며 그것이 우선이
어야 되느니라.
5 십계명을 가장 많이 암송하며 많이 외
우는 네가 이제는 십계명 한 구절 한
구절을 지키고 있는가를 점검해 넘어
가야 될 것이니, 네 머리말에 십계명
을 걸도록 하라.
6 그리하여 네가 십계명을 한 구절 한
구절 지키는가 못 지키는가를 남들이
보든 말든 너 스스로 하나씩 짚어 하
나씩 네가 지켜 나갈 때마다 그 십계
명을 네 머리에서 지워 가는 그와 같
은 형식으로 하나하나 지켜 가도록 하
라, 선지자야!
7 이제는 가야 할 것이니라.
8 그리고 지켜야 할 것이니라.
9 네 앞에 십계명을 걸어 네가 1절서부
터 내가 너에게 일러 준 12절까지 하
나하나 실행하는가 실행하지 못하는
가 점검하여,

10 실행하지 못하는 것을 위하여 노력하
고 더 정진하여 너 스스로 십계명을
이제는 지키는 사람이 되어야 하지 않
겠는가?
11 내가 너에게 전하고자 하는 말이 있다
면, '내가 너를 사랑함이니라.' 하는 말
이니라.
12 내가 너를 사랑함이니, 네가 십계명을
가장 많이 암송한 자이니, 너의 제자
들과 너 자신이 변화를 하여 나의 법
전을 세상에 전하는 길을 위하여 이제
는 십계명을 제일 잘 지키는 자가 되
어야 될 것이니, 그저 내가 너를 사랑
함이니라.
13 그리고 네가 존재함을 기뻐하며 네가
지켜 감을 내가 기뻐함이니라.
14 이제는 스스로 그리 가도록 하라, 선
지자야!
15 그리고 너의 제자들에게 흔들리는 마
음을 바로잡으라 하라.
16 내가 너희들에게 말하듯이, 게라는 미
물이 허물을 벗을 때는 물고기에게도
먹힐 수 있다 하였음이니, 물고기를
잡아먹는 게가 물고기에게 먹힐 수 있
다 하였음이니,
17 너희들이 깨끗하고 아름다운 마음이
되면 너희들을 무너뜨리고자 하는 그
사악한 무리들이 그 마음에 동요와 파
장을 이루니,
18 너 자신의 마음에 파장을 이루는 것을
두려워하지 말며, 너의 제자들 마음에
파장을 이루는 행위를 그들이 이길 수
있도록 그들에게 깨우쳐 주도록 하라,
선지자야!
19 이제는 네가 그들에게 '너희들은 죄짓
지 말며 착하고 아름답게 살라.'는 말
을 하지 말라 하였으니, 저희들의 깨
끗한 그 마음을 잘 다스리고 굳건히
나 여호와가 있음을 믿으며,
20 그들의 마음에 파장을 이루는 것을 스
스로 싸워 이기는 인내와 용기와 현명
함을 가지라 그리 가르치라, 선지자야!
21 내 너를 사랑하노라, 선지자야!

1,662 번째 하나님 말씀

2001년 11월 20일 06시 10분

1 사랑하는 선지자야!
2 "네, 여호와 하나님! 말씀하옵소서."
3 네가 나의 성령의 뜻을 받아 열여섯
권의 법전이라는 나의 이 말을 담은
책을 세상에 냈으며,
4 네가 나의 뜻에 따라 삶의 그 길을 가
기 위하여 너 스스로 다스리고 너 스
스로 인내하며 너 스스로 노력하는
그 모습이 참으로 아름답고 참으로 갸
륵하도다.
5 내가 너에게 다시 원하듯이, 네가 기
도하는 이 머리말에 십계명을 걸고,
세상에서 십계명을 제일 많이 암송한
사람인 것처럼,
6 이제는 바로 그를 철저히 지키는 것이
네가 가야 할 길이라 말하였으니,
7 네가 걸어 놓은 십계명의 그 글귀를
보며 네가 지키는 것은 하나하나 네
마음속에서 지워 나가라 하였으며,
8 네가 지키고 시행하지 못하는 그 구절
은 네 몸의 모두를 다 태워 그를 지키
도록 훈련하고 단련하라 하였음이니,
너의 제자들에게 그리 깨우쳐야 할 것

이니라.
9 십계명을 제일 많이 암송하고 나의 율
법을 지키고자 노력하는 너희들이, 이
세상에서 가장 많이 그를 따르고자 암
송하는 것과 같이 그를 지키는 훈련을
해 나가야 될 것을 이제는 깨우쳐 주
라.
10 그저 암송하고 지키겠다는 막연한 생
각으로써 그를 실천함이 아니라 한 구
절을 그들이 지키면 그 구절을 마음속
에서 지워 버리며,
11 저희들이 넘지 못하고 지키지 못하는
그 대목을 집중적으로 다스리고 그 마
음을 다스려 그 산을 하나 또 넘으면
나의 십계명을 완벽히 지키는 너의 제
자들과 너희들이 될 것이니, 그와 같
이 깨우쳐 나가도록 일러야 할 것이니
라.
12 사랑하는 선지자야!
13 "네, 여호와 하나님! 말씀하옵소서."
14 이제는 네가 바로 서서 가고자 함이며
너 스스로 바로 설 수 있음이니, 내가
사랑하는 너에게 상을 내리고자 함이
니라.
15 "여호와 하나님!
16 저와 저의 제자들은 감히 은혜와 은총
을 받을 수 없사옵나이다.
17 저를 때리는 자, 저를 욕하는 자, 저를
비방하는 자, 그들과 똑같이 대화하
며, 그들과 똑같이 공격하며, 그들과
똑같이 저를 미워하는 상대방을 미워
하며, 저에게 악역을 이룬 자, 그 악역
에 대하여 갚고자 하며, 그에 대하여
평가하며 그를 욕하는 그와 같은 길을
벗어나지도 못하고 있사옵나이다.
18 저를 음해한다 하여 그의 이름의 욕됨
을 말하며, 저에게 피해를 주었다 하
여 그를 원망하며, 그 이름을 욕되게
흉보며 시기하고 질투하는 마음을 아
직도 저희들 마음에서 버리지 못하고
지우지 못하고 있사옵나이다.
19 정녕 아버지께서 말씀하시는 오른뺨
을 때리거든 왼뺨을 내놓으라 하는 그
간단한 이치 하나도 실천하지 못하고
있사오니,
20 오른뺨을 맞고 왼뺨을 내놓지 못할망
정 오른뺨을 때린 자를 돌아서서 욕하
며 그를 시기하며 남들과 더불어 그
이름에 욕되는 언행을 버리지 못하고
일삼는 저희들이옵나이다.
21 전지전능하신 여호와 하나님!
22 저는 아버님께서 원하시는 것이 무엇
이며, 아버님께서 저희들을 어찌 이끌
어 가고자 하시며 저희들이 어찌 가야
하는지를 알고 있사옵나이다.
23 인간의 욕심이요, 인간의 본연의 자세
를 아직도 버리지 못하였사오니, 여기
에 꿀물을 내리신다 하면 그 꿀물에만
정신이 팔려 저희들이 정신을 차리지
못할 것이며, 그 꿀물에 의하여 저희
들이 스스로 무너진다는 것을 알고 있
사옵나이다.
24 아버님께서 저희들의 갈 길과 미래를
보시어 미래를 아시기에 저희들에게
은혜와 상을 내린다 하옵시나,
25 제가 육신을 가진 인간으로서 저 자신
을 돌아다보며 저의 제자들을 또한 바
라다볼 때, 아직은 저희들이 아버님으
로부터 은혜를 받을 때가 아니지 않은
가 하옵니다.

26 저희들을 선별하여 쓰고자 하시면 완
벽한 저희들이 되어야만 저희들이 맡
은 소임을 지키고 시행할 수 있다 생
각하옵나이다."
27 사랑하는 선지자야!
28 "네, 여호와 하나님! 말씀하옵소서."
29 그들 또한 저희 인간으로서 지킬 수
있는 그 고비를 넘고자 정녕 발버둥치
는 자 많이 있음이니라.
30 그들 또한 내가 사랑함이니라.
31 너는 아무 말 말라, 그리고 네 마음을
거둬들여야 할 것이니라.
32 그리고 너의 제자들에게 이르라.
33 너를 인간으로서 흠모하여 너를 사랑
하며 너를 가까이하고자 하지 아니하
며, 나의 성령의 뜻에 의하여 그 뜻을
듣기 위하여, 그 음성을 듣기 위하여
너를 만백성의 지도자요, 선지자로서
보는 자들의 마음은 네 마음을 흔들리
게 하지 아니하나,
34 마음속으로 너를 인간으로 사랑하며,
너를 인간으로서 생각하며, 인간으로
서 너를 흠모하고 은애하는 자 있다
하면 그 마음이 바로 네 마음을 흔들
리게 함이며, 너 자신의 마음에 파장
을 이루는 것이니,
35 모든 너의 제자들에게 이르라.
36 오로지 너를 나의 성령을 받는 나의
제자요, 나의 선지자로서만 봐야 할
것이며, 인간으로서 너를 흠모하고 너
를 은애하고 너를 사랑하는 마음을
갖는다 하면,
37 그들의 마음속에 가지고 있는 것을 남
들은 모른다 하나 나 여호와가 알고
있음이니,
38 그 또한 그 흔들리는 너희들의 마음이
선지자의 마음을 흔들어 놓게 됨이니,
선지자 자신도 모르게 그리 흔들려짐
이니,
39 인간으로서 선지자를 보지 말며, 인간
으로서 은애하지 말며, 인간으로서 사
랑하지 말라 그리 이르라.
40 너희들이 인간인 선지자를 나의 뜻에
따라 전하는 나의 아들이요, 나의 종
이라는 그것으로써 바른 눈으로 보며,
41 인간으로서 그를 보지 아니할 때, 너
희들이 선지자의 마음에 파장을 이루
는 행위를 하지 않을 수 있음이니라.
42 인간으로서 선지자를 보는 너희들이
선지자의 마음을 흔들리게 함이며, 그
는 선지자가 바로 서고자 하는 데 너
희들이 스승으로서의 자세가 아니니
라.
43 이와 같은 뜻을 깊이 깨우쳐야 될 것
이며, 이와 같은 너희들이 지키고 가
야 할 길이 얼마나 그 깊이가 넓고 높
은가를 생각해야 할 것이며,
44 내가 너에게 이를 때 모든 나의 성령
을 받아 기록하는 너는 거기에 살과
뼈를 붙이라 말하였음이니, 거기에 너
희들이 바르고 옳은 생각을 깨우치고
깊이 연구할 때 나의 그 깊은 뜻을 알
게 됨이라 말하였느니라.
45 그리하여 성서를 열 번, 백 번, 천 번
을 읽어도 내가 지금 너희들에게 말하
는 그와 같은 마음의 자세와 깨달음을
갖지 못하는 자는 그 깊이를 알 수 없
다 하였음이니라.
46 이제는 너의 제자들의 경지가 오르며,
너희들의 그 갸륵한 마음을 내가 알고

있으며, 그들이 너와 더불어 갈 수 있
는 자들이기에 내가 다시 한 번 그들
에게 강조하며 깨우침을 이르고자 함
이니,
47 너를 인간으로서 보는 그 마음이 선지
자 너의 마음에 파장을 이룸을 알라.
48 인간으로서 은애하는 마음, 인간으로
서 같이하고자 하는 마음, 인간으로서
너희들과 같이 즐기며 가고자 하는 마
음,
49 그 마음이 선지자가 가고자 하는 그
길에 파장을 이룬다 함을, 이 뜻을 깊
이 깨우쳐야 할 것이니,
50 이와 같이 너희들의 자세와 몸가짐을
얼마나 깊고도 높이 생각해야 하는지
그 모두를 깨우쳐 행하도록 할 것이니
라.
51 그리하여 세상사를 보지 말며, 세상사
를 듣지 말며, 오로지 너희들이 너희
몸속의 나의 성령을 깨우쳐 내가 원하
고 내가 가르치고자 하는 그 길을 바
라보고자 노력할 때,
52 너희들은 인간으로서 생각할 수 없는
곧은길을 볼 수 있으며, 하늘에 오르
는 길을 볼 수 있으며, 너희들 속에 있
는 아름다운 마음을 너희들이 볼 수
있음이니라, 선지자야!

1,663 번째 하나님 말씀

2001년 11월 20일 06시 30분

1 사랑하는 선지자야!
2 "네, 여호와 하나님! 말씀하옵소서."
3 예수는 그 고통스런 죽음으로써 나의
피조물 만백성을 깨우쳤으며 하늘에
오르는 길을 보라 말하였음이니,
4 너는 육신을 가진 나의 피조물 만백성
과 똑같은 세상에서 똑같은 생활과 똑
같은 환경에서 인간으로서 살았던 네
가 천사로 변하는 그 모습으로써 길이
길이 나의 피조물 만백성을 구원하는
기본으로 삼고자 하여 너를 이와 같이
훈련하며, 네가 육신을 갖고 이와 같
이 인간들과 살아왔음이니라.
5 후세에 예수는 죽음으로써 나 여호와
가 존재함을 알렸으며 그 위대함을 나
의 피조물 만백성이 깨우쳐 하늘에 오
르게 하고자 하였음이니,
6 예수가 피 흘려 죽어 그 목숨으로써
나의 피조물 만백성을 깨우치는 그것
보다도,
7 60여 년의 세월을 너희들과 똑같은
육신을 가지고 가정을 가지고 육신의
아픔을 느끼며 너희들 속에서 더불어
살아온 그 모두를 털어 버리고 천사로
서 우뚝 서는 그 모습으로 나의 피조
물 만백성 너희들의 대대손손 사랑하
는 백성을 구하고자 함이니,
8 네가 변하는 것이 예수의 죽음보다도
더 위대함을 알아야 할 것이니,
9 이게 바로 너를 오늘에 이르러 내세운
나의 뜻임을, 너의 제자들에게 그 위
대하고 소중함을 깨우쳐 주도록 그리
하라.

1,664 번째 하나님 말씀

2001년 11월 21일 06시 10분

1 사랑하는 선지자야!
2 "네, 여호와 하나님! 말씀하옵소서."

3 구약의 시대를 지나 또한 신약의 시대
를 열며, 그 모두는 나의 말이며 나의
뜻이며 나의 성령이요, 나의 가르침이
라 너희들이 말하고 있음이니,
4 그 모두를 다 집약한 것이 바로 나의
십계명이요, 십계명을 위하여 그가 존
재하며 나의 많은 가르침이 너희들에
게 임하였느니라.
5 그 성서에 가장 집약된 것이 나의 십
계명이니, 그 십계명을 암송하며 기도
하기 위하여 그 십계명을 암송하는 너
와 너의 제자들은 그를 그저 암송하고
끝내서는 아니 될 것이니라.
6 십계명의 한 줄 한 줄을 너희들이 암
송하고 기억하면서 그 십계명의 계명
에 위배되는 삶을 살지 아니하는지를
너희들이 견주어 보고 깨우쳐야 할 것
이니라.
7 제1계명을 외우면서 너희들은 과연
그와 같이 살고 있는가를 생각하여야
될 것이니, 그와 같이 살지 못하면서
너희들이 십계명을 평생을 암송한들
무엇을 하겠는가?
8 너희들이 그를 기억하고자 하여도 너
희들의 행함이 그와 같이 다스려지는
길이 없으며 너희들이 변함이 없다 하
면 천 번, 만 번 평생을 외워도 아무런
뜻이 없음이니라.
9 이제 너희들은 첫 번째 계명을 외우면
서 너희가 그와 같이 실행하고 있는가
를 스스로 답을 얻어야 할 것이며,
10 두 번째 계명을 외우면서 너희들은 과
연 그리 살고 있는가를 짚고 넘어가야
될 것이며,
11 세 번째의 계명을 암송하면서 너희들
이 과연 그와 같이 살고 있는가를 생
각하며 암송해야 할 것이니,
12 오늘 이후 너의 제자들에게 너는 일러
야 할 것이니라.
13 너희들이 십계명을 암송하면서 그와
같이 살지 아니한다 하면 너희들은 십
계명을 암송할 자격이 없음이니라.
14 이 세상 나의 피조물 만백성 중에서
십계명이 위대하며 중요하다는 것을
알아 나의 뜻인 십계명을 암송하고 그
리 시행하는 자, 하늘에 오르는 길이
있음을 알고 있으며 깨닫고 있는 너희
들은 이제는 그를 지키지 아니한다 하
면 그 계명을 암송할 자격이 없으니,
15 그 암송할 수 있는 자격을 내가 너희
들로부터 거둬들이고자 함이니라.
16 너희들이 1계명서부터 끝까지 암송할
때, 너희 마음에 걸리는 것이 하나라
도 있어서는 안 되며, 그 실행함에 걸
림이 있어서는 아니 됨이니라.
17 너희들이 달려가다 돌부리에 걸려 넘
어지듯이 나의 계명 중에서 하나를 지
키지 아니하면 너희들이 그와 같이 넘
어지며 쓰러지느니라.
18 나의 법전의 열여섯 권을 읽었으며 나
의 성전에서 8권이라는 나의 법전을
공부하고 있는 너의 제자들은,
19 이제는 너희들이 그 계명을 지키면서
한 점의 부끄러움이 없으며 한 점의
못 지킴이 없는 그 마음의 자세가 되
어 있어야 할 것이니,
20 오늘부터 그와 같이 점검하며 넘어가
는 너희들이 되라.
21 그리고 그와 같이 해야 됨을 너의 제
자들에게 반드시 심어 줘야 될 것이니

라.
22 사랑하는 선지자야!
23 "네, 여호와 하나님! 말씀하옵소서."
24 나의 사랑하는 아들 예수는 그 죽음의 고통을 깨닫지 아니하였으며, 다만 그가 죽어 오면서까지 나의 피조물 만백성 너희들을 깨우치지 못하고 그의 죽음을 모르는 그 나의 피조물 만백성을 보며 더 고통스러워하며 괴로웠다 하였음이니,
25 내가 구약의 시대와 신약의 시대를 지나 지금 제3의 시대를 열면서 나의 피조물 만백성을 구원하고자 하는 마음이 얼마나 애절하며 너희를 사랑하는지 알아야 할 것이니라.
26 이제는 내가 마지막으로 모두를 다 바쳐 나의 성령을 열여섯 권의 법전 속에 담아 세상에 내보내니, 두 번 다시 이와 같은 제4요, 제5의 시대가 없음이니,
27 오늘의 나의 법전이 얼마나 소중하며, 이를 보고 깨우치며 '이는 하나님의 성령이요, 하늘에 오르는 진정한 길이다.' 하며 믿고 따르는 너희들이 얼마나 소중한 자들이며,
28 너희들이 해야 할 일이 얼마나 막중한 것이며, 너희들이 서 있는 그 자세가 얼마나 소중한가를 알아야 할 것이니라.
29 너희들의 이름이 낙원의 에덴동산에 오른 그 은혜보다도 너희들이 나의 피조물 만백성을 깨우치는 것이 더 위대함이니라.
30 낙타가 바늘구멍을 통과하기보다 더 어렵다는 그 어렵고 힘든 에덴동산에 너희들의 이름이 기록되어 있음이니,
31 그 기록되어 있는 것보다 나의 피조물 만백성을 깨우침이 더 어렵고 힘드느니라.
32 잘못 가고 있는 그들의 마음을 돌림이 그보다 더 어렵고 힘드느니라, 선지자야!
33 바늘구멍을 통과할 수 없는 것이 낙타요, 그것이 이루어진다면 그는 기적이며 그는 이룰 수 없음이니,
34 지금 사악한 종교 지도자들에게 현혹되어 앞뒤를 돌아다볼 수 없으며 나의 법전을 접하지 아니하고자 하는 자들의 마음을 돌리기가 그보다 더 어렵고 힘든 길이니라.
35 그들을 바로 세우는 것이 그와 같이 힘들고 어려운 길이니, 이 길을 수행하는 너희들이 얼마나 나에게 소중한 자들이며, 너희들이 얼마나 어렵고 힘든 길을 가야 하는 것인가를 깨우쳐야 할 것이니라.
36 돌을 보며 돌이라 말하지 아니하는 자, 그에게 돌이라 일깨워 줄 수가 없음이니,
37 저희들이 영원히 구원을 받는 길이 오로지 지금의 저희들이 가고 있는 그 길이라 믿고 있는 그 백성들을 돌이키는 것이 너희들의 이름이 나의 낙원의 에덴동산에 기록되어 있는 것보다도 더 어려움이니,
38 그들을 깨우치는 것이 얼마나 힘든가를, 너희들이 얼마만큼 노력을 해야 할 것인가를 깨달아, 너희들의 그 모두를 다 불태워야 그를 하나 돌이킬 수 있다 하는 것을 잊지 말아야 할 것

이니라.

1,665 번째 하나님 말씀

2001년 11월 21일 21시 05분

(강론을 마치며)

1 사랑하는 선지자야!
2 "네, 여호와 하나님! 말씀하옵소서."
3 너의 제자들에게 이제 이르라.
4 너희들이 십계명을 암송하며 나의 율
법을 외울 때, 너희 가슴속에 음악의
멜로디처럼 울려 옴이 있어야 할 것이
니라.
5 너희들이 마음을 비우며 너희 마음에
성령이 임하여 너희 마음이 흰 눈과
같이 깨끗할 때, 나의 십계명을 외우
는 그 소리는 들려 오는 음악의 멜로
디처럼 너희들의 심장을 울려야 될 것
이니,
6 너희들은 너희 자신을 돌아다보며 너
희 마음에 검은 마음이 얼마나 있으며
너희 마음이 얼마나 흰 눈과 같이 하
얗게 되어 있는가를 스스로 깨우쳐야
할 것이니라.
7 너희 머리끝에서 발끝까지 외우는 그
십계명의 음성이 음악의 멜로디처럼
너희 마음을 움직일 때, 너희들의 마
음이 성령으로 임하여졌음을 알 것이
니,
8 그가 둔탁한 것으로써 너희들 마음을
울린다면 아직도 너희들이 바로 서지
못하였음이니라.
9 너희들은 들어야 할 것이니라.
10 너희들이 움직이는 모든 문명의 기계
요, 어떠한 첨단 과학의 기술이라 하
는 것도 그것을 만든 자만이 손볼 수
있으며 그를 고치고 그를 다시 제작하
여 만들 수 있음이니라.
11 농사짓는 농사꾼에게 기계를 만들라
하면 그는 못 만들 것이며, 농사꾼은
농사에 대한 것을 잘못했을 때 그를
시정하여 고쳐서 다시 좋은 수확을 얻
을 수 있는 능력이 있으며, 노력함이
있으며,
12 과학 문명의 첨단의 기계를 점으로 찍
는 자는 또한 그것을 그들만이 할 수
있음이니, 너희들은 그 이치를 깨달을
때 나 여호와가 하고자 하는 그 뜻을
알 수 있을 것이니라.
13 나의 선지자를 통하여 나의 성령을 태
워 너희들에게 내려보내 열여섯 권의
법전을 만들어 나의 피조물 만백성을
구하고자 하는 나의 이 법전을 너희들
은 사탄이요, 이단의 장난이라 그리
말함이니,
14 너희들은 6천 년의 역사가 흐르면서
구약의 시대는 누가 너희들에게 나의
성서라는 것을 전하게 하였으며, 그것
은 누구의 뜻이며 누구의 계획하에 그
리 이루어졌다 생각하는가?
15 구약의 시대도 나의 뜻에 의하여 이루
어졌으며 나의 주관에 의하여 그것이
이루어졌음이니,
16 내가 이루고자 하는 것을 나의 피조물
만백성이 이루지 못하였으며 나의 뜻
을 따르지 못하여,
17 내가 신약이라는 그 시대를 다시 열어
나의 아들로 하여금 너희들을 깨우치
게 하였음이니,
18 너희들이 그 이상의 고통과 시련이 없

다 하여 피로써 나의 아들 예수가 시
련과 고통을 겪는 것을 너희들이 직접
경험하고 체험하는 것처럼 너희 몸으
로 받아들여 깨우쳐서 하늘에 오르는
길을 보라 내가 하였거늘,
19 너희들이 또한 지금과 같은 형국에 이
르렀음이니라.
20 내가 성서를 내려보냈으며, 나의 뜻을
전하였으며, 내가 너희들에게 가르치
는 십계명과 모든 성서를 만들어 이
시대에 이루어 왔음이니,
21 그 성서를 만들고 다시 손보며 다시
고칠 수 있는 자, 이 세상에 누가 있다
말하느냐?
22 하늘과 땅 사이에 나 하나밖에 없음이
니라.
23 이를 만들어 내가 나의 피조물 만백성
을 구하기 위하여 세상에 내려보냈으
니, 이를 보고 깨우쳐 하늘에 오르라
한 너희들이 지옥 불로 가고 있음이니,
24 내가 그 형국을 다시 다스리고 제3의
시대를 열기 위하여 나의 선지자를 통
하여 누구나 다 읽고 깨우치기 쉬운
나의 법전을 만들어 너희들에게 내려
보낸다 할진대, 이는 나만이 할 수 있
는 길이며 나만이 이룰 수 있는 길이
니라.
25 너희들은 여기서 깨우쳐야 될 것이니
라.
26 나의 법전의 모든 구절에 나 여호와를
찾지 아니하는 곳이 있으며,
27 나의 선지자가 이 법전을 기록함에 있
어 단 하루라도 내가 불로 써 내려보
낸 십계명을 암송하지 아니하고 쓴 구
절이 있으며, 그 구절에 너희들에게
사악한 마음을 갖고 살라 일렀으며,
28 지금의 종교 지도자들이 가고 있는 그
형태를 내가 너희들이 볼 수 있도록
유리알처럼 기록하여 그를 파헤쳤음
이니 이것이 틀리다 하며,
29 성서에 입각하여 이것이 이루어지지
아니하였다면 이것이 내가 제3의 시
대를 이루고자 다시 성서를 대신하여
나의 법전을 내리는 것임을 너희들이
믿지 아니하여도 될 것이니라.
30 지금 나의 법전 속에 기록되어 있는
것이 나 여호와를 찾으며 내가 불로
써 내린 십계명을 암송하고 나의 선지
자가 나의 뜻을 받아 기록한 것이며,
31 지금의 종교 지도자와 그를 따르는 너
희들이 하고 있는 그 추악하고 험악하
고 더러운 형태를 유리알처럼 파헤쳐
만백성이 보도록 내가 벌려 놓고 있음
이니,
32 이를 너희들의 귀로 듣고 눈으로 읽어
보아, 이것이 너희들이 생각하는 것과
틀린 말이라 하면 나의 법전이 제3의
시대를 열고자 하는 것이 아니라 생각
해도 나 여호와가 너희들을 책망하지
아니할 것이니라.
33 성서를 만들어 세상에 내려보낸 나만
이 이를 고치고 나만이 이를 수정할
수 있음이니,
34 내가 너에게 일렀느니라.
35 구약의 시대에, 그 성서의 시대에 살
던 그들이 내 뜻을 이루지 못하였으며
사악한 자가 세상을 덮었으며,
36 그리하여 나의 아들로 하여금 다음 시
대를 이루고자 하였으나 또한 너희들
이 더 사악한 이와 같은 시대가 이루

어졌음이니,
37 이를 보고 나의 사랑하는 피조물 만백
성 너희들을 구원하기 위하여 성서를
만들고 내려보낸 내가 제3의 시대의
나의 법전을 내려보냄이니, 이는 나만
이 할 수 있는 것이니라.
38 그리하여 내가 너희들에게 내려보냈
음이니,
39 너희들은 나로부터 선택된 백성이며
내가 너희들을 긴히 쓰고자 함이니,
40 너희들의 마음이 하나가 되어 나의 법
전을 읽을 때 내가 추구하는 뜻을 알
게 될 것이니라.
41 마음이 하나가 되지 아니하는 자는 나
의 법전을 열어도 그 속에 있는 깊은
뜻을 알 수 없으니,
42 오늘 내가 너희들에게 이르기를, 하나
의 마음이 되어 나의 법전의 뜻을 똑
같이 깨우칠 수 있도록 그리하여야 될
것이라 하였느니라.
43 내가 너희들에게 일러 말했느니라.
44 너희들은 육이 없는, 영만이 있는 나
의 백성이라 내가 일렀음이니라.
45 이는 내가 너희들을 직접 관리하고자
함이니라.
46 그리고 내가 너희들에게 모든 은혜와
영광을 선지자를 통하여 내리고자 함
이니라.
47 오늘 선지자가 너희들에게 하나의 대
명을 내리니 너희들은 그 받은 대명을
너희 가슴속에 깊이 글로 새겨 하나의
차질이 없도록 시행하여 내가 너희들
에게 내리고자 하는 그 상을 받으라.
48 너희들이 받을 수 있는 그 상을 받고
못 받음은 너희들에게 달렸음이니라,
나의 사랑하는 백성들아!

1,666 번째 하나님 말씀

2001년 11월 22일 06시

1 사랑하는 선지자야!
2 "네, 여호와 하나님! 말씀하옵소서."
3 나의 성전에 와 공부를 하며 이곳 성
전에 와 나의 음성을 직접 듣는 너의
제자들에게 이리 일깨워 줘야 할 것이
니라.
4 하늘에 오르는 길은 한 길뿐이며, 하
늘에 오르는 길이 정녕 너희들이 나의
법전을 읽는 이 성전에 의하여 이루어
지는 길이라 생각한다 하면, 너희들은
얼마나 크나큰 은혜와 은총을 입은 자
들이며 또한 얼마나 소중한 나의 백성
들인가를 너희들이 가슴에 손을 얹고
생각해 보고 또 생각하여야 할 것이니,
5 너희들이 살아가는 이 지상에서 하늘
에 오르는 길이 나의 법전의 그 뜻의
길 하나며, 그 길만이 하늘에 오르는
길이라 생각할 때,
6 너희들이 그 길에 와 서 있음이며, 너
희들이 하늘에 오르는 그 길을 바라보
고 바로 가고 있음이니, 너희들 자신
이 어찌하여야 나의 은혜에 보답하겠
는가?
7 사랑하는 선지자야!
8 "네, 여호와 하나님! 말씀하옵소서."
9 이 길만이 하늘에 오르는 길이니라.
10 너희들이 가고 있는 이 길이 하늘에
오르는 길이며, 이 길밖에는 하늘에
오르는 길이 없음이니라.
11 너의 제자들에게 그 영광을 헛되이 하

지 말라 이르라.
12 하늘에 오르는 한 길의 그 길밖에 없
는 그곳에 지금 들어서 나에게 오르는
너희들이 나의 계명을 외우면서 한 줄
의 걸림이 있어도 안 되며 나의 계명
을 암송하면서 너희들이 부끄러운 일
이 있어도 아니 된다 함은 어떠한 인
간도 지킬 수 없는 그와 같은 어렵고
힘든 길이나,
13 하늘에 오르는 길은 정녕 한 길밖에
없음이니, 너희들이 그 길에 들어서
있음이니, 너희들은 그것을 지키는 것
이 아무것도 아님을 알아야 할 것이니
라.
14 그리하여 내가 너희들에게 지키라 하
며, 너희들이 십계명을 암송하는 데
마음에 걸림이 하나도 없어야 한다 하
였음이니,
15 그것으로써도 너희들은 나에게 오르
는 길에 들어서 있는 영광을 얻은 것
에 보답함이 부족함이니라.
16 사랑하는 선지자야!
17 "네, 여호와 하나님! 말씀하옵소서."
18 나의 아들 예수가 나의 뜻에 의하여
피조물 나의 만백성을 구하려 세상에
내려가 가장 고통스럽고 힘든 그 죽음
의 길을 왔으니,
19 그와 같은 마음과 그와 같은 행동을
이루는 자가 하늘에 오를 수 있는 자
며, 구원의 길을 바라볼 수 있고 구원
의 길에 들어선 자라 말할 수 있으며,
그는 구원을 받을 수 있는 자인 것이
니라.
20 내가 제3의 시대를 열어 나의 성령을
태워 너희들에게 내려보내 너희들에
게 그를 지키고 실행하며 이루라 하였
음이니,
21 이를 너희들이 지키지 아니하며 실행
하지 아니한다 하면 너희들 또한 구원
을 받을 수 없음이니라.
22 그러나 너희들은 내가 선택하여 오로
지 한 길인 하늘에 오르는 이 길에 들
어서도록 하였음이니,
23 바로 보고 바른길을 갈 수 있는 그 자
체가 얼마나 영광된 길이며, 너희들에
게 축복이더냐?
24 이 영광과 축복을 너희들이 새기고 생
각한다 하면 나의 법전에 따라 지키고
행하는 것은 아무것도 아니거늘,
25 그를 힘들다 어렵다 생각하면 너희들
이 깨우친 자들이라 말하지 말라.
26 너희들은 말하느니라.
27 '나는 이것을 깨우쳤으며 이것을 깨달
았으며 이 이치를 깨달았다' 하고 너
희들은 말을 하나,
28 정녕 하늘에 오르는 길에 내가 너희들
을 선택한 그 은혜와 은총을 생각한다
하면 너희들은 천사가 되어도 부족함
이니라.
29 너희들이 천사가 되었다 하여도 나의
은혜를 갚을 수 있는 길이 없거늘, 너
희들이 과연 어찌 살아가야 되겠는가?
30 사랑하는 선지자야!
31 "네, 여호와 하나님! 말씀하옵소서."
32 썩어져 가는 것을 막을 수가 없으며,
썩어져 가는 것을 중단시킬 수가 없음
이니, 사악하고 사악한 무리들의 생각
을 돌릴 수 있는 길이 없으며 그들을
다스릴 수 있는 길이 없음이니,
33 오로지 나의 피조물 만백성을 다스려

하늘에 오르는 길을 바라보도록 하며
그들이 구원의 길에 오를 수 있는 것
은 나의 이 깨닫기 쉬운 법전을 읽고
깨우치는 것뿐이니라.
34 이를 일찍이 선택되어 공부하며 깨달
은 너의 제자들은 감히 나의 성전에
와 나의 사랑하는 선지자 너를 바라보
는 그 자체도 고개를 들 수 없음이니,
이 영광을 알아야 할 것이니라.
35 나의 성전에 와 발을 디뎌 나의 법전
을 대하는 그 자체도 그들 자신이 고
개를 들 수 없는 그와 같은 부끄러운
자들이며,
36 그 영광에 비하여 몸 둘 바를 몰라야
할 자들이거늘, 그들 입에서 세상사의
옳고 그름에 갑론을박을 하며, 남을
평하며, 남의 행위를 말하며,
37 남들이 살아가는 그 모습을 바르다 바
르지 못하다 말할 수 있는 그들이 얼
마나 부끄러운 자들이며, 얼마나 설
자리가 없는 자들이며 고개를 들 수
없는 자들인가를,
38 저희 자신을 바라다보는 그와 같은 깨
우침을 갖도록 일러야 할 것이니라.
39 저희들 자신이 나의 성전에 와 고개를
들 수 없으며 나의 선지자 앞에 와 감
히 입을 열 수 없거늘, 그 하나 깨닫지
도 못하는 자들이니라.
40 그 하나를 깨닫는다 하면 나의 성전에
와 저희들이 생활하는 그 속에서 남들
의 옳고 그름을 말할 수 없음이니,
41 내가 말하여 일렀느니라. 지금의 종교
지도자들이 저희들이 잘못 가르치고
잘못 오는 그 죄에 대하여 부끄러워
고개를 들 수 없으며 혀를 땅에다 대
고 걸어야 한다, 그와 같이 사죄하고
부끄러움을 알아야 한다 하였으니,
42 너의 제자들 또한 지금에 살아오는 저
희 자신이 나 여호와가 선택하여 하늘
에 오르는 그 길에 들어설 수 있는 영
광을 받을 수 있는 자들인가 돌아다보
며,
43 저희들의 부끄럽고 부끄러움을 알도
록 그것부터 먼저 깨우쳐 저희 자신을
다스리도록 그리 깨우치라, 선지자야!

부 록

【하나님께서 가르쳐 주신 운동】

천재지변이 일어날 때, 동물이나 미물들은 미리 알고 대피하지만, 인간은 알지 못하고 큰 화를 당합니다. 하나님께서 인간에게 가장 높은 지혜를 주시고 완벽하게 창조해 주셨기에 동물들보다 더 잘 알 수 있지만, 욕심으로 마음이 혼탁해져서 한 치 앞을 보지 못하는 것입니다.

마찬가지로, 인간은 누구나 스스로 필요한 운동을 해서 건강을 지킬 수 있도록 하나님께서 만들어 주셨습니다. 우리의 머리에서 우리 몸에 필요한 동작을 해 달라고 끊임없이 신호를 보내지만, 인간이 혼탁하게 살아서 그 신호를 알아채지 못합니다. 그러니 자연스럽게 자기 몸이 원하는 그 신호를 따라서 운동하는 것이 하나님께서 가르쳐 주신 운동 방법입니다. 바로, 우리의 영이 육을 이끄는 운동입니다.

▶ 하나님 운동법

1. 눈을 감고, 발을 어깨너비로 벌리고 바르게 선다.
2. 몸에 힘을 풀고, 허리를 숙이면서 손과 머리를 아래로 내린다.
3. 허리를 펴고 싶을 때, 천천히 펴면서 하고 싶은 동작을 하면 운동이 시작된다. (사람마다 다르다.)
4. 멈추지 말고, 어떤 동작이든지 자기 몸의 느낌대로 계속 이어서 한다.

▶ 참고 사항

① 눈을 감은 상태로 아무 생각 하지 않고, 자기 몸의 느낌대로 움직입니다.

② 마음을 비우고, 욕심을 버리고, 지난날의 잘못을 반성하면서 몇 차례 시도하다 보면, 자기도 모르게 하고 싶은 동작이 끊임없이 생깁니다.

③ 운동 장소는 방 안이든 운동장이든 관계없으며, 걷거나 달리고 싶을 때는 눈을 떠도 됩니다.

④ 매일 40분 이상, 주 4회 이상, 3개월 이상 하면 음식 조절에 들어갑니다.
- 음식으로 생긴 병은 음식으로 치료하게 되며, 어떤 음식을 먹어야 하는지 스스로 알게 됩니다.
(자기 몸에 필요한 음식만 먹고 싶어집니다.)

⑤ 사랑하는 사람과 함께 운동하면 서로 치료해 주기도 합니다.

⑥ 운동을 하다가 몸의 어느 한 부분을 계속 손으로 자극한다면 그쪽에 이상이 있는 것이니, 의사에게 상담을 받고 적절한 치료를 받으면 됩니다.

⑦ 다이어트 및 기타 건강관리에 효과적입니다.

⑧ 꾸준히 운동하여 영이 맑아지면, 자신의 과거와 미래를 스스로 보게 됩니다.

누구나 스스로 하실 수 있습니다.

간 행 사

《새로운 성경》은:

· 새로운 성경은, 하나님께서 선량하고 선한 자를 선택하여 십계명을 암송하도록 하시고, 십계명을 암송한 다음에 음성으로써 들려주시는 말씀을 듣고 그대로 카세트테이프에 녹음해서 받아쓴 책입니다.

· 90분짜리 녹음테이프 700여 개에 달하는 말씀으로, 1999년 8월부터 2004년 7월까지 총 160권(권당 288쪽)을 완성하였으며, 그 이후에도 현재까지 계속 말씀을 내려 주고 계십니다.

· 새로운 성경은 "하늘을 두루마리 삼고 바닷물을 먹물 삼아 쓰고 써도 다 못 쓴다"는, 끝없이 방대한 하나님의 말씀이 두루마리로 직접 내려오는 것입니다. 이러한 새로운 성경은 구약과 신약을 폐하려는 것이 아니라 "인봉된 성서의 비유의 뜻"을 상세히 설명하여 완성하고자 하나님께서 직접 내려 주신 말씀입니다.

《새로운 성경》의 구성:

· 제 목: 2013년, 160권 모음집을 발간하면서, 본 도서의 제목을 "하나님! 말씀하옵소서"에서 《새로운 성경》 으로 명해 주셨습니다.

· 단행본: 각 권당 288쪽(신국판) 책이 160권까지 시리즈로 출판됩니다.
(모음집은 단행본을 16권씩 묶어서, 총 10부로 구성됩니다.)

《새로운 성경》의 성경적 근거:

· 신약 성경 [요한복음] 16장 13절에 "진리의 성령이 오시면 그가 너희를 모든 진리 가운데로 인도하시리니 그가 자의로 말하지 않고, 오직 듣는 것만을 말하며" 하신 말씀처럼 하나님의 음성을 들은 것만 기록하였으며,

· "장래 일을 너희에게 알리시리라" 하신 말씀과 같이 개인, 나라, 인류의 "장래"일을 하나님께서 알려 주시는 것만 기록하여 책으로 만들었습니다.

《새로운 성경》의 기록 방법:

· 1999년 8월부터 하나님께서 저에게 들려주시는 음성을 기록하였습니다. 처음에는 제가 들은 말씀을 불러 주면 저의 아내가 기록하여, 2000년 1월 29일에 1권 초판이 세상에 나왔습니다. 2000년 4월부터는 주시는 말씀을 받아 녹음기에 기록하기 시작하였습니다.

· 녹음을 시작하면서 하나님의 말씀을 받는 데 가속도가 붙었고, 2001년 5월 3일에 1부(1~16권까지)를 인쇄하여 출판하였으며, 2004년 7월까지 총 160권 분량의 말씀을 받아 기록하였습니다.

하나님께서 저에게 주신 것은:

· 첫째, 만백성을 상대로 내려 주시는 "기도", 둘째, 수시로 내려 주시는 "묵상", 셋째, 개인의 과거, 현재, 미래를 알려 주시는 "개인 기도", 넷째, 개인의 건강을 위해서 내려 주시는 "음식 처방", 다섯째, 하나님께서 가르쳐 주신 "운동"등이 있습니다. 이 중에 첫 번째, "기도"를 책으로 편찬하였습니다. 사람의 생사, 개인의 미래에 관한 천기는 수록하지 말라 하셨습니다.

강론 안내:

· 하나님께서는 지금도 매일 저에게 새로운 하늘의 비밀의 말씀을 내려 주고 계십니다. 수시로 내려 주시는 말씀을 정리해서 제자를 육성하라는 말씀에 따라 매주 강론을 하고 있습니다. 누구나 무료로 들으실 수 있습니다. (book160.com)

《새로운 성경》을 읽는 분들에게 드리는 선물:

· 개인 기도: 개인의 과거, 현재, 미래에 관하여 말씀을 내려 주십니다.

· 음식 처방: 사람은 음식을 먹고살다가 건강을 잃으니, 음식과 운동으로 건강을 되찾는 방법을 알려 드립니다. 단, 하나님이 계심을 믿고, 십계명을 지키겠다고 진실로 서약하는 분들께 알려드립니다.

《새로운 성경》의 은혜와 기적:

· 새로운 성경 전160권은 16권씩 묶어서 총 10부의 모음집으로 구성됩니다. 모음집 한 부를 읽고 깨우치는 자에게 하나님께서 다음과 같은 기적이 있다고 하셨습니다.

· "첫째, 그가 죽어 하늘에 갔을 때 그의 죄를 묻지 아니하며, 구원을 받는 위대한 은혜가 있으며, 둘째, 그의 소원과 소망이 이루어지고, 셋째, 죽은 자(부모, 형제, 자식, 사랑하고 은혜 입은 분)의 이름으로 구입한 책을 읽고 누군가 한 사람이 깨우칠 때, 그 죽은 자가 지옥에서 천국으로 구원을 받게 되며, 넷째, 유산, 중절 수술 등으로 태어나지 못한 아이를 위하여 구입한 책을 보고 한 명이 깨우쳤을 때, 그 아이가 사람으로 다시 한 번 태어나는 은혜를 받는다."

· "새로운 성경"을 3회 이상 정성을 다해 정독하는 자, 성서의 비밀을 알게 되고, 세상의 이치를 알게 되며, 세상을 지배하고 통제할 수 있는 지혜를 다 얻게 된다고 하셨습니다. 이 책은 만백성이 정독하고 이웃에게 전하여, 평생 가슴에 묻은 슬픔과 고통의 짐을 벗고 미래를 위한 힘찬 삶을 살아가도록 하는 책입니다.

끝으로

· 하나님께서는 흰 눈이 세상을 덮듯이 새로운 성경을 온 세상에 전하라고 하셨습니다. 《새로운 성경》을 각국어로 번역해서 온 인류에게 구원의 길을 깨우쳐 주고, 그 수익으로 가난하고 어려운 백성을 구제하여, 만백성의 영과 육을 함께 구원하는 선지자의 임무를 수행하라고 저에게 명하셨습니다.

· 하늘에서 내려 주신 말씀의 보화를 만백성에게 나누어 주는 것이 선지자의 임무라고 하셨습니다. 새로운 성경을 통해서 얻는 재물을 사용할 곳도 하나님께서 일일이 명해 주십니다. 모든 재물은 저의 자의로 쓸 수 없고, 하나님께서 명하시는 대로만 쓰여집니다.

· 어떤 명분으로든 십일조나 각종 헌금을 거두어들이지 말라 하셨으며, 국내뿐 아니라 각국에 성전과 단독 서점을 운영하며, 한국의 많은 젊은이들을 전 세계에 지도자로 내보내라고 하셨습니다.

· 우리는 세계적으로 새로운 성경을 보급하며 어려운 이들을 돕는 역사를 해 나갈 것입니다. 지금까지 비록 몇 명 안 되는 제자들과 함께 이러한 일을 역사했지만, 앞으로도 계속 하나님께서 기뻐하시는 일들을 해 나갈 것입니다. 부족한 저희에게 여러분들의 지혜와 성원을 보내 주시기를 바랍니다. 많은 분들의 참여와 도움을 간절히 기다립니다. 감사합니다.

한국어로 내려온 《새로운 성경》 단행본을 출간하며
2016년 4월 10일

발행인 **김 용 철**

한국어로 내려온

새로운 **성 경** · 2부 · 제19권

지은이 하나님 말씀
대역자 김용철

초판인쇄 1쇄 2003년 12월 22일
삼판인쇄 1쇄 2017년 4월 3일

펴낸 곳 도서출판 하얀마음
등록번호 제 10-2107호 (2001년 2월 14일)
주소 서울시 노원구 덕릉로86길 5, 2층
전화번호 02) 313-1114
팩스 02) 393-5554
전자우편 book160@hanmail.net
편집위원 조나영 김미향 이석교
제작지원 민평기 양영아 민대웅 민영주 김도윤 민지영 이현종

도서상담 1600-7527
ISBN 978-89-5875-119-9 (04230)
978-89-5875-100-7 (세 트)

값 10,000원
잘못된 책은 구입하신 곳에서 바꾸어 드립니다.

※이 책은 10부로 제작되며, 각 부 16권씩 총160권으로 구성됩니다.※

1부	**2부**	3부	4부	5부	6부	7부	8부	9부	10부
1권	17권	33권	49권	65권	81권	97권	113권	129권	145권
2권	18권	34권	50권	66권	82권	98권	114권	130권	146권
3권	19권	35권	51권	67권	83권	99권	115권	131권	147권
4권	20권	36권	52권	68권	84권	100권	116권	132권	148권
5권	21권	37권	53권	69권	85권	101권	117권	133권	149권
6권	22권	38권	54권	70권	86권	102권	118권	134권	150권
7권	23권	39권	55권	71권	87권	103권	119권	135권	151권
8권	24권	40권	56권	72권	88권	104권	120권	136권	152권
9권	25권	41권	57권	73권	89권	105권	121권	137권	153권
10권	26권	42권	58권	74권	90권	106권	122권	138권	154권
11권	27권	43권	59권	75권	91권	107권	123권	139권	155권
12권	28권	44권	60권	76권	92권	108권	124권	140권	156권
13권	29권	45권	61권	77권	93권	109권	125권	141권	157권
14권	30권	46권	62권	78권	94권	110권	126권	142권	158권
15권	31권	47권	63권	79권	95권	111권	127권	143권	159권
16권	32권	48권	64권	80권	96권	112권	128권	144권	160권